Arnold Mindell

Der Weg durch den Sturm

Weltarbeit im Konfliktfeld der Zeitgeister

Titel: Gerold Hirn, „Spirale“, Öl/Lack auf Leinwand,
110 x 110 cm, 1995

Gerold Hirn, geb. 1945, lebt und arbeitet in Feldkirch, Österreich. Seit 1966 rege Ausstellungstätigkeit im In- und Ausland. Einzelausstellungen u.a. in Genf, Vaduz, Innsbruck, Wien, Los Angeles, New York, Boston, Radolfszell, Weingarten, Sigmaringen, Jekaterienburg, Moskau, Madrid, Rom, Istanbul, Laibach, Jerusalem etc.

Arnold Mindell

Der Weg durch den Sturm

Weltarbeit im Konfliktfeld der Zeitgeister

via nova
Verlag Via Nova

Übersetzung aus dem Amerikanischen: Ursula Hohler

Originaltitel: The leader as martial artist
An Introduction to Deep Democracy

1. Auflage 1997

Verlag Via Nova, Neißer Straße 9, 36100 Petersberg
Telefon und Fax: (06 61) 6 29 73

Satz und Gestaltung: Plejaden Publishing Service, 21379 Boltersen
Druck und Verarbeitung: Rindt-Druck, 36037 Fulda
Buchbinderische Arbeiten: Parzeller, 36037 Fulda

ISBN 3-928632-29-9

Inhaltsverzeichnis

Dank

Dank und Liebe gehen zuallererst an meine Frau Amy, die jeden Teil dieses Buches im Laufe seiner Entstehung rund um die Erde mit mir durchlebt und diskutiert hat. Ihre wegweisenden Forschungen zum Thema der transpersonalen Anteile der prozeßorientierten Psychologie (Metaskills), die über die eigentlichen Werkzeuge und Techniken hinausgehen, haben mir wesentlich geholfen, „tiefe Demokratie" zu definieren.

Bedanken möchte ich mich auch bei Julie Diamond und Leslie Heizer, die halfen, das ursprüngliche Manuskript zu korrigieren und herauszugeben. Wichtige Hinweise kamen von Julie Diamond, Jan Dworkin, Joe Goodbread, Leslie Heizer, Ursula Hohler, Kate Jobe, Dawn Menken, Pearl und Carl Mindell, Max Schüpbach, Sonja Straub und Nisha Zenoff.

Besonders dankbar bin ich für wichtige Hinweise und Berichtigungen durch Anne Marie und Constantin Angelopoulos aus Athen, Kerry Beale aus Melbourne, Midi Berry aus England, Steve Donvan aus Big Sur/Kalifornien, Yukio Fujimi aus Tokio, Moses Ikiugu aus Nairobi, John Johnson aus Washington D.C., Jeff Kelton aus New York, Jan Loeken aus Seattle, Alberto Merlucci aus Milano, Dayal Mirchandani aus Bombay, Nora Montagu aus Brüssel, Joseph Pagano aus Monterey/Kalifornien, Peter Shikirev aus Moskau, Tomasz Teodorczyk aus Warschau, Myrna Wajsman aus Johannisburg und Bracha und Ben Yanoov aus Israel.

Teil I

Theorie und Methoden

1. Kapitel

Das Auge des Taifuns

Die folgenden Kapitel beschreiben Methoden und Theorien für die Arbeit mit der sich zuspitzenden Lage unserer Welt: eines Planeten mit fünftausend verschiedenen Sprachen und Religionen, dessen Bewohnerinnen und Bewohner mehr davon verstehen, Raumschiffe in eine Umlaufbahn zu schießen als davon, wie sie miteinander umgehen sollen. Hinter den Ideen dieses Buches steht die Vision von einer Welt, die eine Heimat ist, von einer Welt, die aufregender ist als Krieg und sicherer und herausfordernder als Frieden.

Am Übergang zum 21. Jahrhundert gibt es voneinander getrennte Welten der Politik, der Psychologie, der Spiritualität und der Physik. Es gibt Feldtheorien, Traumarbeit, Körperarbeit, Beziehungsarbeit und Arbeit mit Organisationen. Die Zeit ist reif, um *„Weltarbeit"* zu entwickeln, eine Methode, welche kleinen und großen Gruppen von Menschen hilft, zusammen in ihre Umwelt eingebettet zu leben, zu arbeiten und sich gemeinsam zu entwickeln.

Wir brauchen eine Weltarbeit, die unsere Kenntnisse aus der Psychologie, den Naturwissenschaften und den spirituellen Traditionen einsetzt, aber nicht auf diese beschränkt bleibt. Wir müssen einen neuen Beruf entwickeln, dessen Angehörige sowohl mit großen Gruppen wie mit Individuen daran arbeiten, eine sinnvollere und aufregendere Welt zu erschaffen. Unser neuer Beruf muß diejenigen Berufe zusammenbringen, welche es auf diesem Gebiet schon gibt, um auf nützliche Weise mit der Umwelt und dem physikalischen Universum zu interagieren und von den Geistern der Zeiten, in denen wir leben, zu profitieren.

Gegenwärtig sind uns zwar die Physik der Materie und die menschliche Psychologie vertraut, nicht aber das Umgehen mit der Atmosphäre, in der eine Menschengruppe lebt, oder das Phänomen, das ich im folgenden *„Zeitgeister"* nennen werde. Wie ist diese Atmosphäre feststellbar? Was sind Zeitgeister? Sind darunter Ideen zu verstehen wie Tyrannei oder Menschenrechte, oder handelt es sich um körperlose intergalaktische Geister, um neue Archetypen, welche ins Bewußtsein einbrechen wollen? Können wir sie dazu verwenden, um den Börsenkursen zu folgen, zukünftige Konflikte vorauszusehen, Erdbeben zu verstehen? Unser Interesse an solchen Fragen wird die Wirksamkeit der Weltarbeit bestimmen, die wir entwickeln.

Die Geschichte dieses Buches macht seine besondere Sichtweise verständlich. Nachdem ich Physik und Jungsche Psychologie studiert hatte, entwickelte ich die *prozeßorientierte Psychologie*, welche sowohl bei Individuen als auch in Beziehungen und Gruppen mit den Zusammenhängen zwischen Traum und Körper arbeitet. Damals erhielt ich viele Einladungen, überall auf der Welt zu arbeiten und zu unterrichten. Während dieser Reisen wurden meine Frau Amy und ich oft mit Ereignissen konfrontiert, die zunächst außerhalb dessen zu liegen schienen, was wir wußten und konnten. Was sollten wir mit den großen Gruppen anfangen, welche wir vorfanden? War unsere prozeßorientierte Psychologie in allen Kulturen anwendbar? War die Bezeichnung Psychologie vielleicht zu einschränkend für das, was wir taten?

Ich wollte besser arbeiten können mit den offensichtlich unlösbaren Konflikten, welche wir in Kapstadt antrafen, mit der mörderischen Wut in Johannesburg, mit der Frage des Antisemitismus in Israel, den Problemen auf der Straße in Portland und der religiösen Ekstase in Bombay. Wie sollte ich unsere internationalen und amerikanischen Gruppen bei der Bearbeitung von Themen wie Rassismus, Sexismus, interkulturellem Zusammenleben und Homophobie unterstützen? Würde es uns gelingen, etwas zu entwickeln, was interessanter war als Krieg und dauerhafter als Frieden?

Ich hatte einen Traum, meine neue Klientin sei die Welt. Ich wollte mich mit der Gruppensensibilität in Japan beschäftigen, mit Drogen und sozialen Problemen in den USA, mit allem, was in der Geschäftswelt schiefging und mit der Begeisterung und Neugierde im Zusammenhang mit Demokratie in Warschau, Prag und Moskau. Aber ich machte die Erfahrung, daß die *Weltarbeit-Techniken*, welche ich zu entwickeln begann, nur funktionierten, wenn ich innerlich im Frieden war. Und es ist viel einfacher, von einem solchen Frieden zu reden, als ihn wirklich mitten in einem Meer von äußerer Gewalt und Konflikt zu erreichen.

Die Selbstverständlichkeit, mit welcher vorausgesetzt wird, daß der *Facilitator*[1)] während der Arbeit an einem Konflikt neutral sein sollte, inspirierte mich dazu, andere unbewußte Annahmen nochmals zu überdenken. Was für politische Folgen haben die westliche Psychologie, Organisationstheorien und spirituelle Praktiken? Werden Männer und Frauen gleich behandelt? Viele psychologische Richtungen haben unausgesprochene Vorurteile gegen starke oder emotionale Frauen und gegen launische Männer und nehmen an, daß schwule und lesbische Liebesbeziehungen neurotisch seien. Auch neigen psychotherapeutisch Tätige dazu, sich vorwiegend mit dem innerseelischen Leben zu beschäftigen und die Realität der Politik und die Zusammenhänge mit der Umwelt zu vernachlässigen. Zu wenige psychologische und spirituelle Praktiken helfen uns mit unseren Beziehungen. Statt dessen geben sie uns gute Ratschläge, welche nur Heilige im täglichen Leben umsetzen können.

Es ist verheerend anzunehmen, gewisse Rassen und Mythen seien primitiver als andere, wie dies einige westliche Therapieschulen tun. Und die meisten TherapeutInnen gehen davon aus, daß die einzigen bewußten Menschen diejenigen sind, die ununterbrochen über sich selbst nachdenken. Solche scheinbar „harmlose“ Annahmen sind so voller naiver Vorurteile, daß es nicht verwundert, daß unsere westlichen Therapieformen und herkömmlichen Methoden, mit Gruppen und Organisationen zu arbeiten, nicht mit den Problemen der Städte und des internationalen Zusammenlebens umgehen können. Wir brauchen eine neue Art Weltarbeit, welche in Afrika, Indien und Japan so gut wie im Westen eingesetzt werden kann. Es ist unsere Herausforderung, Techniken zur Konfliktlösung und zur Arbeit mit Organisationen auf eine Art zu entwickeln, daß sie auf demokratischen Prinzipien beruhen und vielseitig anwendbar sind.

Weltarbeitmethoden dürfen nicht voraussetzen, daß die verantwortlichen Facilitatorinnen und Gruppenleiter immer in sich zentriert sind. Prozeßmoderatoren, Gruppeninstruktorinnen, Wirtschaftsleute in leitenden Positionen, PsychologInnen, Politiker und LehrerInnen sind selten in einem neutralen oder „normalen" Bewußtseinszustand, nicht einmal in geschäftlichen Sitzungen. Weltarbeit darf nicht auf Zustände von innerem Frieden oder äußerem Gleichgewicht beschränkt werden, sondern muß sich in wirklichen Situationen bewähren, in denen es Chaos, Attacken, Umwälzungen und Konflikte gibt.

Obschon eine Künstlerin Techniken lernen muß, mit Farbe und Pinsel umzugehen, sind es letztlich ihre ureigensten Gefühle, welche es ihr erlauben, eine erfolgreiche Künstlerin zu sein. Ebenso können die Werkzeuge der Weltarbeit nur erfolgreich eingesetzt werden, wenn gewisse persönliche Voraussetzungen erfüllt sind. Dazu gehört nach meiner Erfahrung vor allem eine bestimmte Einstellung, die Haltung der tiefen Demokratie, welche unerschütterlich an die Wichtigkeit aller Teile eines Ganzen glaubt, an die Bedeutung aller unserer Persönlichkeitsteile und aller verschiedenen Sichtweisen in der Welt um uns herum. Weltarbeit braucht einerseits bestimmte Werkzeuge, welche ständig angepaßt werden müssen, je mehr wir über unseren Planeten lernen, andererseits beruht sie auf der tiefen Demokratie als einer zeitlosen Gefühlseinstellung.

Die Haltung der tiefen Demokratie findet sich in allen bewährten spirituellen Traditionen, besonders im Taoismus, im Zen-Buddhismus und in den östlichen Kampfsportarten. Durch sie bekommen wir ein Gefühl für unsere Verantwortung, dem Fluß der Natur, dem Schicksal, der Lebensenergie, dem Tao oder dem Ki mit Respekt zu folgen, und ein Wissen um unsere Rolle als Mitgestalter der Weltgeschichte. Tiefe Demokratie ist die Grundlage der Einsicht, daß die Welt da ist, um uns zu helfen, unser ganzes Selbst zu werden, und daß wir da sind, um der Welt zu helfen, ganz zu werden.

Das Gespür für dieses Lebensprinzip kann das Resultat eines psychologischen Wachstumprozesses sein, oder es kann einfach von selbst vorhanden sein. Doch tiefe Demokratie allein reicht auch nicht aus, um mit Situationen in der äußeren Welt fertigzuwerden. Es braucht dafür beides: ein Gefühl für tiefe Demokratie und die dafür nötige innere Entwicklung ebenso wie die Werkzeuge der Weltarbeit.

Zum Glück können wir diese Einstellung jederzeit und überall entwickeln und üben. Was immer wir tun, ob wir ein Haus putzen, mit anderen zusammen sind oder zur Arbeit fahren, ob wir im Büro, auf dem Bau oder in der Politik tätig sind, ob wir studieren oder schreiben, wir können die Welt als Werkstatt[1)] betrachten, in der wir uns selbst erproben können und in der wir uns und andere herausfordern können, uns für alles zu öffnen, was in unserem inneren und äußeren Universum geschieht.

Tiefe Demokratie ist grundlegend für alle Psychologien und Philosophien, die den Umgang mit persönlichen Problemen mit einer globalen Betrachtungsweise verbinden. Sie ist in jeder Art von Traumarbeit enthalten, welche davon ausgeht, daß Traumbilder nicht nur uns persönlich gehören. Sie liegt jeder Form von Körperarbeit zugrunde, die uns ermuntert, unsere Gefühle und Bewegungen auch als globale Geister zu sehen, welche eine Auflösung suchen. In der Beziehungsarbeit zeigt sich tiefe Demokratie darin, daß wir nicht nur darauf achten, was wir sagen, sondern auch darauf, was unsere Körper tun. Und in der Arbeit mit Gruppen kann tiefe Demokratie heißen, daß wir bemerken, wie Gruppenkonflikte und politische Konflikte mit den jeweiligen Zeitgeistern zusammenhängen.

Heute ist das Lösen von politischen und Weltproblemen nicht nur eine Sache der Reichen und Gebildeten, genausowenig wie Organisationsentwicklung auf die Geschäftswelt beschränkt werden kann. Auf unserem magischen kleinen Planeten, auf dem die Atmosphäre nicht mehr von WissenschaftlerInnen, Politikern, PriesterInnen und Medizinmännern kontrollierbar ist, wird die Lage der Welt zu einer Aufgabe für alle: wir können es uns nicht leisten, sie anderen zu überlassen! Die Zeit ist reif, eine Weltarbeit zu entwickeln, welche transpersonale Erfahrungen mit der weltlichen Realität verbindet, spirituelle Hingabe mit politischer Aktivität, östliche Ichlosigkeit mit westlichem Rationalismus, Arbeit mit dem Geist mit Arbeit mit dem Körper.

Neben meinem Hintergrund in der Physik und der Jungschen Psychologie habe ich jetzt eine Menge Erfahrung mit großen, turbulenten Gruppenprozessen. Ich habe mit hochstrukturierten Organisationen ebenso gearbeitet wie mit lose definierten Netzwerken. Ich habe Erfahrung mit der internationalen Geschäftswelt und mit Rassenkonflikten in vielen globalen Krisengebieten. Aber keine noch so große Menge von persönlicher Erfahrung kann für unser Thema je genügen. Weder High-Tech noch Quantenphysik, weder die Kombination von Politik und persönlicher innerer Entwicklungsarbeit noch das Schaffen von Bewußtheit und das Training paranormaler Fähigkeiten sind genügend, denn die gegenwärtige Entwicklung unserer Welt ist nicht mehr unter unserer Kontrolle.

Individuelle Verantwortung

Wir erleben die Welt als eine Mischung aus unseren subjektiven und objektiven Erfahrungen. Deshalb muß sich Weltarbeit mit der äußeren Wirklichkeit auseinandersetzen, indem sie von unserer inneren Erfahrung der Welt ausgeht. Stellen Sie sich das folgende Bild vor. Wenn der Boden um einen Stein am Rand einer Klippe nachgibt, wird der Stein wegen der Schwerkraft sicher herunterfallen. Wenn aber ein Mensch am Rand der Klippe steht und fühlt, daß der Boden unter ihm nachgibt, hat diese Person eine Wahl. Sie kann die Schwerkraft fühlen und sich dafür entscheiden, sich passiv fallen zu lassen, oder sie kann reagieren, indem sie Widerstand leistet und sich am Rand der Klippe festklammert, um ihr Leben zu retten.

Wir alle befinden uns immer wieder in solchen Situationen. Wir werden von den Problemen zu Hause und in der Welt gestoßen und gezogen. Nur selten sind wir uns der inneren Erfahrungen dieser Kräfte bewußt und nehmen wahr, daß wir mit ihnen oder gegen sie arbeiten können. Weil die Welt als Ganze an einer solchen Klippe hängt, macht uns die Schwere dieser Situation zu schaffen.

Wir alle sind gezwungen, dies zu merken und uns zu fragen: „Werden wir fallen oder uns festhalten?“ Wir alle spüren die Wirkungen unserer gestörten Umwelt und der kulturellen Veränderungen. Um bewußte Bürgerinnen und Bürger des dritten Jahrtausends zu werden, müssen wir auf diese Kräfte bewußt reagieren. Nur dann können wir voll an der Geschichte teilnehmen und dazu beitragen, die Zeiten, in denen wir leben, umzugestalten. Dieses Buch handelt von unseren beschränkten Fähigkeiten, unser Universum mitzuerschaffen.

Zum Teil werden die Kräfte, welche auf uns einwirken, von der Physik, der Geologie und der Psychologie beschrieben. Weil aber unsere Welt auch von menschlichen Beziehungen und dem Zusammenleben von Gruppen, Städten und Nationen und von der internationalen Dynamik bestimmt wird, gehören die Macht der Träume, die Körpererfahrungen, die Dynamik von Familien und Gruppen und die Art, wie sich Organisationen entwickeln, ebenfalls zu diesen Kräften.

Weil sich unser Planet in vieler Hinsicht wie ein riesiges lebendes Wesen zu verhalten scheint, muß sich Weltarbeit zudem auch mit der lebendigen Ganzheit von Gruppen beschäftigen und die Mythologien und Religionen der Welt verstehen. Sie muß dabei helfen, aus der Asche gescheiterter Regierungsformen neue Kulturen zu schaffen.

Dieses Buch geht davon aus, daß Weltarbeit nur mit einer demokratischen Vorgehensweise Erfolg haben kann, die alle einzelnen Teile respektiert. Wenn wir in unserem persönlichen Leben einen Teil unserer selbst unterdrücken, wird dieser Teil schließlich unser ganzes Leben über den Haufen werfen. Kein Individuum kann ständig die Anliegen unterdrücken, die sich durch spontane Phantasien oder Körpererfahrungen äußern, ohne krank zu werden. Und wenn wir mit größeren Einheiten wie mit Gruppen, Nationen oder der ganzen Welt arbeiten, müssen wir ebenfalls lernen, auf die Stimmen derjenigen zu hören, die wir möglicherweise übergehen könnten.

Gute Weltarbeit muß genauso wie gute Psychotherapie demokratisch sein und Psychologie und Politik auf diese Weise zusammenbringen. In ihrer einfachsten Form, welche darin besteht, die Macht zu teilen, allen Teilen zuzuhören und alle verfügbaren Informationen zusammenzutragen, ist die Demokratie die einzige vertretbare Form, wie wir uns regieren können. Niemand läßt sich gern von anderen sein Verhalten vorschreiben, und die übergangenen Teile verschwinden nicht einfach. Deshalb können diktatorische Regimes immer nur vorübergehend sein.

Weltarbeit kann also nur mit einer demokratischen Grundhaltung erfolgreich sein. Aber wer ist wirklich demokratisch? Wenige von uns gehen demokratisch mit ihren inneren Gefühlen um, bevor sie durch persönliche Probleme dazu gezwungen werden. Und die meisten von uns begnügen sich damit, über die Regierenden zu klagen und ihnen gleichzeitig die Macht zu überlassen, indem sie öffentliche Auseinandersetzungen meiden und sich schwach fühlen. Sogar die allereinfachste Form von Demokratie, welche das Teilen von Macht und Verantwortung und gegenseitiges Einanderzuhören beinhaltet, kann nicht als Regierungsform umgesetzt werden ohne neue Werkzeuge, neue psychologische Einsichten in die globale Lage und grundlegende Veränderungen. Dieses Buch handelt von den nötigen inneren und globalen Veränderungen und ihrer Verbindung mit der zeitlosen Weisheit und Zentriertheit in Perioden von Übergang und Chaos.

Damit Weltarbeit gelingt, damit die Welt alle ihre Teile erkennen und wirklich ganz werden kann, müssen wir uns entwickeln. Bei unseren Versuchen, Gruppen zu organisieren, lassen wir uns oft von der weit verbreiteten Vorstellung leiten, man sollte diese Arbeit mit Menschen in einem vernünftigen Bewußtseinszustand anfangen. Wütende Menschen werden als schlecht oder chaotisch eingestuft. Die Haltung der tiefen Demokratie hingegen muß danach streben, eine Weltarbeit zu entwickeln, die sich mit allen abgibt, auch mit Menschen in gewalttätigen emotionalen Verfassungen und in chaotischen Umständen, da es in Perioden schneller Veränderungen sowieso vor allem solche Menschen gibt.

Ich habe die Erfahrung gemacht, daß sich soziale Ereignisse, welche zuerst zufällig und chaotisch zu sein scheinen, durch die Wirkung vorher verborgener Parameter immer sinnvoll und in einer gewissen Ordnung entwickeln. Turbulente Situationen, welche sich in Zeiten rascher Veränderungen oder sogar während Revolutionen abspielen, enthalten potentiellen Sinn und Ordnung.

Situationen in großen Gruppen sind auf viele Arten mit persönlichen Problemen vergleichbar. Auch körperliche Krankheiten, seelische Erkrankungen und chaotische Beziehungsprobleme sind sehr genau strukturiert. Das Wissen darum, wie diese Strukturen und Muster gefunden und entfaltet werden können, führt zu einem Gefühl der Stille, ins Auge des Taifuns mitten in der globalen Verwirrung. Wer unter widrigen oder aufgewühlten Umständen Weltarbeit erlebt, welche auf der Bewußtheit solch versteckter Parameter basiert, kann sogar als sehr pessimistische Person dazu gelangen, die Zukunft der Welt optimistischer zu sehen.

Unsere Welt ist wie ein Feld in der modernen Physik. Ein Feld ist ein Bereich im Raum, in welchem gewisse Kraftlinien wirken. Das Feld wirkt überall und auf alle Menschen gleichzeitig. Es ist in seiner Ganzheit hier und jetzt vorhanden, wenn wir auch nur daran denken. Die Welt, das sind Sie und ich. Diese Welt erscheint in Träumen und Körperproblemen, in unseren Beziehungen, in Gruppen und in unserer Umwelt. Und sie erscheint in den Gefühlen, die sie in uns hervorruft, wenn wir in der Nähe der heiligen und ehrfurchtgebietenden Stätten unserer Erde sind.

Prozeßideen

Aus prozeßorientierter Sicht hat die Welt genau diejenigen Probleme, welche sie als Herausforderung braucht. Sie sind für uns genau richtig, damit wir an ihnen wachsen, und wir sind die einzigen, welche sie lösen können. Interventionen von Regierungen und politischen Führerinnen und Führern werden nie genügen, wenn wir uns nicht alle um unsere eigene Bewußtheit bemühen und zusammenarbeiten.

Das wichtigste Element, das allen möglichen Anwendungen von Prozeßarbeit zugrunde liegt, ist die Vorstellung, der Natur zu folgen. Wenn wir dem Fluß der Natur genau, einfühlend und mit Bewußtheit folgen, können sogar schmerzliche und schwierige Ereignisse wie Krankheit, Psychose oder Haß einen Sinn bekommen und uns einen gangbaren Weg zeigen. Diese Haltung dem Prozeß gegenüber drückt Keido Fukushima, Zenmeister des Tofukujiklosters in Kyoto, aus, wenn er sagt: „Jeder Tag ist ein guter Tag". Jeder Tag kann zu einem guten Tag werden, wenn wir ihn zu unserem Lehrer machen. Dann sind wir nicht voreingenommen, sondern haben einen freien, kreativen Geist, der sich mit den Bewegungen der Jahreszeiten ändern kann.

Mein ursprünglicher Optimismus in bezug auf unser Potential, das alte Prinzip der tiefen Demokratie auf moderne Weltarbeitprobleme anzuwenden, wurde entmutigt durch die Rigidität, welche ich in Institutionen überall auf der Welt antraf. Implizite und explizite soziale Normen, erstarrte Traditionen und Regeln und die Macht von Organisationsstrukturen scheinen das Bewußtwerden der Konflikte und ein mögliches Zusammenkommen der verschiedenen Standpunkte immer wieder zu blockieren. Darüber hinaus führt die ungleiche Verteilung des Reichtums, der materiellen Güter und des Zugangs zu Informationsressourcen dazu, daß die Ideen von Harmonie, Frieden und institutioneller Demokratie nur ein naives amerikanisches Ideal zu sein scheinen.

Diese Schwierigkeiten ließen mich zweifeln und meine eigenen Annahmen, Theorien und Methoden noch einmal überdenken. Aber heute gehe ich davon aus, daß es unter hundert Menschen nur wenige braucht, um in einer Gruppe zu jedem beliebigen Zeitpunkt die Einstellung der tiefen Demokratie zu erreichen und die Werkzeuge der Weltarbeit einzusetzen. Jede andere Annahme kommt mir an diesem Punkt der Geschichte unrealistisch vor.

Deshalb beruht das folgende Buch nicht auf der naiven Annahme, daß Partner in einem Konflikt dieselben Möglichkeiten zur Bewußtheit haben müssen oder daß sie sich über das Vorhandensein eines Konflikts oder über die Methode, diesen zu bearbeiten, einig sein müssen. Die in diesem Buch beschriebenen Methoden können angewendet werden ohne daß dazu gleiche oder gemeinsame soziale, kulturelle, materielle oder politische Bedingungen oder Einstellungen nötig sind.

Als ich dieses Buch zu schreiben begann, wurde ich ständig von den folgenden Fragen gequält:

- Welches sind die Werkzeuge, welche wir brauchen, um Weltarbeit zu machen?
- Wie können wir die von Herzen kommende und intelligente Art und Weise lernen, die es braucht, um diese Werkzeuge anzuwenden?
- Können meine Ideen von meinen Freunden in Südafrika, Japan und Indien ebenso angewandt werden wie in Rußland, Europa und den Vereinigten Staaten?
- Bin ich weit genug entwickelt, um dieses Buch zu schreiben?

Dies waren die Fragen, welche mich beunruhigten, als ich versuchte, diese Arbeit sowohl für Menschen in Nairobi als auch in San Francisco, Tokyo und Moskau brauchbar zu machen.

In meinem vorhergehenden Buch über globale Themen, „Das Jahr 1“, habe ich versucht, die Ideen der Physik mit kulturellen Mythen über globale Felder aus der ganzen Welt zu verbinden. Das hier vorliegende Buch beruht zum Teil auf den Entdeckungen von „Das Jahr 1“ und begleitet dieses, indem es sich mit Interaktionsmöglichkeiten im globalen Feld beschäftigt. Hier werden Sie Theorien, Anleitungen zu innerer Arbeit, Trainingsübungen und praktische Beispiele finden. Es ist eine Art Handbuch für globale Prozeßarbeit.

Das Buch hat vier Teile:

- der 1. Teil, „Theorie und Methoden“, untersucht grundlegende Feldkonzepte.
- der 2. Teil, „Die Metaskills der Führungskunst“, legt die persönliche Entwicklung dar, die notwendig ist, um Weltarbeit zu machen.

- der 3. Teil, „Globale Arbeit", diskutiert Probleme, die überall auf der Welt zu finden sind: politische Probleme, Tribalismus und Rassismus, Gewalt auf den Straßen, Armut und Sexismus. Im 3. Teil werden Erfahrungen aus USA, Europa, Israel, Japan, Ost- und Südafrika beschrieben.
- der 4. Teil, „Das mögliche Universum", diskutiert den Zusammenhang zwischen Physik und menschlichem Bewußtsein und zeigt, wie Bewußtheit möglicherweise dazu führen könnte, die Zeit und die globale Vernichtung umzukehren.

„Der Weg durch den Sturm" enthält auch Beschreibungen von getesteten, transkulturell anwendbaren Konfliktlösungsmethoden zusammen mit Überlegungen über ihre Beschränkungen und ihre Anwendbarkeit auf Prozesse in der Gemeinschaft und im Geschäftsleben.

Schließlich empfiehlt dieses Buch eine politische Einstellung, welche auf unserem Streben nach Bewußtheit, unserem Interesse an unserer eigenen Entwicklung und unserer Liebe für andere basiert.

2. Kapitel

Feldtheorie

Ursprünglich hatte ich ein Buch mit Anweisungen und praktischen Tips geplant, wie man mit kleinen und großen Gruppen in verschiedenen Situationen arbeiten kann. Dann erkannte ich jedoch, daß ich das nicht tun kann, ohne auf die unheimliche und ehrfurchtgebietende Natur der Gruppenfelder einzugehen, welche die Welt durchdringen, in der wir leben.

Oberflächlich gesehen scheint die Welt wie eine riesige Unternehmung zu funktionieren, welche Profit zu machen versucht, oder wie eine Nation oder ein Stamm, die damit beschäftigt sind, ihre eigene Identität zu schaffen. Unter der Oberfläche sieht es eher so aus, wie wenn wir als Bewohnerinnen und Bewohner dieses Planeten oder als Mitglieder einer der Millionen von planetaren Untergruppen Teilnehmerinnen und Teilnehmer eines riesigen Workshops wären[1)]. In der Tat handeln auch die meisten von uns wie typische Workshopteilnehmer, indem wir nach Workshopleiterinnen oder -leitern Ausschau halten, welche wie Götter politische, spirituelle, therapeutische und emotionale Weisheit und Kraft haben sollten.

Unglücklicherweise sind nur wenige Leiterinnen und Leiter fähig, die Aufgabe zu übernehmen, die wir ihnen da zuschreiben. Typische Bürger oder Workshopteilnehmerinnen haben unzählige Probleme beim Erreichen ihrer Ziele, sei es in ihrer Gruppe oder in ihrem Privatleben.

Hin und wieder kommt gerade ein mächtiger Geist vorbei, der die Führungsaufgabe für den Workshop aufgreift. Dann begegnen wir Heldinnen und Helden des Augenblicks, Machtbesessenen und Heiligen, Verrückten und Wissenschaftlern, aber äußerst selten Facilitatorinnen und Facilitatoren, welche fähig und daran interessiert sind, uns zu helfen, unsere eigenen Führungspotentiale zu entwickeln und uns selbst zu werden.

Falls die Welt eine Art Workshop oder eine Konferenz wäre, sollte es so sein, daß die Leute es nicht erwarten könnten mitzumachen, an den Treffen teilzunehmen und allein oder mit anderen zu arbeiten. Die Welt sollte ein Ort sein, wo der Aufenthalt spannend ist.

Gegenwärtig ist die Situation genau umgekehrt: Niemand hat Lust, an Gruppen- Gemeinschafts- oder Geschäftstreffen zu erscheinen, gewisse Gruppen und Nationen werden von einschüchternden Tyrannen beherrscht, alle haben Angst, etwas zu sagen, und wenn sie es doch tun, hört niemand zu. Die Drohung potentieller Gewalt liegt in der Luft. Der Mangel an Selbstachtung scheint epidemische Ausmaße angenommen zu haben, und es gibt sehr wenig „*Älteste*", welche über die Fähigkeit verfügen, andere zu lieben und ihnen dabei zu helfen, sich in einer Atmosphäre zu entwickeln, in der persönliche Entwicklung und Alltagsgeschäfte zusammengehören.

Natürlich unterstütze ich transpersonale Vorstellungen und glaube daran, daß das Unbewußte bewußt gemacht und ein Optimum an menschlichem Potential verwirklicht werden sollte. Aber der erste Schritt zur Heilung der gegenwärtigen Situation besteht darin, daß wir einsehen, daß wir hier alle wie in einem Workshop angetreten sind, um das Beste aus unserem Leben herauszuholen. Dies ist die ewige Botschaft der spirituellen Lehren: Das Leben ist ein Jagdgrund, in dem wir uns selbst finden können, ein geheimnisvoller und ehrfurchtgebietender Ort und ein Garten, um darin zu wachsen.

Um diese Vision zu verwirklichen, müssen wir herausfinden, wie man wächst und blüht. Obschon wir über die Mittel und das Wissen verfügen, um zwischen den Kontinenten zu kommunizieren, wissen wir nicht viel über interpersonale und transpersonale Kommunikation. Um mehr darüber zu lernen, müssen wir uns darüber klar werden, was wir glauben und wie wir uns verhalten.

In der Physik werden Vorstellungen über die Beschaffenheit der Welt in Theorien festgehalten. Ich werde in diesem Buch immer wieder von physikalischen Theorien ausgehen und diese zur Verdeutlichung heranziehen. Wir wollen mit der Feldtheorie anfangen.

Feldtheorie und Organisationsentwicklung

Die folgende Analogie, welche aus der systemischen Organisationsentwicklung stammt, kann uns helfen, die globale Atmosphäre zu erklären[2)]. Versuchen Sie, sich vorzustellen, daß eine einzelne Organisation so etwas wie ein riesiger Eisberg ist.

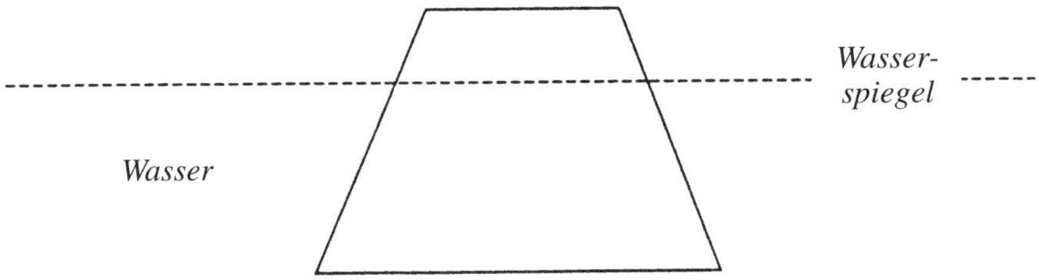

Eisberg der Organisation

Stellen Sie sich vor, daß Ihre Gruppe, Ihr Geschäft oder Ihre Nation in einem Meer oder Feld treibt, manchmal frei, manchmal mit anderen Gruppen und Organisationen verbunden.

Wenn wir diese Analogie weiterführen, können wir sagen, daß sich die leitenden Mitarbeiterinnen und Mitarbeiter, welche in der Organisation hohe Positionen einnehmen, über dem Wasser befinden und versuchen, in die Zukunft zu schauen und den Weg des Eisbergs zu lenken, während die übrigen Angestellten unter dem Wasserspiegel leben und die ganze Gruppe unterstützen, meistens ohne Kontakt mit den Visionen und Plänen der leitenden Kader oder Vorstände. Organisationsberatung beruht zum Teil darauf, dem ganzen Eisberg zu helfen, als eine als einzige Einheit zu arbeiten.

Wenn die Menschen miteinander Probleme haben, dann bekommt unvermeidlich auch die Organisation Probleme und wird entweder stagnieren oder sich rückwärts entwickeln. Ein Organisationsberater versucht in diesem Fall, die Probleme zu analysieren, die Situation einzuschätzen und Lösungen vorzuschlagen, die es allen ermöglichen, eine Wahrnehmung für die anderen Teile zu entwickeln.

In diesem Modell stellt das Meer die Interaktionen dar, die sich zwischen der Organisation und der Außenwelt abspielen. Dort gibt es möglicherweise eine Mutterorganisation, außerdem die Kunden und die materiellen und Informations-Ressourcen, welche die Organisation braucht, um überhaupt zu existieren.

Ein solches Organisationsentwicklungsmodell funktioniert in vielen Situationen gut, obschon einige seiner Methoden auf der Annahme basieren, daß Menschen mechanisch funktionieren, wie die Teile einer Maschine. Im Gegensatz zur Klarheit dieses organisationsdynamischen Ansatzes gibt es allerdings auch eine andere Sichtweise, die mehr davon ausgeht, daß wir in einem unberechenbaren Dschungel leben, einem Dschungel von Emotionen, die nicht auszudrücken sind, von Schatten und unbenannten Kräften.

Emotionen und Gruppen

Bei jedem Gruppentreffen gibt es unsichtbare Einflüsse, die in den Stimmungen, Motivationen, Gruppenproblemen, Inflationen, Depressionen, Illusionen und Träumen der Gruppenmitglieder erscheinen.

Zusätzlich werden Organisationen, wie alle Gruppen, von interner Eifersucht heimgesucht und durch Konkurrenz, Liebesaffären, Suchtprobleme mit Alkohol und Drogen und Kämpfe der Untergruppen geschüttelt. Solche Kämpfe finden statt zwischen Wissenschaftlern und Bürokratinnen, zwischen Visionärinnen und vorsichtigen Managern, zwischen Studentenschaft und Lehrerschaft oder zwischen den Sachbearbeiterinnen und ihren Bossen. Beim informellen Zusammensein nach der Arbeit oder an Parties treten diese Einflüsse zutage, weil die Menschen Alkohol trinken, um diejenigen Teile ausleben zu können, die im Arbeitsalltag keinen Platz haben. Jetzt zeigen sich die persönlichen Probleme und Intrigen, der Klatsch und die Konflikte, und manchmal brechen sogar heftige Auseinandersetzungen aus.

Die herkömmliche Organisationsberatung beschäftigt sich nicht mit den Visionen und Träumen der Stadt, der Nation oder des Planeten, sondern mit den unmittelbaren Visionen und Zielen der jeweiligen Betriebe und Organisationen, welche nur für heute und morgen einen Sinn haben. Denken Sie an Henry Fords Vision von Autos, welche sich die Masse leisten kann, Apples Vision eines Macintosh-Computers auf jedem Schreibtisch oder Pepsis Vision, Coca Cola zu schlagen!

Dies sind Visionen, mit denen wir uns zeitweise identifizieren, ohne jedoch an den ganzen globalen Zusammenhang zu denken und das Bedürfnis des Menschen, im Leben etwas Sinnvolles zu erreichen, in Betracht zu ziehen. Diese Visionen reichen nicht aus, um den Eisberg in Fahrt zu halten.

Um die Realität einer Organisation darzustellen, müssen wir dem Bild des Eisbergs eine neue Dimension hinzufügen. Das Diagramm sollte auch den Einfluß von spirituellen Visionen, Gefühlen, Stimmungen und rational nicht erklärbaren Faktoren darstellen, welche das Leben jeder Gruppe durchdringen. Diese unsichtbaren Einflüsse sind in der Physik als Schattenenergien beschrieben worden, in der Jungschen Psychologie als das kollektive Unbewußte und in Rupert Sheldrakes Konzept des Universums als morphogenetische Felder.

Ein solches neues Diagramm würde die nicht aufgegriffenen traumartigen Gefühle abbilden, die unterirdische Strömungen und Sogwirkungen erzeugen. Organisationen sind nicht nur durch ihre offensichtlichen und identifizierbaren Strukturen, Absichten und Ziele charakterisiert, sondern auch durch emotionale Komponenten wie Beziehungskonflikte, Eifersucht und Neid sowie altruistische

Bestrebungen, spirituelle Bedürfnisse und Interesse am Sinn des Lebens. Existentielle und spirituelle Werte, Umweltprobleme und Kämpfe in anderen Teilen der Welt strukturieren innere und äußere lokale Ereignisse in einzelnen Orgnisationen, obschon sie nur vage wahrgenommen und selten aufgegriffen werden.

Charakteristika von Feldern

Felder organisieren die Identität ihrer Mitglieder

Was ist ein *Feld*? Felder sind natürliche Phänomene, die überall vorhanden sind, alle Anwesenden einschließen und Kräfte enthalten, die auf alles, was sich im Feld befindet, einwirken. In einem Beispiel aus der Physik läßt sich die magnetische Kraft eines Feldes sichtbar machen, wenn man einen Magneten unter ein Blatt Papier legt und Eisenspäne auf die Oberfläche des Papiers streut. Die Kraft des magnetischen Feldes organisiert die Späne in einer gewissen Ordnung.

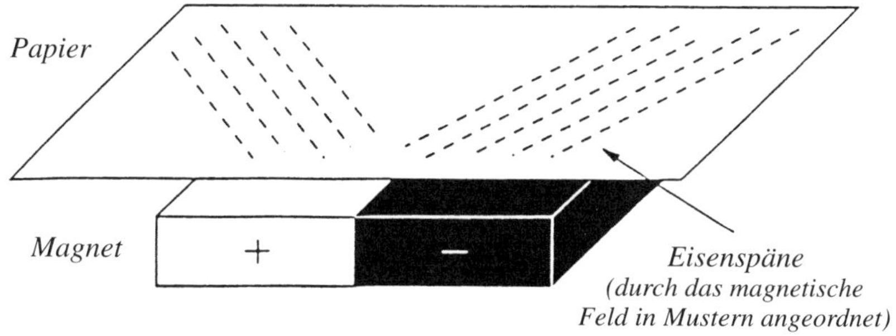

Wir glauben, daß wir unsere Leben und Gruppen organisieren und im Griff haben, aber in Wirklichkeit formen und organisieren uns die vorhandenen Felder genauso wie wir sie. Felder bringen Menschen in Gruppen zusammen, welche das Wort „*wir*" gemeinsam gebrauchen. Felder mögen dem bloßen Auge nicht sichtbar sein, aber sie haben Wirkungen und können Druck ausüben und Schwierigkeiten machen wie ein unmöglicher Geist.

Es gibt offensichtlich viele verschiedene Arten von „wir". Das „wir" der einen Gruppe unterscheidet sich vom „wir" einer anderen, je nachdem, wie sich die verschiedenen Gruppen identifizieren. Eine Familie kann eine Gruppe bilden und das Wort „wir" gebrauchen, einige Freunde, die zusammen kegeln, werden sich als eine Art Sportklub verstehen, wenn sie „wir" sagen. Betriebe, Städte, Nationen, Religionsgemeinschaften und Rassen –, all diese Gruppen haben ihre eigenen Muster, die mit ihren spezifischen Wertsystemen und Visionen zu tun haben, auch mit solchen, welche nicht ausdrücklich deklariert werden. Alle Mitglieder einer Gruppe sind durch die gleichen Glaubens- und Wertvorstellungen verbunden.

Ein Feld drückt sich also in den Überzeugungen aus, welche die Identität der Gruppe und ihrer Individuen bestimmen. Obschon ein Feld unsichtbar ist und viel größer als die Menschen, die es bewegt, manifestiert es sich ganz praktisch in dem, was wir glauben. Wir fühlen uns durch unsere Glaubenssysteme und Visionen gedrängt, gewisse Dinge zu tun, und wir spüren, daß diese uns in Gruppen zusammenbringen und so Gruppenidentitäten schaffen.

Obschon wir Felder vielleicht nicht mit bloßem Auge sehen, erscheinen sie in den Träumen der Individuen, in den Geschichten, welche die Menschen über ihre Gruppen erzählen und in den Mythen der Nationen.

Individuen und Gruppen sind das Schlachtfeld, auf welchem die Helden der Mythen ihre mythischen Konflikte austragen. Es ist die traumartige Beschaffenheit von Feldern, welche es für Ökologen, Ökonominnen und Politiker so schwierig macht, mit der Welt umzugehen, denn diese wird nur zum Teil von kausalen Einflüssen gesteuert. Die Welt wird auch durch nonkausale Einflüsse organisiert, durch das Traumfeld, und wir müssen ebenso Schamaninnen und Visionäre sein wie Politiker und Wissenschaftlerinnen, um die Probleme der Welt lösen zu können.

Informationswolke

Organisationen sind also nicht einfach Körper, sondern Traumkörper: physikalische Einheiten, welche durch Träume ebenso bewegt werden wie durch Organisationsstrukturen, durch Emotionen und Geist ebenso wie durch Geld. Die Organisation konstituiert zusammen mit ihren Träumen und Untergrundströmungen ein Feld, das sich in physischen Strukturen, menschlichen Gefühlen, einer bestimmten Atmosphäre und spezifischen Jobs und Rollen manifestiert. Wenn das Feld kongruent ist, ist das, was eine Gruppe glaubt, identisch mit dem, was sie tut.

In den meisten Feldern unterscheidet sich allerdings das, was wir tun, von dem, was wir sagen. Das führt immer zu Konfusionen, Schwierigkeiten, Inkongruitäten und Konflikten auf der individuellen Ebene und der Ebene der Gruppe, egal ob diese Gruppe ein Paar ist oder eine Familie, eine Gruppe von Freunden, ein Unternehmen, eine ganze Nation. Die Gruppe verschwindet dann in einer „*Informationswolke*"[3], einer Unmenge von Signalen, welche etwas ausdrücken, was nicht aufgegriffen wird.

Als Beispiel für ein inkongruentes Feld kommt mir die Arbeit mit einer Gruppe erfolgreicher leitender Manager in einem europäischen Land in den Sinn. Diese Leute sagten, sie seien zu mir gekommen, weil sie zusammenarbeiten und bessere Arbeitsbeziehungen herstellen wollten. Aber es redete niemand. Sie benahmen sich sehr steif und kühl. Nachdem ich mit ihnen gearbeitet hatte, wurde mir klar, daß ihr Feld durch einen unausgesprochenen und unidentifizierten Druck inkongruent geworden war, der im Hintergrund verlangte, daß jeder besser als der andere sein müsse. Dieser Druck war ein Teil der Informationswolke in dieser Organisation und mußte sichtbar gemacht und bearbeitet werden.

Später in diesem Buch werde ich genauer darauf eingehen, wie man mit inkongruenten Feldern und Informationswolken arbeiten kann, um einen besseren Sinn für die Gemeinschaft und die Erfordernisse der Zeit zu schaffen.

Felder haben keine Grenzen

Felder haben weder eine Innen- noch eine Außenseite. Sie durchdringen alles, wie elektromagnetische Schwingungen oder eine Atmosphäre, welche keine klar definierten Grenzen hat.

Ob wir zu einer Gruppe gehören oder nicht, hängt nicht nur davon ab, ob wir mit der Gruppe einverstanden sind und uns als dazugehörig erklären. Wir sind Teil eines bestimmten „wir“, wenn das Muster dieser Gruppe in uns oder um uns herum ist. Ob wir dazugehören hat vielleicht sogar nichts damit zu tun, wo wir leben und mit wem wir kommunizieren. Gruppen hängen wie die Felder um sie herum von gemeinsamen Träumen ab. Im Felddenken gibt es keine „Insider“ und „Outsider“. Wer auch immer von einem bestimmten Feld berührt wird, ist ein Teil davon.

Felder existieren ungeachtet von Zeit, Ort und physischer Trennung. Nicht einmal ein Physiker kann genau sagen, wo ein Mensch im Raum anfängt und aufhört, und kein Arzt kann den genauen Zeitpunkt des Todes einer Person vorhersagen. Wir haben ebenso Felder- oder Welleneigenschaften wie wir Körper- oder Partikeleigenschaften haben! Wir bestehen ebensosehr aus Ideen, Konzepten und Gefühlen wie aus Materie und Masse. Darum empfehlen die Taoisten, um mit der Natur verbunden zu sein, unseren inneren Gefühlen statt der äußeren Erscheinung der Dinge zu folgen.

Diese Charakteristik von Feldern hat wichtige Konsequenzen in bezug darauf, wie wir uns selbst verstehen. Begriffe wie persönlich und unpersönlich, individuell und kollektiv, ich und du, innerlich und äußerlich sind relativ und haben keine absolute Bedeutung. Jedes Gefühl, jeder Gedanke, jede Bewegung und jede Begegnung ist gleichzeitig ein inneres und ein äußeres Ereignis. Also ist Meditation oder innere Arbeit mit uns selbst eine Form von Weltarbeit, genauso wie Weltgeschehnisse auch persönlich sind.

Felder können als Kräfte gespürt werden

Felder werden in Träumen und Visionen oft visualisiert, aber man kann auch spüren, wie sie als Kräfte auf uns wirken wie die Schwerkraft. Felder können bewirken, daß wir uns leicht oder schwer fühlen. Indem sie sich wie elektromagnetische Kräfte verhalten, können sie uns zueinander hinziehen oder voneinander abstoßen. Wir erleben sie als schwache oder starke Kernkräfte, die uns an unsere Essenz binden oder zulassen, daß wir davon wegtreiben.

Im Taoismus wird das Feld als das Tao erlebt, und dieses Tao stellte man sich seit den frühesten Zeiten als eine Kraft vor, welche durch Muster organisiert wurde, die man *Drachenlinien* nannte. Diese Drachenlinien hielt man für „Falten" oder „Knicke" im Universum.

Wer versucht, etwas aus diesen Drachenlinien-Bahnen herauszubewegen, stößt auf Widerstand. Die taoistische Literatur und die Zen-Literatur weisen uns an, diesen Linien des geringsten Widerstandes zu folgen. In Feld-Konzepte übersetzt bedeutet dies, daß wir mit beidem im Einklang leben sollten, mit unseren inneren Gefühlen und unserer Einschätzung äußeren Situation. Dem Tao zu folgen ist wie Surfen auf dem Kamm einer turbulenten Welle.

Wir alle spüren diese psychophysischen Felder stark. Wir nehmen sie irgendwie wahr und reagieren auf sie, wenn wir sagen: „Die Luft ist so dick, daß man sie mit einem Messer schneiden könnte", oder „man kann die Spannung zwischen ihnen fühlen".

Wir können uns alle an die Atmosphäre der Familie erinnern, in der wir aufgewachsen sind. Gewisse Atmosphären ziehen uns an, andere stoßen uns ab. Wir greifen Kraftfelder mit unseren Emotionen auf, z.B. mit Liebe, Anziehung, Wärme, Eifersucht, Rivalität oder Furcht, und wir erleben sie durch Polarisationen wie in Konflikten zwischen Rassen und Geschlechtern, zwischen Insidern und Outsidern.

Felder sind in verschiedenen Kanälen wahrnehmbar

Wir fühlen also diese Felder durch unsere eigenen Emotionen wie Liebe, Anziehung, Eifersucht, Rivalität und Furcht. Andererseits nehmen wir Felder durch ihre charakteristischen Spannungen wahr wie z.B. Konflikte zwischen den Rassen, zwischen Frauen und Männern, zwischen Gruppen mit unterschiedlichen Privilegien. Außerdem wirken Felder durch Einflüsse der Umwelt, des Ortes oder der physikalischen Eigenschaften der Umgebung und durch die Natur, die uns umgibt.

Wir können also Felder durch verschiedene Sinne und Erfahrungen wahrnehmen: in Körpergefühlen und Körpererfahrungen, Beziehungsproblemen, Träumen und Synchronizitäten, Ereignissen in kleinen Gruppen und in der Welt um uns herum. Weil das Feld in so vielen Kanälen erscheint, müssen wir auch auf verschiedenen Ebenen arbeiten, wenn wir einem Feld helfen wollen, sich zu entfalten: mit Gefühlen, mit dem Körper, mit Bewegung, mit Träumen und Bildern, mit Arbeit an uns selbst und Beziehungsarbeit und mit Interaktionen in der großen Gruppe.

Felder haben menschenartige Charakteristika

Das Weltfeld ist seit frühester Zeit als ein Gott oder eine riesige menschenartige Figur beschrieben worden[4)]. Die Christen des zwölften Jahrhunderts dachten, die Welt sei der Leib Christi. Hindus glauben, daß wir im Leib Atmans leben. Die alten Chinesen gingen davon aus, daß die Welt aus einer riesigen Anthroposfigur geschaffen worden sei, die sie Pan Ku nannten. Als er starb, entstanden aus seinen Haaren die Bäume, aus seinem Atem der Wind, aus seinen Knochen die Berge und aus seinem Blut die Flüsse. Dieser alte Glaube erscheint heute wieder in unserer Tendenz, der Erde menschliche Gestalt zu geben, indem wir sie „*Gaia*“ und „*Mutter Erde*“ nennen.

Wenn die Welt, in der wir leben, ein menschenartiges Wesen ist, dann sind wir seine Zellen und sind verantwortlich für seine

Ernährung und die Kräftigung seiner Organe, z.B. seines Kopfes, seines Herzens, seiner Füße.

Eine andere menschenartige Eigenschaft von Feldern ist, daß sie potentiell intelligent sind. Die Vorstellung, daß die Welt oder das Universum intelligent sind, war bis vor kurzem nicht mehr Teil unseres Weltbildes, aber früher glaubten die Menschen an die Weisheit des Weltfeldes[5)]. Die frühen Christen stellten sich vor, daß es eine *Anima Mundi* gebe, Gottes weibliches Gegenbild, die als architektonische Intelligenz in der Welt wirke. In Indien glauben immer noch viele Menschen, daß Shiva und Vischnu weise Felder sind, die denken und wahrnehmen. Sie gehen davon aus, daß es Shiva ist, der in uns wirkt, wenn wir sehen, hören und fühlen.

Tatsächlich sind Felder an sich nicht weise, sie sind *potentiell* weise. Felder haben zwar das Potential, weise zu sein, bestehen aber, ebenso wie Individuen, aus einer Masse von unbewußten Fähigkeiten. Felder sind wie Träume: ohne die Wertschätzung und das Eingreifen unseres Bewußtseins kommt der größte Teil ihrer Weisheit gar nicht zum Vorschein.

Darum tun uns die Schmerzen unserer Körpersymptome nur so lange weh, bis wir die Weisheit ihrer Botschaften prozessiert haben. Unsere Visionen verwirren uns möglicherweise nur, wenn wir uns nicht auf sie einlassen und sie dazu bringen, sich weiter zu entwickeln.

Massenbewegungen können in der Welt nur etwas bewirken, wenn sie tief mit den Bedürfnissen der Menschen verbunden werden. Und alles, was den Planeten bedrängt, kann nur zu etwas Sinnvollem werden, wenn wir dabei mithelfen, daß es aufgegriffen wird.

Felder sind Traumkörper

Die Welt ist ein Traumkörper, ein traumartiges Gebilde, das sich in einer physischen Realität manifestiert. Alles ist in diesem Gebilde verbunden und wirkt aufeinander ein. Die Traumkörpernatur der Welt wird auf der individuellen Ebene dadurch erfahren, daß

Körpersymptome und Träume sich entsprechen und die gleiche Botschaft ausdrücken[6]. Die alten Geomanten arbeiteten mit diesem Traumkörperaspekt der Erde. Durch ihn konnten sie auf der Erde die Orte und Linien entdecken, auf denen Siedlungen und Bevölkerungen gedeihen und blühen konnten und dafür sorgen, daß sich ihre Dörfer und Siedlungen im Einklang damit entwickelten.

Die Kraftfelder der Erde gehören zu einem Traumkörper in dem Sinne, als die Welt ein physischer Körper ist, auf den unsichtbare und teilweise auch unmeßbare Kräfte einwirken. Es sollte uns nicht überraschen, wenn unsere Krankheiten einen engen Zusammenhang mit Feuer- und Sturmgeistern, friedlichen und sanften Winden, Waldbränden und Rassenunruhen zu haben scheinen.

Felder entwickeln sich

Die Welt befindet sich fortwährend inmitten gewaltiger Veränderungen. Auch wenn die meisten von uns durch geologische Veränderungen und Wetterumschläge überrascht werden, sollten wir uns doch daran erinnern, daß die Erde kein statisches Gebilde ist, sondern lebt, stirbt und sich wandelt wie wir.

Felder entwickeln sich; sie sind nicht statisch und beständig, sondern ändern und wandeln sich wie das Wetter. Nebel zieht auf, hängt herum und löst sich manchmal auf oder verdichtet sich zu Wolken. Wolken können sich zerstreuen, verschmelzen, zu harmlosen kleinen weißen Tupfern werden oder sich zu einem dunklen, furchteinflößenden Sturm zusammenballen. In einem Feld ändern und wandeln sich die Gefühle und Ideen. Manchmal bleiben sie im Hintergrund versteckt, zu anderen Zeiten drängen sie sich in den Vordergrund. Als Beispiel dafür kann die sich wandelnde politische Landschaft in Osteuropa dienen.

Während sie sich entwickeln, werden Felder polarisiert, bilden Teile, geraten in Konflikte und können auseinanderbrechen. Feldkräfte zerreißen Freundschaften und isolieren uns vielleicht von alten Freunden. Aber genauso wie Veränderung und Auseinanderentwicklung schmerzhafte Erfahrungen sein können, können sie auch unerwartet Menschen zusammenbringen, Einheit und Frieden zwischen Gruppen und Individuen schaffen.

Wie geht es unserem Weltfeld heute? Wohin entwickelt es sich? Was gibt es für Wandlungen? Wird es in einem ökologischen Holocaust zugrunde gehen? Oder werden die kreativen neuen Gruppen, die sich bilden, uns als eine Art planetarische Familie zusammenbringen in einer Form, die es noch nie gab? Werden wir eine neue Welt schaffen, bevor die alte stirbt?

Gedankenexperiment

Denken Sie für einen Moment über die Möglichkeit nach, daß Felder Zeit und Raum durchdringen. Haben Sie schon erlebt, daß Sie für sich allein an einem Projekt arbeiteten und dann entdeckten, daß andere etwas Ähnliches machten, ohne daß es zwischen ihnen irgendeine Kommunikation gab?

Nehmen Sie sich etwas Zeit, über sich selbst und die Gruppen nachzudenken, zu denen Sie gehören. Stellen Sie sich eine Gruppe vor, von der sie ein Teil sind. Können Sie sich diese Gruppe als Feld vorstellen, als riesige menschliche oder göttliche Figur? Welche Rolle würden Sie in diesem menschenartigen Wesen spielen? Sind Sie die Augen, der Kopf, die Füße oder der Bauch?

Stellen Sie sich jetzt vor, die Gruppe sei eine riesige Anthroposfigur und Ihre Existenz sei nötig, damit dieses Wesen leben kann. Ihre Gefühle, Wahrnehmungen, Reaktionen und Gedanken sind für dieses System wichtig. Die Arbeit, die Sie tun, tun Sie zum Teil für diese Figur. Das Feld benutzt vielleicht Ihre Augen, um damit zu sehen! Wie verändert dieser letzte Satz Ihre Beziehung zu dieser Gruppe?

3. Kapitel

Zeitgeister

Am 3. August 1990, ungefähr um 19.30 Uhr waren meine Frau Amy und ich dabei, eine Konferenz über Sucht abzuschließen. Wir hatten unsere Gruppe von etwa 200 Teilnehmenden dazu ermuntert, in einen Gruppenprozeß einzusteigen, d.h., die Gruppe sollte feststellen und prozessieren, was im Feld war. Nachdem viele einzelne Teilnehmerinnen und Teilnehmer darüber gesprochen hatten, was sie im Feld fühlten, erwachte ein Teenager in der Gruppe, der offensichtlich eingeschlafen war, mit einem erstickten Schrei. Es schreckte uns alle auf. Wir waren uns einig, daß wir diese schockierende Störung nicht übergehen wollten, sondern daß dies ein Teil des Feldes war, in dem wir gerade lebten. Deshalb beschloß eine kleine Gruppe, den Schrei der jungen Frau noch stärker auszudrücken.

Innerhalb von einigen Minuten hatten wir alle Stühle weggeräumt, und es formten sich spontan zwei Gruppen. Die einen versuchten, den Schrei des Teenagers zu unterstützen und ihm mehr Ausdruck zu verleihen. Diese Gruppe brüllte, schrie und tobte herum. Gleichzeitig war eine andere Gruppe empört und wütend über den Lärm und die Rücksichtslosigkeit dieses Krawalls.

Während die zwei Parteien sich mehr und mehr polarisierten, eskalierte die Situation. Die lärmige Gruppe wurde lauter und lauter, während die zurückhaltende Gruppe mehr und mehr versuchte, Ruhe zu erzwingen. Dann wurden die beiden Gruppen aggressiv und kriegerisch gegeneinander.

Auf dem Höhepunkt der Eskalation, als die Situation wirklich unlösbar schien, empfahl ich, daß sich die Gruppenmitglieder frei fühlen sollten, einander körperlich zu verletzen. In diesem Moment beruhigten sich alle. Die Teilnehmerinnen und Teilnehmer waren einen Moment still und dachten darüber nach, wie nahe sie daran gewesen waren, gewalttätig zu werden. Einige standen spontan auf und begannen ihre Gefühle auszudrücken über das, was gerade geschehen war. Es ist schwierig, das Drama dieses Abends und die Art, wie sich alles löste, zu vermitteln. Wie viele Gruppenprozesse war auch dieser ein mächtiges Ereignis und hatte eine berührende Auflösung.

Der Grund, aus dem ich diese Geschichte erzähle, ist jedoch, daß an genau dem Abend auf der anderen Seite der Erde der Irak Kuwait überfiel und die Welt an den Rand eines Krieges brachte. Wäre es möglich, daß es einen nonkausalen Zusammenhang zwischen diesem erstaunlichen Konflikt in unserer Gruppe und dem Geschehen in der Welt gab? Später in diesem Buch werde ich solche nonkausale Zusammenhänge zwischen Gruppenprozessen und Ereignissen in der Welt diskutieren.

Hier muß ich eine unbeantwortbare Frage stellen: Was schafft Spannungen und Konflikte in einem Feld?

Die eine mögliche Sichtweise geht davon aus, daß Felder von den Schwierigkeiten und Polarisationen der Menschen erzeugt werden. So wie es scheint, daß geomantische Kraftlinien um die magnetischen Pole herum erzeugt werden, scheinen viele Aspekte des Feldes unserer Erde um menschliche Differenzen, Konflikte und Grenzerfahrungen herum zu entstehen. Eine andere Sichtweise sieht das Feld als erste Ursache für die Geschehnisse auf der Erde. So gesehen wäre es das Feld, welches Beziehungsangelegenheiten, Erdbeben und Unwetter beeinflußt.

Was kommt zuerst: unsere Konflikte oder das Feld, in dem wir leben? Es gibt Zeiten, in denen wir spüren, daß das Feld die Ereignisse erschafft, wie im Fall der oben beschriebenen Konferenz, und es gibt Zeiten, in denen es scheint, daß die Ereignisse das Feld erzeugen.

In vielen Teilen der Welt werden menschliche Probleme als eine Folge von Kräftefeldern und Geistern verstanden, und es braucht die Arbeit von Schamanen, um sie zu heilen. In vielen Teilen der modernen Welt glaubt man daran, daß Probleme von Menschen erzeugt werden. Wenn wir das Feld als hauptsächliche Kraft hinter den Dingen wahrnehmen, entwickeln wir Schamanismus. Wenn wir den Eindruck haben, daß unsere persönliche Verfassung Felder schafft, entwickeln wir psychologische Erklärungen.

So sind Schamanismus und Psychologie komplementäre Arten, mit dem Leben umzugehen. Beide Sichtweisen sind wichtig, die eine ist ohne die andere einseitig. Weltarbeit versucht, die zwei zusammenzubringen, indem sie die individuelle Erfahrung als für das Individuum und das Feld potentiell wichtig und nützlich anerkennt, ohne die Frage abschließend zu beantworten, woher diese Erfahrung kommt und was sie verursacht.

Tatsächlich funktionieren die meisten Formen von Prozeßarbeit, ohne daß die Menschen genau wissen, was den Ereignissen zugrunde liegt. Wir mögen Fragen über Ursache und Ursprung stellen, aber allermeistens tragen die Antworten nicht viel dazu bei, das Problem zu lösen. Deshalb bin ich zur Ansicht gelangt, es sei das beste, was wir tun können, zu lernen, mit den Ereignissen so umzugehen, wie sie sich zeigen.

Um mit einem Feld zu arbeiten, werden wir ein neutrales Vokabular brauchen, mit dem wir Ereignisse beschreiben können. „*Tao*" ist ein gutes Wort, aber eher vage und allgemein. „*Geist*" wäre besser, aber jedermann hat andere Bedeutungsinhalte dazu. „*Yin- und Yang-Energien*" wäre eine Möglichkeit, Polarisationen in einem Feld zu beschreiben, aber diese Ausdrücke sind kulturell besetzt. Wir könnten einfach von „*Polarisationen*" und „*Gruppenrollen*" sprechen, um die Strukturen des Feldes zu beschreiben, aber diese Beschreibungen sind statisch und unterstreichen die Veränderungen nicht genug, durch die jede Seite hindurchgeht. Wenn wir Ausdrücke verwenden, welche Statik und Unbeweglichkeit beinhalten, werden sich Statik und Unbeweglichkeit ereignen, wenn wir versuchen, globale Prozesse zu facilitieren.

Wir brauchen neue Ausdrücke für gegensätzliche Energien, Polarisationen und Rollen. Wir brauchen einen Ausdruck, welcher aufzeigt, daß Polarisationen nicht nur auf gewisse Individuen und Gruppen zurückzuführen sind und daß Rollen nicht statisch sind, sondern sich vielmehr verändern, eskalieren oder abnehmen, mit der Zeit sogar verschwinden. Weil es keinen besseren Ausdruck gibt, werde ich Polaritäten wie den aggressiven und den friedliebenden Teil im oben genannten Beispiel *Zeitgeister* nennen.

Felder scheinen durch die Beziehungen zwischen Zeitgeistern gestört zu werden. Jede Polarität oder Spannung zwischen Rollen und Polen kann als Spannung zwischen Zeitgeistern gesehen werden. Sogar die Namen Vater und Mutter sind Namen für Zeitgeister, welche für eine bestimmte Zeit und einen bestimmten Ort typisch sind und sich mit der Zeit ändern. Gruppenfelder werden oft in Konflikten zwischen rivalisierenden Anführerinnen und Anführern polarisiert, zwischen Insidern und Outsidern, zwischen Anhängern und Kritikerinnen, zwischen Frauen und Männern. In der Erziehung sind Felder zwischen Lehrerinnen und Schülern polarisiert, politische Felder zwischen Fortschrittlichen, Gemäßigten und Konservativen. Auch im Geschäftsleben gibt es unvermeidlich Bosse und Arbeiterinnen, Insider und Outsider, Neuerer und Alteingesessene.

Zeitgeister werden oft als mythische Wesen erlebt. Achten Sie nur darauf, wie die Medien nationale Felder und Figuren beschreiben. Helden bekommen oft Superman-Attribute, während ihre Gegenspieler mit Monstern und dem Bösen verbunden werden. Es gibt Verrückte und Weise, Verhungernde und eine große Mutterfigur. Jedes Feld hat einen Bösewicht und einen Helden, der für die Befreiung kämpft.

Im Mittelpunkt des sozialen Lebens gibt es eine Vielzahl von turbulenten, konfliktgeladenen Feldern, die strukturtiert werden durch die Spannungen zwischen Minderheits- und Mehrheitsgruppen, zwischen den Reichen und den Obdachlosen, zwischen der Polizei und der Mafia und Unzähligen mehr.

Schwerwiegende Spannungen zwischen Mehrheits- und Minderheits-Zeitgeistern gibt es in Gruppen überall auf der Welt. Wir lesen ständig über Reibungen zwischen den Rassen, den ethischen Gruppen, den Geschlechtern, den religiösen Gruppen und Klassen.

Die Minderheitenposition als Zeitgeist erleben vielerorts die Schwarzen, in Europa die Zigeuner und die Juden. Wo immer wir hinschauen, finden wir eine Mehrheit, welche eine bestimmte Minderheit unterdrückt.

Überall auf der Welt, gleichgültig in welchem Land, wird jede Mehrheitsgruppe über Minderheitsgruppen dasselbe sagen. Wer zur Mehrheit gehört oder zu denjenigen, welche an der Macht sind, glaubt, daß Angehörige von Minderheiten oder diejenigen, die keine Macht haben, sich durch folgende Eigenschaften auszeichnen:

- anders, eigenartig und gefährlich,
- von einem Stigma gezeichnet, moralisch minderwertig oder mindestens moralisch merkwürdig,
- nicht würdig, soziale Rechte zu haben,
- unfähig, nur für sozial tief eingestufte Aufgaben zu gebrauchen,
- unsauber, böse, korrupt oder zerstörerisch für die Welt unbewußt und dumm,
- paranoid und aggressiv,
- intellektuell minderwertig.

Projektionen und Prozesse

Die obigen Vorstellungen über irgendeine beliebige Minderheit sind universal, gleichgültig was diese Gruppe für eine Rasse oder Religion hat, um welches Geschlecht es sich handelt. Wenn wir in diesen Polaritäten befangen sind, haben wir das Gefühl, daß dies menschliche Probleme sind, von Menschen erschaffen. Aber der Konflikt zwischen Minderheit und Mehrheit ist ein Konflikt, der vom Feld organisiert wird: es ist ein Zeitgeist, der die Menschen voneinander trennt.

Üblicherweise werden Minoritäten-Probleme damit erklärt, daß eine Gruppe negative Eigenschaften auf die andere projiziert, wobei die Projektionen aus den eigenen negativen Teilen bestehen. Man sollte irgendeinmal erkennen, daß es in Wirklichkeit Projektionen sind und diese zurücknehmen. Menschen mit dieser

Auffassung glauben, daß das Zurücknehmen von Projektionen die Beziehungen zwischen den Gruppen verbessert. Das Zurücknehmen von Projektionen ist offensichtlich sehr wichtig, und wenn eine Person oder eine Seite dies tut, können Probleme oft schnell gelöst werden.

Aber oft kommen negative Projektionen zurück oder entstehen neu, nachdem sie scheinbar aufgelöst worden sind. Gewisse Konflikte scheinen sich zu wiederholen, wie wenn sie nicht von Menschen, sondern von Zeitgeistern erzeugt würden. Deshalb ist das Zurücknehmen von Projektionen nur ein Teil der Weltarbeit: wir müssen auch die Spannungen im Feld prozessieren, wie wenn es das Feld selbst wäre, das versucht, sich auszudrücken. Weltarbeit versteht einen Konflikt in einer Gruppe als Versuch der Zeitgeister, sich zu konfrontieren, Konflikte auszutragen und sich gegenseitig kennenzulernen. In solchen Fällen können sich einzelne Menschen fühlen, als würden sie von Zeitgeistern, welche miteinander im Konflikt sind, als Kanäle benützt.

Rollen und Zeitgeister

Das globale Feld hat keine Innen- oder Außenseite. Deshalb sind die momentanen Rollen, die es uns in einem lokalen Feld zu besetzen drängt, gleichzeitig mit globalen Ereignissen verbunden. Die Atmosphäre unserer Welt, die Zeitgeister, beeinflussen unseren Körper, zerren an unseren Beziehungen, polarisieren und trennen uns von Freunden und Familienmitgliedern und vereinigen uns mit ihnen.

Die Rollen, die wir in einem Gruppenfeld spielen, sind Zeitgeister oder auch „*globale Zeitgeister*“: es sind Zeitgeister, welche verschiedene Teile des allgemeinen globalen Feldes verkörpern, die wir als Rollen überall auf der Welt finden: Kommunisten und Kapitalistinnen, Arbeiterinnen und Manager, arme Länder und reiche Länder, Heldinnen und Schurken und so weiter.

Früher habe ich den Ausdruck „*Rolle* „ gebraucht, um die verschiedenen Teile eines gegebenen Feldes zu bezeichnen[1]. Der hier verwendete Ausdruck Zeitgeist steht für eine neue Stufe des Rollenkonzepts: er beschreibt und betont die zeitlich begrenzte und sich wandelnde Eigenschaft von Rollen in einem persönlichen Feld oder Gruppenfeld besser als der Ausdruck Rolle. Die Verwendung des Wortes „Zeitgeister" soll uns an das Wandlungspotential der Welt um uns herum erinnern.

Zeitgeister sind wie Figuren in unseren Träumen. Sie sind wie Strudel oder Stromschnellen in einem sonst unsichtbaren Feld. Sie ziehen uns an und lassen uns im Wirbel ihrer Energien verschwinden. Wenn Sie sich in einem bestimmten Feld mit einem Zeitgeist identifizieren, erleben Sie wirklich die Emotionen dieses Geistes, Ihr Bewußtsein wird sozusagen verändert. Sie werden wütend oder aufgeblasen. Sie fühlen sich heldisch oder als Opfer. Die Energien des Zeitgeistes machen Sie launisch oder besessen, verrückt oder lustig, deprimiert oder suizidal.

Zeitgeister umwandeln

Die hier beschriebenen Phänomene sind keine statischen, dauerhaften Zustände oder Gegensätze. Wenn wir Rollen oder Zeitgeister prozessieren, indem wir uns bewußt mit ihnen identifizieren, sie spielen oder zeitweise sogar übernehmen, verändern sie sich. Zeitgeister wandeln sich.

Wenn die Rolle einer Person, welche zuerst absolut böse zu sein scheint, auf diese Weise prozessiert wird, kann diese mehr Tiefe und Mitgefühl entfalten, als wir erwartet hätten. Genauso kann sich eine Person in einer puritanischen und moralischen Rolle unerwartet rasch in eine tyrannische und böse Figur verwandeln.

Auch wenn wir Zeitgeister als statische, unwandelbare Konstanten beschreiben, wandeln sie sich in der Praxis, ändern sich und überraschen uns mit ihrer Fähigkeit, fruchtbar zu sein, sich zu entwickeln und zu wachsen. Die Bösartigkeit eines Individuums oder einer Gruppe kann nachlassen und gutartig werden und das Gute stur und tyrannisch. Der Schwächling kann zum Helden werden und der fiese Kritiker zum weisen Lehrer.

Wir alle fürchten uns vor den Zeitgeistern, weil wir von ihnen besessen werden könnten, sowohl in Gruppen als auch im Zusammensein mit einzelnen Menschen. Jeder von uns kennt die plötzlichen und möglicherweise verheerenden Folgen einer Massenhysterie. Auf einmal werden wir in bestimmte Rollen gesogen und werden irrational und unbewußt. Je weniger wir über uns selbst und über die Zeitgeister des Feldes wissen, desto eher geraten wir in veränderte Bewußtseinszustände wie Raserei oder Depression, Ekstase oder Paranoia. Wir fürchten diese Zustände, weil wir uns ihnen ausgeliefert fühlen und meinen, sie seien auf ewig gleich und könnten sich nicht verändern.

Andererseits fürchten wir die Zeitgeister auch, weil wir um die Gefahr wissen, daß Menschen, welche diese Rollen ausfüllen, nicht mehr als Individuen, sondern nur noch auf Zeitgeister reduziert wahrgenommen werden. Einzelne Menschen sind aber nie nur mit Zeitgeistern identisch, Individuen haben das Potential, gleichzeitig viele verschiedene Gefühle und Zeitgeister in sich zu tragen und können sich dieser Gefühle und Zeitgeister bewußt werden und sie sinnvoll einsetzen.

So ist zum Beispiel Überheblichkeit und Arroganz ein Zeitgeist, der in einem Feld von rassistischen Spannungen nicht nur von Nichtschwarzen besetzt werden kann: auch Schwarze können vorübergehend diese üblicherweise „weiße“ Rolle im Feld besetzen. Ebenso kann sich jede Gruppe, schwarz oder nichtschwarz, plötzlich im Zeitgeist der zurückgewiesenen oder unterdrückten Minorität wiederfinden. Wir unterscheiden uns von den Rollen, die wir in einem Feld besetzen. Als Individuen sind wir zu komplex und haben zu viele Facetten, um uns auf irgendeine Rolle festzulegen, sogar wenn wir vorübergehend von einem Zeitgeist besessen sind. Ich bin manchmal ein Brahmane, manchmal ein Unberührbarer, manchmal schwarz, manchmal weiß. Manchmal fühle ich mich wie ein Jude oder wie ein Christ, manchmal bin ich ein Agnostiker oder ein Fundamentalist.

Die Art, wie wir andere Menschen mit statischen, festgelegten Rollen identifizieren, ist gleichzeitig vertraut und doch unbewußt. Wir teilen unerbittlich ein: Du bist der Anführer, ich bin Gefolge.

Du bist weiß, ich bin schwarz. Du bist Europäerin, ich bin Amerikaner. Du bist Zulu, ich bin Bantu. Du lebst auf dieser Straßenseite, ich lebe auf der anderen. Du gehörst zu einer höheren Kaste, ich zu einer niedrigeren. Wir vergessen leicht, daß es die Zeitgeister sind, die uns in Rollen pressen.

Wenn wir unsere Erfahrungen prozessieren, verändern sie sich. Wenn wir das Gefühl der Überlegenheit oder des Zurückgewiesenwerdens, der Wut oder des Verletztseins, der Traurigkeit oder der Bedürftigkeit bewußt erleben, beginnt der Zeitgeist, den wir gerade besetzen, sich zu wandeln. Wenn sich Zeitgeister wandeln, kann es auch vorkommen, daß sich ein Gegenspieler nicht mehr vom anderen unterscheiden läßt. Anstelle von zwei gegensätzlichen Teilen haben wir vielleicht plötzlich eine Einheit!

Es ist das Wandlungspotential der hinter den Menschen wirkenden Zeitgeister, welches die Grundlagen für Gemeinschaft schafft. Zum Beispiel konnte sich in der am Anfang dieses Kapitels beschriebenen Konferenz der aggressive und der konservative Zeitgeist nur wandeln, als die lauten und aggressiven Teilnehmerinnen und Teilnehmer ihre Wildheit ausdrückten und als der ruhige Teil der Gruppe die Erlaubnis bekam, den Widerstand gegen die Lärmigen auf kriegerische Weise auszudrücken. Dadurch wandelten sich die Zeitgeister, lösten sich schließlich auf und ließen einzelne Menschen im Raum zurück, welche aus ihrem Herzen sprachen und in einer Gemeinschaft verbunden waren.

Ich denke an meine Reisen. Nachdem ich zwanzig Jahre in der Schweiz gelebt habe und dann in die Vereinigten Staaten zurückgekehrt bin und nachdem ich um die ganze Welt gereist bin, frage ich mich, wer ich bin. Bin ich Europäer oder Amerikaner? Bin ich Japaner oder Afrikaner?

Jede Identität fühlt sich für mich zu eng an. Ich kann mich nicht mehr mit nur einem Zeitgeist im Feld identifizieren. Manchmal bin ich verlegen und fühle mich mißverstanden, wenn mich die Leute fragen, wo ich lebe, wo ich aufgewachsen bin oder wo und wann ich geboren worden sei. An einem Tag fühle ich mich als Weltbürger, am anderen Tag als Amerikaner und dann wieder wie ein Bauer vom Land aus der Schweiz.

Felder müssen wirklich existieren, denn wo immer ich hingehe, befinde ich mich am gleichen Ort. Jede Stadt hat einen „Ned“, der in der örtlichen Eisenwarenhandlung arbeitet oder einen Immobilienmakler „Charly“, der zu mir herüberwinkt, wenn ich vorbeikomme. Es gibt immer eine „Monika“, eine umgängliche, weise und besonnene Frau und einen „Herrn Stoffel“ als Dorfautorität. Obschon jeder einzelne Ort einmalig und anders als jeder andere Ort ist, gibt es auch eine hologrammartige Gleichartigkeit. Zeitgeister sind nicht räumlich begrenzt.

Ortsgeister

Obschon ich der Einfachheit halber von Zeitgeistern spreche, ist es an gewissen Orten nicht möglich, sich einen Zeitgeist unabhängig von der speziellen Örtlichkeit vorzustellen. Auch kann ein Zeitgeist auf den Besonderheiten eines bestimmten Ortes beruhen. Deshalb müssen wir für gewisse Bereiche auch von *Ortsgeistern* sprechen.

Es gibt zum Beispiel einen Los Angeles-Ortsgeist, ein Gefühl dieser Örtlichkeit, eine Kombination des dortigen Wetters, der breiten Boulevards, des Gefühls von Luxus, Armut, Smog, der nahen Berge, der Nähe von Hollywood, des Strandes und der Schönen und Reichen. Dieser Ortsgeist ist sehr verschieden von demjenigen von Bombay mit seinen überfüllten engen Straßen, den Bettlern, welche auf den Gehsteigen liegen, den geschäftigen Marktplätzen und Moscheen.

Früher haben die Menschen die Ortsgeister mehr beachtet, aber heute erwarten wir, daß unsere Architekten und Stadtplaner die Atmosphäre eines Ortes erschaffen. Dennoch sind wir alle für Ortsgeister zugänglich und werden von bestimmten Umgebungen angezogen oder abgeschreckt wie Eingeborene, welche gewisse Örtlichkeiten, Wälder und Berge als mehr oder weniger kraftvoll identifizieren. Wir fühlen intuitiv die „Orte der Kraft“ als Umgebungen, welche uns entweder unterstützen oder krank machen können. Don Juan, der Yaqui Schamane, der Carlos

Castaneda unterrichtete, spricht ausführlich über solche Orte der Kraft[2].

Don Juan hat auch die transpersonale Natur von „Verbündeten" betont. Verbündete sind Wesen, welche den „Mann des Wissens" über sich selbst hinaus in andere Welten mitnehmen. Die Frau oder der Mann des Wissens mußten diese Geister im Kampf besiegen, bevor diese sie in einem tödlichen Wirbel transformieren konnten. Die erfolgreichen Kriegerinnen und Krieger, denen dies gelang, hatten ihre Verbündeten dann „gezähmt". Zeitgeister und Ortgeister sind potentielle Verbündete, dazu fähig, uns zu helfen, die Welt zu wandeln.

Die Arbeit mit potentiellen Verbündeten oder Geistern in dieser schamanistischen Art ist nur ein Teil von Don Juans Beitrag zur Welt- arbeit. Ob er sich nun mit KriegerInnen oder mit Verbündeten auseinandersetzte, Don Juan zeigte, daß der Mensch diese Erde als Jagdgrund für „persönliche Kraft" benutzen kann, um unsere eigenen Fähigkeiten als Individuen zu entdecken, indem wir mit Geistern und Menschen arbeiten, mit Schattenenergien und Gruppensituationen, mit Parapsychologie und Physik.

Die Arbeit Einzelner in der Welt braucht Gruppen und Öffentlichkeit zu ihrer Unterstützung. Eine Art von Gruppenarbeit können wir alle leisten: Sie besteht darin zu realisieren, daß Weltprobleme wie Rassismus, ungezügelte Aggression und fehlende Sensibilität anderen und der Erde gegenüber Zeitgeister sind, welche über die Städte und Länder hinausreichen, von denen wir in den Nachrichten hören. Zeitgeister sind überall, in uns und um uns herum, und warten darauf, daß sich jemand mit ihnen beschäftigt.

Übung mit dem Feld

1. Denken Sie an ein Gruppentreffen, an dem Sie teilgenommen haben.

2. Erinnern Sie sich an die Atmosphäre dieses Treffens. Stellen Sie sich vor, daß die verschiedenen Teile oder Positionen, welche an diesem Treffen sichtbar wurden, Zeitgeister oder Traumfiguren sein könnten. (Zum Beispiel gab es vielleicht Rebellen und Konservative oder Anführer und Gefolgsleute.)

3. Gab es noch andere Zeitgeister im Raum, welche schwierig zu identifizieren waren? Gab es Zeitgeister, welche nur in Andeutungen erschienen oder durch Gefühle wahrnehmbar waren? Hatten die Anwesenden Angst, offen zu sprechen? Wenn ja, war dies wegen einer unausgesprochene Kritik oder einer verurteilenden Figur so?

4. Wenn es Ihnen gelingt, einige der Zeitgeister zu erkennen, welche dieses Feld strukturiert haben, überlegen Sie sich, was Sie tun könnten, um anderen dieses Feld zu erklären.

4. Kapitel

Feldinterventionen

In einer Gruppe zu leben kann eine schmerzliche Erfahrung sein. Wie oft haben Sie sich schon gewünscht, einfach verschwinden zu können und sich von ihren Beziehungen, von Familie, Schule, Geschäft, den Freunden und sogar von ihrem Land zurückziehen?
Es gibt viele Gründe, warum wir Schwierigkeiten haben, in Gruppen zu leben, aber einer von ihnen ist bestimmt, daß Chaos und Konflikte die Tendenz haben, in Gruppen aufzutauchen.

Das Aufgreifen von Konflikten und das Einsetzen von Konfliktlösungsmethoden sind am wirksamsten mit Menschen in vernünftigen, ansprechbaren Bewußtseinszuständen. Aber wie können wir mit emotional aufgeladenen, sehr steifen oder sogar gewalttätigen Gruppen umgehen? Fast jede Art von Verhandeln oder Konfliktlösung wird funktionieren, wenn die Beteiligten sich bereits darauf geeinigt haben, miteinander an ihren Konflikten zu arbeiten. Aber wie arbeiten wir mit einer Gruppe mitten in der Turbulenz, in Gewalt, Ekstase oder Verrücktheit, wo niemand irgendetwas lösen will?

Turbulenz und selbstbalancierende Attraktoren

Das Feldkonzept ist besonders brauchbar, wenn wir es mit einer Gruppe mit intensiven Konflikten zu tun haben. Uns daran zu erinnern, daß wir in einem Feld leben, ist das Beste, was wir in einer chaotischen Situation tun können, denn das Wissen, daß wir es mit einem Feld zu tun haben, kann die Art strukturieren, wie wir mit Turbulenz und Chaos umgehen.

Wie schon im 2. Kapitel erwähnt, glaube ich daran, daß wir in einem globalen Workshop leben. Zu gewissen Zeiten benehmen wir uns alle so, als wären dies die Zeit und der Ort, die eigenen unbekannten Seiten zu entwickeln und unser ganzes Potential zu leben. Ich bin zu dieser Überzeugung gelangt, weil die große Mehrzahl von Konflikten, welche ich erlebt habe, nach einem gewissen Punkt in der Auseinandersetzung inhaltslos wurden. Eigentlich geht es beim Kampf um den Drang, mächtig zu sein, zu gewinnen, zu lieben und sich verbunden zu fühlen. Dieser Drang kommt aus einer unidentifizierten Quelle, von einem unbekannten Zeitgeist oder vielleicht aus dem System oder der Gottheit, in deren Innerem wir leben.

In der modernen Physik spricht die Theorie, die sich mit Turbulenzen und Chaos beschäftigt, von *Attraktoren,* welche das Chaos und Systeme, die weit vom Gleichgewicht entfernt sind, organisieren und sinnvoll anordnen. Attraktoren zeigen zum voraus an, welche Art von Ordnung mitten im Chaos erscheinen wird. In menschlichen Systemen mag zum Beispiel der Drang zu Ausgewogenheit, Freiheit und Harmonie ein Attraktor in unserer individuellen Entwicklung sein. Genauso wie die losen Steine auf der Flanke eines Hügels vom Tal angezogen werden und jedes Pendel an einem ganz bestimmten Ruhepunkt zum Stillstand kommen wird, hat auch das allerschlimmste Chaos, egal ob es um ein Individuum oder um eine Gruppe geht, die Neigung, zumindest vorübergehend zu einer Lösung zu kommen.

Märchen zeigen viele Arten von Attraktoren, welche unsere persönlichen oder kollektiven Prozesse in ein Muster bringen. Unabhängig davon, welche Märchenfiguren dabei beteiligt sind, haben die meisten Märchen die Neigung, ihre Problematik zu lösen. Helden kämpfen im Namen der Prinzessin gegen das Böse, und der Prinz weckt die Prinzessin aus ihrem verhexten Zauberschlaf. Ebenso streben alle Gemeinschaften danach, ihre höchsten Visionen entgegen den banalen Umständen des Alltagslebens aufrechtzuerhalten, und Zärtlichkeit und Liebe versuchen durchzubrechen, wo immer Eifersucht, Haß und Mord zu dominieren scheinen. Versucht auch das Universum wie wir Individuen, sich selber zu erkennen, seine Teile zusammenzubringen und eine Art von Frieden, Harmonie und Gleichgewicht zu erreichen?

Die Tendenz eines Systems, sich selbst auszubalancieren, kann nur zum Teil durch kausale Überlegungen erklärt werden. Auch Veränderung ist in einem System ein komplexes Phänomen; wir haben keine Möglichkeit zu wissen, was genau die Veränderung hervorgebracht hat oder wann sie eintritt. Veränderung kann sich in einem Teil eines Feldes ereignen, ohne daß es irgendeine bewußte Kommunikation mit den anderen Teilen gegeben hat.

Der Konflikt im großen Gruppenprozeß am Abend der irakischen Invasion in Kuwait, den ich im dritten Kapitel beschrieben habe, ist ein Beispiel für einen solchen akausalen Feldeffekt. Albert Einstein würde sich auf das Prinzip des nichtörtlichen Universums berufen, welches besagt, daß es keine voneinander abgetrennten Orte im Universum gibt, C.G. Jung würde von Synchronizität sprechen, Rupert Sheldrake von einer morphogenetischen Resonanz. Wir könnten es auch einfach Zufall, das Tao oder ein Wunder nennen.

Felder balancieren sich selbst

Die Tendenz von Systemen, sich selbst zu balancieren und ein Gleichgewicht zu erreichen, ist also ein Attraktor. In der chinesischen Philosophie schwingt die weibliche Energie, Yin, gegen die männliche Energie, Yang, und gleicht diese aus, genauso wie auf Meinungsverschiedenheiten Übereinstimmung folgt. Die weise Facilitatorin kennt und akzeptiert diesen Attraktor, die Tendenz der Natur, sich selbst auszubalancieren, und setzt deshalb dieses Wissen ein, um den Prozessen zu erlauben, sich zu entfalten. Sie kann warten und vertraut bewußt auf den unvermeidlichen natürlichen Fluß. Es gibt eine Zeit für das Handeln, und es gibt eine Zeit für Ruhe und Geduld.

Weil Übereinstimmung und Gegensätzlicheit unvermeidlich zusammengehören, sollten diejenigen, welche in einer Gruppe die Leitung innehaben, darauf gefaßt sein, angegriffen und in Frage gestellt zu werden. Je verfestigter eine Leitungsfunktion ist, um so mehr müssen diejenigen, welche sie einnehmen, darauf gefaßt sein, angegriffen zu werden! Sogar dort, wo die Leitenden gutgesinnt, freundlich und humanitär sind, müssen sie herausgefordert werden und sich der Opposition stellen. Auch ein harmonisches und ausbalanciertes System muß eine dynamische Fluktuation zwischen Gleichgewicht und Chaos haben, wenn es sich entwickeln will.

Ob diese Tendenz zur Selbst-Balance konstruktiv oder destruktiv ist, hängt auf alle Fälle von unserer Fähigkeit ab, in der Evolution des Feldes zu intervenieren. Die Tendenz zur Selbst-Balance kann auch selbstmörderisch sein. Beim Versuch, seine verschiedenen Teile ins Gleichgewicht zu bringen, kann ein Feld sich selbst unabsichtlich auslöschen, wenn niemand da ist, um die Polaritäten, Eskalationen und Deeskalationen im Feld zu schätzen, entfalten zu helfen und mit ihnen zu arbeiten.

Ich möchte hier ein Beispiel aus der Arbeit mit einem Jungen anführen, der an einem Gehirntumor litt. Als ich ihn fragte, wie er den Tumor erfahre, sagte er, dieser fühle sich an wie ein Hammer in seinem Kopf. Er spielte den stampfenden Hammer in seinem Kopf, und zu meiner Überraschung sagte der schlagende Hammer, als er auf seinen Kopf schlug zu ihm: „Geh hinter deine Arbeit und guck nicht so viel Fernsehen!“ Aufgrund dieser Erfahrung empfahl ich, er solle schwarzen Kaffee trinken, aufhören Fernsehen zu gucken und arbeiten. Trotz der Einwände seiner Mutter und des Arztes folgte er meinen Anweisungen.

Diese Intervention beendete vorübergehend den Konflikt zwischen seiner Tendenz zur Faulheit und der Notwendigkeit, etwas zu arbeiten. Einige Monate später verschwand der Tumor.

Der offensichtlich bösartige Tumor enthielt die Nachricht des Hammers: Disziplin! Der Tumor war ein Versuch, die trägen Anteile des Kindes auszugleichen, aber er erzeugte eine tödliche Bedrohung. Ohne Wahrnehmung und Fertigkeiten, mit denen die Teile in ihrer Beziehung untereinander unterstützt werden können, werden sich menschliche Systeme bis zum Punkt der Selbstvernichtung ausbalancieren.

Dasselbe gilt auch für Menschengruppen und Nationen. Spannungen, welche nicht bearbeitet und prozessiert werden, können genausogut zum Krieg führen wie zur Entwicklung von größerer Synergie und Teamarbeit.

Weisheit und Selbstbalance

Selbstbalance wird weise, wenn alle Teile ermuntert werden, sich selbst voll auszudrücken. Nur wenn sowohl Explosivität als auch Sensibilität, die führende Seite genauso wie die störende, voll ausgedrückt und unterstützt werden, wird ein System seine eigenen Probleme sinnvoll lösen können.

Es gibt mehrere Voraussetzungen, welche erfüllt sein müssen, damit der selbstbalancierende Attraktor weise wirken kann. Einige davon kenne ich schon, andere müssen noch entdeckt werden. Die erste Voraussetzung besteht darin, daß wir imstande sein müssen, alle die verschiedenen Teile und Zeitgeister in einem System zu identifizieren. Die zweite ist, daß wir ihnen allen eine Möglichkeit schaffen müssen, sich zu äußern.

Alle Teile in einem Feld, sogar diejenigen, die uns nicht passen oder von denen wir meinen, sie hätten keinen Sinn, müssen repräsentiert und unterstützt werden. Anführerinnen und Störer, Insider und Outsider, Macho-Benehmen und Sensibilität, Macht und Angst, Kritik und Unterstützung müssen in einem gegebenen System alle identifiziert und repräsentiert werden. Einige Zeitgeister sind schwieriger zu identifizieren, weil sie das sind, was ich „Geister“ nenne: angedeutete oder im Hintergrund wirksame Gefühle, welche die Atmosphäre mitbestimmen. Solche Geister wie z.B. Eifersucht, Liebe, Geringschätzung oder Seelengröße müssen ebenfalls herauskommen und identifiziert werden.

Wenn einmal alle Teile identifiziert sind, müssen sie ermutigt werden zu sprechen. Ein System, das seinen Geistern keine Zeit und keinen Raum gibt, wird schließlich von diesen gestört oder vernichtet werden.

Grenzen und Symptome von Inkongruenz

Inkongruenz ist die Mutter von Spannung und Konflikt, aber auch ein Zeichen eines Systems, das dabei ist, sich selbst ins Gleichgewicht zu bringen. Inkongruenz bedeutet, daß zwei einander widersprechende Botschaften gleichzeitig gesendet werden: wenn zum Beispiel aggressiv über Frieden und Harmonie gesprochen wird und dabei auch noch andere beim Sprechen unterbrochen werden. Die Probleme, welche eine Gruppe mit ihrer Inkongruenz hat, gleichen denen eines Individuums. Ein Individuum sträubt sich dagegen, seine Inkongruenz zur Kenntnis zu nehmen, denn das würde heißen, die eigenen unwillkommenen Teile anschauen zu müssen. Genauso hat eine Gruppe Angst, die Inkongruenz ihrer Kommunikation anzuschauen, denn das würde heißen, daß sie sich vielleicht ändern und andere Teile leben lassen müßte.

Kommunikationsschwierigkeiten und Konflikte zwischen Teilen entstehen natürlicherweise im Fluß der Dinge und eskalieren, weil sich Gruppen und Individuen nur mit einer Verhaltensform, nur mit einer Philosophie oder nur mit einem Teil des Ganzen identifizieren und die Existenz der anderen Teile verleugnen. Alle Gruppen haben *Grenzen*, mit deren Hilfe sie ihre Identitäten festlegen und abgrenzen. Grenzen können als Widerstände gegen das Anerkennen, Zulassen und Leben gewisser abgelehnter Teile der Gruppe erfahren werden.

Zum Beispiel haben viele Gruppen Grenzen gegen das öffentliche Ausdrücken von persönlichen Gefühlen. Es gibt eine stillschweigende Übereinkunft, daß persönliche Gefühle nicht in die Gruppe gehören. Einige Gruppen verbieten aggressive oder undemokratische Tendenzen. Andere haben implizite Regeln, daß sich die Mitglieder nicht kindisch benehmen sollten. Alle Gruppen und Organisationen haben Glaubenssätze, Philosophien, Tendenzen und Verhaltensweisen, welche sie fördern, und andere, welche sie mißbilligen, verbieten, unterdrücken oder aktiv verhindern.

Wenn Gruppen ihre unwillkommenen Teile verbieten, werden sie inkongruent, rigid und unlebendig. Sogar wenn die Dinge an der Oberfläche gutgehen, zeigen Depressionen und Ängste im

Hintergrund die Verschlechterung des Gruppenlebens an. Die Menschen mögen manierlich, nett und moralisch miteinander umgehen, aber eine wahre Kommunikation fehlt.

Zum Beispiel können Gruppen sich immer noch vorzustellen, erfolgreich zu sein, während die Außenwelt sie nicht mehr unterstützt oder ihre Produkte kauft. In einer inkongruenten Gruppe sind die Beziehungen zwischen den Untergruppen gespannt, und Teamarbeit ist verboten. Die Mitglieder weisen auf die gloriose Vergangenheit der Gruppe hin oder machen grandiose Pläne für die Zukunft, aber niemand arbeitet an den gegenwärtigen Problemen.

Die abgespaltenen und unerwünschten Teile der Gruppe kommen im Klatsch der Gruppe heraus. Alle Gruppen sprechen über andere, rivalisierende Organisationen, ohne zu realisieren, daß diese „anderen“ Gruppen Zeitgeister sind, die gerade jetzt in ihrem eigenen Feld anwesend sind!

Ich erinnere mich an die Zeit, als wir das Zentrum für prozeßorientierte Psychologie in Zürich gründeten. Wir verbrachten recht viel Zeit damit, über eine andere psychologische Institution zu klatschen, welche auf den Zulauf, den wir hatten, neidisch war. Wir machten Witze über die Tendenz der anderen, überorganisiert und engstirnig zu sein, und merkten nicht, wie sehr wir selbst damals mehr Orgnisation und Struktur gebraucht hätten. Wir haben den Zeitgeist von klaren Abmachungen und Regelungen verpaßt.

Bewußtheit

Das Wissen um Struktur, Grenzen, Inkongruenzen und selbstbalancierende Tendenzen von Feldern lehrt uns die vielleicht wichtigsten Interventionen in der Arbeit mit Gruppen: Bewußtheit und Warten. Wenn wir uns dessen, was geschieht, bewußt sind, können wir warten und den Prozessen erlauben, sich zu entfalten, und der Gruppe erklären, was gerade vor sich geht. Eine wache Gruppe wird selbstbalancierend und weise sein.

Viele Konflikte, besonders in kleinen Gruppen, lösen sich selbst, wenn man ihnen einfach genug liebevolle Aufmerksamkeit schenkt und ruhig dasitzt und versucht, die Situation jeder Person zu verstehen und mitzuleiden. Felder haben die Tendenz, von selbst ihr Gleichgewicht zu finden und Spannungen zu lösen. Aber eine solche Lösung verlangt, daß ein Facilitator oder eine Facilitatorin und so viele Gruppenmitglieder wie möglich aufmerksam sind, wahrnehmen, was geschieht, offene und versteckte Tendenzen ermuntern und anderen helfen, sich vollständiger auszudrücken.

Ich möchte jetzt verschiedene Aspekte dessen vorstellen, was ich Bewußtheit nenne.

Erspüren (sensing)

Der Facilitator oder die Facilitatorin müssen die Atmosphäre erspüren. Die Atmosphäre einer Gruppe zu erspüren bedeutet, die gerade vorhandenen und unvorhersehbaren Signale und Botschaften einer Gruppe zu schätzen und aufzugreifen. Töne, welche die Gruppe macht, können solche Signale sein wie zum Beispiel wütende Stimmen, Stille, Kichern oder unterdrückte Geräusche. Oder Sie können bei sich selbst als Facilitator feststellen, daß die Atmosphäre der Gruppe in den Gefühlen erscheint, die Sie haben, wenn Sie mit der Gruppe zusammensitzen: vielleicht fühlen Sie plötzlich Traurigkeit, Furcht, Besorgnis oder Glück. Sie sollten auch auf die Bewegungen der Gruppe achten: ob und wann Menschen aufstehen und den Raum verlassen, wann sie in sich zusammensacken oder sich zurücklehnen, ob Kinder im Hintergrund spielen. Vielleicht entstehen Beziehungsprobleme zwischen den Gruppenmitgliedern. Auch diese müssen aufgegriffen und begleitet werden. Wenn wir die Atmosphäre erspüren wollen, dürfen wir keine unserer Wahrnehmungen zurückweisen.

Erspüren verlangt vom Facilitator ganz einfach festzustellen, wie es sich anfühlt, in dieser Organisation zu sein. Ist die Atmosphäre angenehm oder eher ungemütlich und gespannt? Wie ist der

Geist dieses Ortes? In was für einer Art Gebäude trifft sich die Gruppe? Welche Zeitgeister sind anwesend?

Die Gruppenbewußtheit ansprechen

Teilen Sie Ihre Bewußtheit mit anderen und fordern Sie sie heraus, ihre eigene Bewußtheit zu entwickeln. Ist die Gruppe in der richtigen Stimmung, um an ihren Problemen zu arbeiten, oder möchte sie lieber eine Party machen? Wollen die Menschen als einzelne an ihren Gruppenerfahrungen arbeiten oder daheim mit Freunden über die Gruppe klatschen? Gibt es andere in der Gruppe, welche die Atmosphäre ebenfalls erfassen, oder sind Sie der oder die einzige?

Jede Gruppe braucht ihre eigene Zeit, ihren Ort, ihre Rituale. Sie braucht Zeit, um Dinge zu erreichen und abzuschließen und Zeit für Selbstreflexion und neue Entdeckungen. Sprechen Sie mit der Gruppe das Thema ihrer Wahrnehmung an, wenn die Zeit dafür reif ist. Sonst wird, was immer Sie sagen, mit einer Revolte aufgenommen. Sie können einer Gruppe nur mit Erfolg vorschlagen, etwas zu tun, wenn es die Gruppenmitglieder sowieso schon vorhaben. Meiner Meinung nach sind die besten Faclitatoren nicht Polizisten, sondern „Assistenten" oder „Möglichmacherinnen", welche die Richtung des Feldes erfassen und diese Entdeckung mit anderen teilen.

Sortieren

Sortieren heißt, die Gefühle, Themen, Aussagen und Meinungen in der Gruppe sorgfältig zu sichten, um herauszufinden, welche Zeitgeister gegenwärtig sind. Um festzustellen, was in einer Gruppe geschieht, können Sie darauf achten, ob es einen Unterschied gibt zwischen den Themen, mit denen sich die Gruppe beschäftigt und den Gefühlen in der Atmosphäre. Die Facilitatorin/der Facilitator kann auch durch eine Umfrage herausfinden, womit sich die Gruppe beschäftigen möchte und dann die wichtigen Themen heraussortieren, indem sie feststellt, welche Themen in der Gruppe emotionale Reaktionen hervorrufen, die sich z.B. in völligem Schweigen, Kichern, Betroffenheit oder Lachen zeigen. Solche Reaktionen weisen auf das Vorhandensein eines *sekundären Prozesses* hin, eines Hintergrundthemas, gegen welches die Gruppe eine Grenze hat, eines Themas, mit dem sie nichts zu tun haben will. Dieses „Minderheitsthema“ ist immer der Ort, wo am meisten Energie ist.

Setzen Sie Bewußtheit ein, um die Dinge auszusortieren. Ist das Gruppenthema im Hintergrund ein Konflikt zwischen Frauen und Männern? Ist es ein allgemeines Gefühl, nicht unterstützt und zu wenig geschätzt zu werden? Ist es eine zu rigide Leitung, Langeweile oder Gier?

Die Zeitgeister und Ortsgeister identifizieren

Ich habe schon darüber gesprochen, wie wichtig es ist, die verschiedenen Teile des Feldes zu identifizieren, damit seine Weisheit wirken kann. Eine gute Faustregel für dieses Vorgehen ist die Annahme, daß jeder Zeitgeist eine komplementäre Beziehung zu einem anderen Teil hat. Wenn die Menschen zum Beispiel laut sind oder sich darüber beklagen, daß sie nicht gehört werden, muß es einen Teil im Feld geben, der nicht zuhört. Unrepräsentierte Teile sind Geister, sie spuken in der Atmosphäre herum und verlangen Aufmerksamkeit. Wenn sich eine Gruppe als Opfer fühlt, bemerkt sie vielleicht nicht, daß ein Teil des Feldes auch Tätermerkmale hat.

Objektivität und Neutralität

Facilitatorinnen/Facilitatoren müssen alle Teile des Feldes schätzen, denn damit Interaktionen und Entwicklungen möglich werden, müssen alle Teile repräsentiert sein. Neutralität bedeutet mehr, als keine Partei zu ergreifen, es heißt verstehen, daß nicht eine einzelne Person oder ein einzelnes Ereignis den Konflikt einer Gruppe verursacht. Es kann keine einfache Schuldzuweisung geben, weil kein einzelner Teil und keine einzelne Person ohne die Unterstützung des ganzen Systems „schlecht" sein kann. Es gibt keinen Tyrannen ohne Opfer, keine Spannung ohne Menschen, welche sie zu vermeiden versuchen! Neutralität und Objektivität sind wichtige Werkzeuge für die Arbeit mit Gruppen, weil sie uns auch die Möglichkeit geben, die einzelnen Menschen von den Teilen und Zeitgeistern im Feld zu unterscheiden. Jedes Gruppenmitglied ist mehr als die Rolle, die es momentan besetzt und trägt alle vorhandenen Teile in sich.

Allerdings sind absolute Neutralität und Objektivität Newtonsche Träume, naive Vorstellungen über uns selbst. Wir wissen heute von der neuen Physik, daß absolute Objektivität nicht möglich ist, und aus dem Alltag, daß es bei den meisten Situationen kein Heraustreten gibt. Deshalb müssen wir lernen, unsere Beschränkungen als Beteiligte im Prozeß unseres Planeten anzunehmen und gleichzeitig Möglichkeiten entdecken, wie wir diesen Prozeß als Facilitatoren begleiten können. Dies erfordert eine besondere Ausbildung und innere Arbeit. Davon werden die nächsten Kapitel handeln.

Rollen wechseln

Wenn wir uns daran erinnern, daß die Menschen in einer Gruppe nicht mit den Zeitgeistern identisch sind, wird uns dies davon zurückhalten, eine Person mit ihrer momentanen Rolle in einer Gruppe zu identifizieren. In unseren individuellen Leben gehen wir durch viele Entwicklungsstadien hindurch. Zu gewissen Zeiten identifizieren wir uns mit einem Teil unserer selbst und zu anderen Zeiten mit einem anderen. Wir sind nicht ausschließlich das eine oder das andere, vielmehr kommen wir durch unseren Individuationsprozeß mit allen unseren Teilen in Kontakt.

Es ist eine Gefahr von Gruppen ohne Bewußtheit, daß sie die Entwicklung des Individuums hemmen. Wissen über Zeitgeister macht Gruppenprozesse zu einer Chance für die Individuation. Alle Gruppenmitglieder bekommen durch dieses Wissen die Möglichkeit, die einzelnen Zeitgeister in sich selbst zu entdecken. Tatsächlich funktionieren Gruppen am besten, wenn die Anwesenden sich darüber klar werden, mit welchem Zeitgeist sie sich jeweils identifizieren können und diesen Geist dann bewußt übernehmen und ihm eine Stimme geben.

Das Wechseln von einer Rolle zu einer anderen ist eine Intervention in Gruppen, welche voraussetzt, daß das Individuum erkennt, daß sich die eigenen Gefühle in einer Gruppe verändern können. Das Wechseln von Rollen empfiehlt sich als ein Mittel, individuelle Bewußtheit zu wecken. Jemanden zu fragen: „Bist Du in dieser Rolle oder in einer anderen?“ hilft dieser Person, sich über die Rolle klar zu werden, welche sie im Feld gerade spielt. Findet das Wechseln der Rollen allerdings einfach als Programm statt ohne die dazu notwendige Bewußtheit, wird es einfach zu einer weiteren selbstverständlichen Spielregel im Gruppenleben.

Gruppenfelder polarisieren uns immer in Zeitgeister und bringen Menschen dazu, sich geradezu hypnotisch mit dem einen oder anderen Geist zu identifizieren und von ihm besessen zu werden. Wir werden so zu Heldinnen oder Opfern, Störern oder Angepaßten. Wenn Bewußtheit empfohlen und ermutigt wird, verwandelt diese den subtilen, doch mächtigen hypnotischen Gruppendruck in einen Prozeß von Selbstwahrnehmung, durch den wir erkennen können, wer wir sind und wie wir uns verändern.

Die besten Facilitatorinnen sind Assistentinnen für menschliche Entwicklung, sie wecken uns auf und ermutigen uns freundlich, zu bemerken, wann wir in einer Rolle erstarren und den Zugang zu unseren anderen Teilen verlieren. Denken Sie daran, daß wir uns am meisten vor denjenigen Gruppen fürchten, in denen die Gefahr am größten ist, von einem Geist besessen zu werden.

Ein guter Facilitator wird uns helfen, zu bemerken, wann wir in einer bestimmten Rolle inkongruent werden, wann andere Teile von uns heraufzukommen versuchen und wann es für uns Zeit wäre, die Rolle zu wechseln. Manchmal identifizieren wir uns in einer Gruppe so mit einer Rolle, daß wir sogar körperlich berührt werden müssen, bis uns klar wird, daß wir innerlich gar nicht mehr in sie hinein gehören!

Ich erinnere mich an eine wütende Frau, die einmal in einer großen Gruppe alle anderen bösartig angriff. Als die Gruppe schließlich anfing, sich zu verteidigen, reagierte sie unvorhersehbar, indem sie unklar wurde und sich nicht verteidigen konnte, als sie angegriffen wurde. Sie war inkongruent geworden: ihre Rolle als Angreiferin stimmte nicht mehr, denn sie gab keine Antwort und sprach nicht mehr mit den anderen. Aber sie stand immer noch in der Position der Angreiferin. In welche Rolle war sie jetzt geraten? Offensichtlich identifizierte sie sich immer noch mit ihrer Kraft und konnte den Wechsel zu einer sanfteren Position nicht vollziehen.

Ich schlug ihr vor zu überlegen, ob die Angreiferinnenrolle vielleicht nicht mehr zu ihr passe. Ich fragte sie, ob sie aus dieser Rolle heraustreten wolle. Aber sie konnte nicht antworten. Sie war offenbar in eine Trance geraten, in einen veränderten Bewußtseinszustand ohne Bewußtheit. Ich vermutete, daß sie durch die Reaktion der Gruppe verletzt war, es aber nicht zeigen wollte.

Ich ging zu ihr hinüber und berührte sie sanft. Sie begann sofort zu weinen und sackte zusammen zu einem Häufchen Elend. Sie kroch zu der Frau, die am nächsten bei ihr war, und legte ihre Arme um sie. Diese warmherzige Szene war eine dramatische und berührende Lösung für den Prozeß der ganzen Gruppe.

Ich werde diese mächtige Interaktion später diskutieren. Hier geht es mir nur darum zu zeigen, wie wir in gewissen Rollen, in diesem Falle in der Rolle der Angreiferin, hängenbleiben, und daß es uns durch Bewußtheit leichter fällt, zu anderen Teilen unserer selbst und unserer Gruppe Zugang zu finden.

Die Facilitatorin/der Facilitator als Modell

Manchmal müssen Facilitatoren und Facilitatorinnen ihre neutrale Rolle verlassen und vorübergehend in eine der Rollen oder in einen der Zeitgeister einsteigen, so daß sich gewisse Erfahrungen vervollständigen können. Wenn die Gruppe Angst hat vor den

Erfahrungen, welche ein bestimmter Zeitgeist verkörpert, braucht sie Ermutigung, sich wirklich auf diese Erfahrungen einzulassen. In einem solchen Moment ist es nützlich, wenn der Facilitator/in in die Rolle einsteigt und diesen schwierigen Teilaspekt entwickeln hilft. Wenn sich Facilitatoren zu diesem Schritt entschließen, sollten sie andere Gruppenmitglieder dazu auffordern, die Facilitatorenrolle zu übernehmen und in dieser Zeit auf die Gruppe aufzupassen. Facilitatoren können die Botschaften, welche von gewissen Zeitgeistern ins Feld ausgesendet werden, nur erraten und besser entwickeln helfen, wenn sie in diese einsteigen.

Ich erinnere mich an eine Frau in einem spannungsgeladenen Treffen in Südafrika, die sagte, sie fühle sich als Opfer der Gewalt in der Gruppe. Obschon viel Spannung in der Luft lag, war niemand offen gewalttätig. Die Frau sprach als Opfer, aber etwas schien nicht kongruent zu sein. Deshalb ging ich hinüber zu ihrem Platz und versuchte zu entdecken, was ihre Botschaft war. Als ich sie spiegelte, bemerkte ich, daß sie starke und aggressive Armbewegungen machte und einen wütenden Tonfall hatte, obschon sie darüber sprach, ein Opfer zu sein.

Ich versuchte, den Sinn ihrer Bewegungen zu erraten und fügte, während ich von ihrer Position aus sprach, zu dem, was sie gesagt hatte, einen tyrannischen Ton hinzu. Dann ging ich noch weiter, indem ich sie nicht nur imitierte, sondern auch sagte, daß ich an dieser Stelle nicht nur ein Opfer sei, sondern mich jetzt auch rächen und andere tyrannisieren wolle.

Diese Einsicht bewirkte eine vorübergehende Lösung. Die Menschen hörten auf zu streiten, als die Rolle des Gewinnenwollens und des Wunsches nach Rache bewußt wurde. Die Gefühle im Feld änderten sich von Haß zur Traurigkeit darüber, einander verletzen zu müssen.

Grenzen

Es gibt viele Möglichkeiten, dem Prozeß in einer Gruppe bei seiner Entfaltung zu helfen, aber die vermutlich wichtigste Möglichkeit besteht darin, an der Gruppengrenze zu bleiben und wahrzunehmen, was in dieser Gruppe verboten ist, ob sie zum Beispiel emotionalen Themen, persönlichen Gefühlen, idealistischen Visionen oder Beziehungskonflikten ausweicht.

Die Themen, gegen welche die Gruppe eine Grenze hat, werden immer wiederkehren, wenn sie nicht aufgegriffen und bearbeitet werden. Wenn zum Beispiel ein Gruppenmitglied darüber spricht, daß es sich verletzt und wütend fühlt, werden die anderen vielleicht verlegen oder irritiert reagieren und das Thema wechseln wollen. Wenn aber die Gruppe nicht beim Thema von Verletztsein und Wut bleibt, kommt dieses so lange zurück, bis es vollumfänglich prozessiert ist.

Wetterbericht

Grenzen einfach wahrzunehmen ist nicht genug. Wenn einmal eine Bewußtheit für Grenzen und andere Phänomene vorhanden ist, stellt sich die wichtige Frage, wie diese Information in das Feld eingebracht werden kann.

Eine vergnügliche Methode, Erkenntnisse über das Feld mitzuteilen, besteht darin, einen „*Wetterbericht* „ zu geben. Niemand von uns ist völlig neutral, aber wir können versuchen, unsere Wahrnehmungen der Vorgänge in der Gruppe bekanntzugeben, indem wir einfach über die Atmosphäre berichten, so wie wir sie erleben. Damit sich der Prozeß weiter entfalten kann, brauchen wir eine neugierige, ermutigende, warmherzige Einstellung.

Das Einbringen einer solchen Wahrnehmungshaltung stelle ich mir als eine Art Anstoß zu einer Gruppenmeditiation vor. Die „Wetterberichterstatterin“ gibt anderen, die sich nur mit ihrer unmittelbaren Umgebung beschäftigt haben, Gelegenheit, zu erfahren, was in der ganzen Gruppe geschieht. Jedermann hat ein Bedürfnis, die Zeitungen zu lesen, zu wissen, wie das Wetter ist, etwas über den Zustand der ganzen Welt und nicht nur über die örtlichen Verhältnisse zu hören.

Es ist eine nützliche Intervention in einem Gruppenprozeß, einfach über das zu berichten, was sich gerade abspielt, wie wenn es das Wetter wäre:

- Jetzt gibt es einen Konflikt im Zentrum.
- Jetzt weichen wir aus. Ist es zu schmerzlich?
- Jetzt ist der Konflikt zum kalten Krieg geworden. Niemand spricht.
- Jetzt herrscht Stille. Bedeutet dies das Ende des Prozesses?
- Jetzt hat sich eine Lösung ergeben, aber es gibt einige Leute in der Ecke, welche nicht zufrieden sind.
- Jetzt schwatzen alle und sind zufrieden, der Wetterberichterstatter verabschiedet sich.
- Jetzt fangen wir ein neues Thema an. Wie lange wollen wir noch machen?
- Jetzt sind wir steckengeblieben und scheinen nicht weiterzukommen. Haben wir eine Grenze verpaßt?
- Jetzt formt sich der Kern einer Gemeinschaft, und ich muß zu berichten aufhören, diese Art Aufmerksamkeit würde die Gefühle im Raum stören.
- Jetzt scheinen wir uns auf eine Einzelperson zu konzentrieren. Repräsentiert sie die Gruppe?
- Jetzt haben zwei Leute eine Auseinandersetzung. Sind sie Vertreter für die Gruppe?
- Jetzt gibt es eine Spannung zwischen zwei Untergruppen. Sollte das mehr herausgearbeitet werden?
- Jetzt ist etwas Tyrannisches im Raum. Können wir ihm eine Rolle geben? Und wo ist das Opfer?
- Jetzt haben wir einen numinosen, spirituellen Moment übergangen. Wollen wir ihn beiseite lassen oder zurückgehen?
- Jetzt stelle ich fest, daß es eine Eskalation gegeben hat. Können wir damit noch weiter gehen?
- Jetzt stelle ich fest, daß sich die zwei Konfliktparteien ein bißchen auseinanderbewegen. Ist dies eine De-Eskalation? Sollen wir an diesem Punkt damit experimentieren, das Thema fallenzulassen?

- Jetzt wird die Auseinandersetzung heißer. Vielleicht gibt es bald Mord und Totschlag.
- Jetzt sieht es so aus, als wären wir von unserem eigenen Benehmen schockiert. Es sind Gefühle im Raum.
- Dieses erste Treffen und diese Konfrontation haben gereicht. Warum weitergehen? Bedeuten eure leiserwerdenden Stimmen, daß wir für heute genug gearbeitet haben?

Zustandsveränderungen

Wenn Gruppen eine lange Zeit blockiert gewesen sind, kann eine Zustandsveränderung eine große Erleichterung bedeuten. Es gibt verschiedene Möglichkeiten, eine solche Veränderung zu erreichen. Grundsätzlich geht es darum, einen Kanal oder eine Art Wahrnehmung und Kommunikation einzusetzen, welche die Gruppe bis jetzt vernachlässigt hat. Zum Beispiel kann eine Gruppe, welche viel geredet hat, durch Bewegung weiterkommen. Die Facilitatorin/der Facilitator kann jene auffordern, aufzustehen und sich zu bewegen, welche dies tun möchten. Wenn die Gruppenmitglieder sich im Raum bewegen, kommt möglicherweise ein neuer Prozeß zum Vorschein, welcher bis jetzt durch die Dominanz des Redens unterdrückt wurde. Vielleicht bilden die Menschen kleine Untergruppen und fangen an zu schwatzen, umarmen sich, gehen einander aus dem Weg, tanzen oder machen eine Pause.

Einige amerikanischen Gruppen entdecken vielleicht neue Aspekte ihrer selbst, wenn sie ruhig sind oder nur Geräusche machen. Eine japanische Gruppe, mit welcher wir arbeiteten, profitierte außerordentlich davon, nach einer langen Diskussion einfach ruhig zu sein.

Manchmal läßt sich eine Zustandsveränderung erreichen, wenn die Entscheidung über das weitere Vorgehen dem Zufall überlassen wird. Die Gruppenmitglieder können einen Kugelschreiber kreisen lassen und davon ausgehen, daß der innere, individuelle Prozeß der Person, auf welche die Spitze zeigt, ein Spiegel für die Situation der Gruppe ist.

Der Gebrauch von divinatorischen Methoden bringt immer Überraschungen mit sich. Zum Beispiel war einmal eine Gruppe dabei, über ein scheinbar unwichtiges Thema zu streiten. Schließlich ließen wir den Kugelschreiber über das weitere Vorgehen entscheiden, und er zeigte auf eine Frau, welche ein schlechtes Gewissen hatte und voller Schuldgefühle zugab, daß sie etwas gestohlen habe. Die Gruppe hörte mit ihren Auseinandersetzungen auf, und alle Anwesenden beschäftigten sich mit dem eigentlichen Thema: ihren Gefühlen, bedürftig zu sein und zuwenig Geld zu haben.

Aufstieg und Fall einzelner Kräfte

Oft wird sich der Zustand einer großen Gruppe während des Gruppenprozesses verändern, ohne daß es jemand bewußt bemerkt. Sogar bösartige, tyrannische Zeitgeister können sich verändern. Es könnten sich zum Beispiel zwei Seiten in einer heftigen Auseinandersetzung bekämpft haben, aber sobald die Emotionen im Hintergrund herausgekommen sind, hört der Kampf auf. Doch obschon sich die Stimmung verändert, die Stimmen ruhiger klingen, die Spannung sich abbaut, reden die Leute immer noch über die alten Themen, weil sie in ihnen „hängen bleiben".

Facilitatoren müssen in einem solchen Fall nur darauf aufmerksam machen, daß die Stimmen ruhiger sind und daß sich die Stimmung geändert hat. Wir sollten nicht vergessen, daß große Kräfte aufsteigen und wieder verschwinden. Wenn sie aufsteigen, müssen wir sie ermutigen, ganz herauszukommen, wenn sie am Abnehmen sind, sollten wir sie sterben lassen.

Persönlich sein

Eine andere wichtige Zustandsveränderung tritt ein, wenn die Menschen anfangen, persönlich über die Rollen zu sprechen, welche sie gerade eingenommen haben.

Gruppenprozesse spielen sich auf vielen Ebenen ab. Auf einer Ebene geht es um Gruppenthemen und Gruppenrollen, auf einer anderen um unsere individuellen, persönlichen Gefühle über die Gruppensituation.

Anscheinend sind Gruppen erst bereit, persönlich zu werden, wenn alle Rollen und Zeitgeister genügend ausgedrückt sind. Wenn es zu früh zu persönlich wird, kann dies verhindern, daß wirklich die ganze Gruppe in den Prozeß einbezogen wird. Wenn wir nicht persönlich und echt werden, nachdem die Rollen ihre Energie verloren haben, kann alles wie ein Spiel aussehen.

Harmonie ist nicht immer das Beste

Harmonie ist ein herrlicher Zustand, aber er ist nicht annähernd so mächtig wie Bewußtheit. Gewisse Prozesse lassen sich nicht vollumfänglich entfalten, entweder weil sie mehr Zeit brauchen, oder weil sie für die Gruppe einfach unlösbar sind; Lösungen gibt es dann nur auf der individuellen Ebene. Eine vollständige Lösung könnte auch dazu führen, daß jemand in der Dissidentenrolle zurückbleibt und verletzt wird. Die Dissidenten repräsentieren die zukünftige Entwicklung der Gruppe, sie zeigen den nächsten Schritt auf, die Wachstumsgrenze der Gruppe.

Die Zukunft erraten

Die versteckten, geringgeschätzten Prozesse, welche wir in Gefühlen, Symptomen oder Träumen finden, weisen immer auf den nächsten Entwicklungsschritt für ein Individuum oder eine Gruppe hin. Deshalb ist es möglich, aus den sekundären Prozessen des gegenwärtigen Zeitpunkts die Zukunft zu erraten. Zum Beispiel kann es sein, daß eine Gruppe, die sich sehr mit den individuellen Themen ihrer Mitglieder beschäftigt, als nächstes mit Beziehungsschwierigkeiten arbeiten muß. Oder eine Gruppe, die harmonisch geworden ist, wird vielleicht bei ihrem nächsten Treffen Konflikte haben. Eine Gruppe, welche gewaltsame verbale Dispute gehabt hat, wird zweifellos Ruhe und Sensibilität suchen. Eine Gruppe, welche einem Thema ausgewichen ist, wird sich bestimmt das nächste Mal damit auseinandersetzen müssen. Prozesse entwickeln sich oft unberechenbar, aber sie haben auch sehr berechenbare Züge.

Unbewußtheit in einer Gruppe

Viele Menschen in Gruppen oder Betrieben haben Angst, sich auszudrücken, weil sie sich nicht sicher fühlen und befürchten, abgelehnt zu werden, ihre Arbeitsplätze zu verlieren oder sogar wegen ihrer Gefühle tätlich angegriffen zu werden.

Wohl die meisten Menschen, die sogenannten „Bosse“ inbegriffen, setzen sich selbst unter Druck, um den Erfolg zu sichern. Alle Menschen in einem solchen System tragen zur schwierigen Atmosphäre bei, weil sie süchtig sind nach Sicherheit und Unterstützung. Solche Gruppenfelder sind Brutstätten von Abhängigkeit, aggressiver Gehässigkeit, gestauter Energie und schließlich von Revolutionen.

In gewissen Situationen kann die Angst prozessiert werden, indem die Teilnehmenden dafür einen Platz im Feld schaffen. Die Facilitatorin/der Facilitator kann sich an jenem Platz aufstellen und Vermutungen über die Gefühle der Menschen in der abhängigen Rolle äußern. Viele der Ängste und Gefühle, die vielleicht eine Stimme brauchen, haben mit dem Bedürfnis nach Liebe, Zustimmung, Unterstützung und Sicherheit zu tun.

Offener Zugang (blank access)

Den Ausdruck *„offener Zugang“* verwende ich für eine Intervention, mit der die versteckten Inhalte eingeladen werden, sich zu zeigen. Die Facilitatorin/der Facilitator stellt Fragen oder macht Bemerkungen, die eigentlich keinen Inhalt haben, um so dazu einzuladen, diesen Freiraum zu füllen. Sätze wie:“ Gibt es ein gewisses Gefühl im Raum, das noch nicht geäußert worden ist?“ oder „Gab es dort drüben jemanden, der etwas dachte und zu scheu war, es zu sagen?“ helfen den Anwesenden, ihre Gedanken und Gefühle zu äußern, ohne daß jemand direkt angesprochen werden muß.

Ein solches Vorgehen kann auch nonverbal sein. Einmal entwischte ich während eines Kampfes in einer bestimmten Gruppe aus dem Raum, zog mir in der Toilette einen schwarzen Strumpf über den Kopf und kam so zurück. Zuerst erkannte mich niemand. Alle waren schockiert.

„Wer bin ich? Projiziert auf mich“, sagte ich. Die Anwesenden hatten Phantasien von einem weisen Wesen, welches wußte, wie ihre Konflikte zu lösen wären. Nacheinander übernahmen sie alle die Rolle dieses weisen Geistes und lösten ihre Probleme in Minutenschnelle.

Lehren und lernen

Nicht jede Gruppe will etwas über sich selbst lernen, einige brauchen einfach Hilfe, um ihre momentanen Probleme zu lösen. Eine Gruppe welche bereit ist, mehr über sich selbst nachzudenken, wird aber außer einer Facilitatorin auch eine Lehrerin brauchen.

Es ist für Gruppen und Organisationen ein wunderbarer und wichtiger Moment, wenn einzelne Mitglieder die Funktion des Facilitators übernehmen. „Facilitator“ ist eigentlich gar nicht mehr der richtige Name für diesen Zeitgeist, *„Mitlernender“* wäre besser. Jedes Mitglied der Gruppe braucht eine Gelegenheit, die Weisheit zu verkörpern und mit Bewußtheit zu experimentieren, und sollte eine Chance haben, die Welt zu verändern.

Übungen

Hier folgen 4 Übungen für Gruppen, welche daran interessiert sind, mehr Bewußtheit in Gruppensituationen zu entwickeln.

1. Grenzen in Gruppen

Diese Übung hilft den Gruppenmitgliedern, die Themen zu erkennen, die sie normalerweise in einer Gruppe nicht anzusprechen wagen. Finden Sie die Grenzen einer Gruppe, indem Sie sich in Untergruppen von jeweils vier Teilnehmenden fragen:

- In welcher Weise fühle ich mich in dieser Gruppe gerade jetzt nicht frei?
- Inwiefern ist dieser Konflikt ein Teil meiner eigenen Entwicklung?

Dann teilen Sie sich in Ihrer Vierergruppe in zwei Zweiergruppen auf, und geben Sie allen eine Chance, an diesen Einschränkungen und Grenzen zu arbeiten, indem sie den Konflikt zwischen sich selber und einer einschränkenden Figur spielen.

Während des Lesens können Sie diese Übung gerade jetzt für sich allein machen. Fragen Sie sich, wie Sie sich in Gruppen nicht frei fühlen, und überlegen Sie dann:

- Was für eine Person oder Kraft hindert mich daran?
- Wie kann ich diese Kraft respektieren und dennoch frei sein?

2. Themen sortieren in Gruppen

1. Lassen Sie Vierergruppen Themen sammeln, an denen sie gern arbeiten würden.
2. Lassen Sie die Gruppen die Themen nach ihrer „emotionalen Ladung“ sortieren, das heißt danach, welche Themen ein größeres oder weniger großes emotionales Gewicht haben.

3. Wetterbericht abgeben

Tun Sie so, als ob Sie ein Wetterberichterstatter wären, und stellen Sie die Atmosphäre und die emotionale Gestimmtheit im Raum fest. Berichten Sie über das, was in der Gruppe geschieht, in einem neutralen und wertfreien Ton. Achten Sie darauf, in ihrem Bericht an die Gruppe auch anzusprechen,

- über welche Prozesse sie gerne spricht und welche Geister sie zu vernachlässigen scheint,
- wie sie mit emotionalen und spirituellen Themen umgeht,
- was in der Gruppe für ein Ton herrscht: ernsthaft, spielerisch, persönlich oder geschäftlich.

4. Schnelle Zustandsveränderungen

Üben Sie, einer Gruppe zu helfen, schnell ihren Zustand zu verändern, indem Sie folgende Interventionen durchführen:

- Schlagen Sie den Gruppenmitgliedern vor, nicht mehr zu reden, sondern sich zu bewegen oder für eine Minute ruhig zu sitzen.
  (Kanalwechsel)
- Laden Sie diejenigen, welche einen Konflikt haben, dazu ein, körperlich miteinander zu kämpfen, und bitten Sie die Gruppe, eine Umgebung zu schaffen, in der dies möglich ist.
- Schaffen Sie in einer langweiligen Gruppe einen Konflikt, indem Sie ein unterdrücktes Thema oder ein Minderheitenanliegen aufbringen.
- Spielen Sie die Rolle einer dritten Partei, welche nicht anwesend ist, von welcher aber gesprochen wird.
- Stellen Sie in einem Kampf Tendenzen zur De-Eskalation fest, und schlagen Sie den Anwesenden vor, einmal versuchsweise still zu sein.

Teil II

Die Metaskills der Führungskunst

5. Kapitel

Führen als Kampfkunst

Wenn ich lerne, einen Nagel einzuschlagen, habe ich den Gebrauch eines Werkzeugs (skill) gelernt, aber die Art, wie ich meinen Hammer gebrauche, ist ein *Metaskill.* Für die Arbeit mit einzelnen Menschen und Gruppen gilt das gleiche. Auch dort gibt es Werkzeuge und Techniken, welche wir lernen müssen, und es gibt Metaskills, nämlich Arten, wie wir diese Werkzeuge und Techniken anwenden.

Wenn wir mit Gruppen oder Organisationen arbeiten, die entweder mit sich selbst oder mit anderen ernsthafte Schwierigkeiten haben, ist für diese Arbeit nicht die Methode oder Technik, welche ein Facilitator braucht, der wichtigste Faktor, sondern die Einstellung, welche er der Gruppe gegenüber hat. Diese Einstellung und die dazugehörige Philosophie nenne ich Metaskills. Es sind die Metaskills, welche einem angemessenen und menschlichen Umgang mit allen Arten von therapeutischen Situationen zugrunde liegen.

Denken Sie an Mitgefühl als Metaskill. Irgendeine Technik, welche ohne Mitgefühl für die Menschen angewendet wird, bewirkt weniger als dasselbe Vorgehen, wenn es mitfühlend angewendet wird. Diese einfache, offensichtliche Wahrheit ist in der Praxis nicht so einfach umsetzbar. Wir haben alle Vorstellungen darüber, wie man Techniken vermitteln kann, aber Metaskills sind komplexer. Metaskills sind für die Weltarbeit unverzichtbar, aber wie kann man Einstellungen, eine bestimmte Philosophie und Gefühle für Menschen lehren und lernen? Um Metaskills entdecken und entfalten zu können, braucht es einer Mischung aus Talent, innerer Entwicklung und äußerer Vorbilder sowie anderer Faktoren, über die ich noch nicht genug weiß.

Dieses Kapitel versucht einige Metaskills für die Weltarbeit aufzulisten.

Letzlich beruhen sie alle auf der wichtigsten Grundeinstellung, der tiefen Demokratie. Ich bin immer noch unsicher, wie man diese Metaskills in anderen Menschen wecken oder vermitteln kann.

Ich kann nur meine eigenen Überzeugungen, Hoffnungen und Motivationen in bezug auf die Menschen offenlegen und versuchen zu entdecken, welche meine eigenen Metaskills sind. Zur Beschreibung der Einstellung, welche Facilitatoren brauchen, um Weltarbeit zu machen, verwende ich als Analogie die fernöstlichen Kampfkunstarten.

Der Facilitator/die Facilitatorin als Rolle

Die Arbeit mit jeder Gruppe setzt zuerst und vor allem Bewußtheit über die eigene Rolle als Facilitatorin oder Facilitator voraus. Diese Rolle unterscheidet sich von den anderen Rollen im Gruppenfeld durch ihren Einsatz für das Wohlbefinden der ganzen Gruppe und durch ihre Beziehung zur Welt. Der Facilitator gehört zu keiner bestimmten Partei und zu keinem einzelnen Teil, es sei denn, wir betrachten das Interesse am Ganzen auch als einen Teil.

Aus der Sicht sowohl der Gruppe als auch der persönlichen Psychologie sind die Rollen von Gruppenleitung und Facilitation zusammen nur einer von vielen möglichen Aspekten, nur ein Teil unseres gesamten Prozesses. Mit anderen Worten, die Rollen der Gruppenleitung und der Facilitation haben nichts mit einem bestimmten Individuum zu tun und können von uns allen zu gewissen Zeiten eingenommen werden. Niemand ist nur Leiterin oder Leiter! Dies zu wissen ist ein grundlegendes Metaskill für alle, welche gerade eine leitende Stellung einnehmen, denn es erlaubt uns, flüssig zu sein und viele Facetten zu haben, ob wir nun gerade in der leitenden Position sind oder jemand anderem folgen.

Von der Gruppenenergie lernen

Weitaus die meisten Menschen benutzen eine der folgenden drei Methoden, um mit Spannungen umzugehen:

- Sie unterdrücken die Spannungen und versuchen, nett zueinander zu sein.
- Sie analysieren die Spannungen und versuchen, sich selbst oder andere zu ändern.
- Sie lassen sich auf die Spannungen ein und verletzen einander.

Die Konzepte und Techniken der Kampfkünste bieten eine andere, prozeßorientierte Art an, mit Konflikten umzugehen. Wir finden dort eine Beschreibung von einigen der Einstellungen, welche eine Facilitatorin den Gruppen gegenüber braucht, mit denen sie arbeitet. Besonders Aikido kann uns neue Arten lehren, wie wir mit Spannungen und Konflikten umgehen können, nicht zuletzt dadurch, daß es uns Wege aufzeigt, wie wir unsere Furcht überwinden und uns auf spannungsgeladene Situationen einlassen können.

Das japanische Aikido baut auf dem Prinzip der Feldenergie auf, welche „*Ki*“ genannt wird. In seinem Buch „The Spirit of Aikido“ zitiert Kisshomaru Ueshiba alte japanische Texte über Kampfkunst und stellt eine Verbindung zu metaphysischen Prinzipien im alten China her. Ueshiba sagt, daß Ki

…„die Quelle der Kreativität war, die in der Form von Yin und Yang (Lao tzu), als vitale Fülle des Lebens (Huaninan-tzu), als Mut, welche aus der richtigen Lebensweise entsteht (Mencius), und als göttliche Kraft, die alle Dinge durchdringt (Kuan-tzu), beschrieben wurde“.

„Es (d.h. Ki) wurde auch mit „leerem Raum“, der „Leere“ oder „Nichtsheit“(Lao-tzu) und der „Kraft, die aus dem Chaos aufsteigt“ (Chuang-tzu), verbunden“.[1)]

In unsere Begriffe übersetzt wäre Ki die Kraft oder Intensität des Feldes.

Wie das Feld einer Gruppe ist Ki leer oder inhaltlos. Es ist eine Energie, welche wechselnde Muster aus dem Chaos heraus erschafft. Wenn Ki als „Mut, der aus der richtigen Lebensweise entsteht" beschrieben wird, ist er auch ein Metaskill und eine Einstellung, die nötig ist, um mit ihm selbst umzugehen. Das Feld selbst lehrt die Facilitatorin, wie sie mit dem Feld umgehen muß, indem sie leer bleibt, offen für alles, was sich ereignen will.

Wenn wir Skifahren wollen, wird der Berg selbst unser Lehrer und unsere Methode. Wenn wir surfen wollen, ist das Meer die Lehrerin. Wenn wir lernen wollen, schwierige Gruppen zu facilitieren, lehrt uns die Natur den Weg durch ihre wechselnden Gezeiten von Wut und Liebe, Egoismus und Mitgefühl. Die besten Interventionen für eine Gruppe im Konflikt sind nicht diejenigen, die ein Facilitator von außen vorschlägt, sondern diejenigen, welche natürlich aus den wechselnden Launen der Gruppe, aus ihren Spannungen, Emotionen, Rollen und Zeitgeistern entstehen. Der enge Pfad, dem ein Facilitator folgen muß, ist ein Pfad, den die Gruppe selbst von Moment zu Moment erschafft und akzeptieren kann.

Nach Ueshiba ist Ki „göttliche Energie". Nach meiner Erfahrung heißt das, daß die Energie der Gruppe nicht völlig kontrolliert oder vorausgesagt werden kann, daß sie ein geheimnisvoller Geist ist. Ich habe viele Male versucht, die Richtung zu bestimmen, in welcher ein Prozeß sich entwickeln sollte. Manchmal habe ich Erfolg gehabt, manchmal nicht. Wenn es mir nicht gelang, einen Gruppenprozeß oder einen intensiven Konflikt unter Kontrolle zu bringen, mußte ich unvermeidlicherweise bemerken, daß dies geschah, weil ich mich gegen den Prozeß gewandt hatte oder gegen einige der beteiligten Gruppenmitglieder. Ich meinte, es besser zu wissen. Weil ich nicht dem Ki oder dem Geist folgte, mußte ich auf unangenehme Weise lernen, daß es meine Aufgabe war zu dienen und nicht, mich zu benehmen wie der Geist selbst.

Selbst-Balance

„Densho Chushaku“, ein wichtiger klassischer Jiu-Jitsu Text aus der Kito-Schule, empfiehlt den Kämpfenden, die Gesamtsituation auszubalancieren, indem sie den verschiedenen Formen des Ki folgen und die Energie ihrer Gegner benutzen:

„Kito bedeutet aufsteigen und fallen. Aufsteigen ist die Form von Yang, Fallen die Form von Yin. Man gewinnt durch Rückgriff auf Yang und durch Rückgriff auf Yin. Wenn der Partner Yin zeigt, gewinne durch Yang. Wenn der Partner Yang ist, gewinne durch Yin...Die eigene Stärke abzulegen und zu gewinnen, indem man die Stärke des Partners einsetzt, ist durch Ki möglich“[2)].

Der Drang zu gewinnen stört in der Weltarbeit mehr als er nützt. Die meisten Kampfsportarten sprechen nicht von Kämpfen und Gewinnen, sondern beschäftigen sich mehr mit der umfassenderen Entwicklung aller Beteiligten. Manchmal, wie im obigen Text, wird auch das Überwinden des Gegners und das Gewinnen eines Kampfes zum Thema gemacht. Es wird empfohlen zu beobachten, wie das Feld sich selbst ausbalanciert.

Die Aufgabe des Facilitators ist es, dem Ki zu folgen: der wechselnden Energie, der Intensität und dem Interesse des Feldes. In der Arbeit mit Gruppen „gewinnen“ Facilitatoren, wenn sie mit dem weitergehen, was da ist. Sie folgen der ansteigenden Intensität, indem sie ihr Raum geben, und sie folgen der Depression, wenn die Energie abfällt, indem sie auf ihre Essenz eingehen.

Ich erinnere mich, daß einmal in einer Prozeßarbeitsgruppe die Spannung anstieg, als ein Teil der Gruppe sich durch fortgeschrittene Trainer ausgeschlossen fühlte, welche von diesem Teil als Insider bezeichnet wurden. Plötzlich verstummten alle, während diese Polarität im Raum stand. Ich fragte nach, ob die Unzufriedenen alle ihre Gefühle zum Ausdruck gebracht hätten? Da sagte jemand von ihnen, daß die Insider aufgeblasen wirkten, wie wenn sie alles wüßten und besser wären als andere. Ich hörte diesem Angriff aufmerksam zu, und als Insider (ebenso wie als Facilitator) erkannte ich, daß dieser Angriff berechtigt war. Tatsächlich, so erzählte ich der Gruppe, bin ich selbst manchmal aufgeblasen wie ein Ballon, wenn ich etwas entdeckt habe, von dem ich annehme, daß es andere noch nicht gewußt haben, und dann sinke ich ab wie Blei, wenn ich für meine Inflation angegriffen werde! Alle lachten, als Yang durch Yin geschlagen wurde!

Der Facilitator setzt Bewußtheit ein, indem er seine eigenen Gefühle wahrnimmt, Rollen und Identitäten im Feld übernimmt und wieder losläßt, sich hin und her bewegt, so daß er weder Angreifer noch Verteidiger ist, sondern beides und gleichzeitig in die Spannung hinein und aus ihr herausgeht.

Die ideale Facilitatorin hat kein Programm, sondern folgt dem Ki, der Energie der Gruppe. Sie hilft, die Erfahrungen der Gruppe zu vervollständigen, indem sie ihre Energie einsetzt und allen Gegenspielern genau zuhört. Sie kann sogar ihrer eigenen Widersacherin dabei helfen, ihre Meinungen und Ansichten so vollständig wie möglich zu äußern. Diese Art Facilitation ist gute Ökologie, sie braucht keine zusätzliche Energie, um Veränderungen herbeizuführen. Das Feld wird sich selbst wieder in Ordnung bringen und eine Lösung erreichen, wenn wir die Prozesse benutzen, welche schon da sind.

Dem verborgenen Ki und den sekundären Prozessen folgen

Den Kräften im Feld können wir folgen, wenn wir das Feld erkennen. Oft sind die Teile im Feld verborgen oder versteckt. Im Text „Heiho Kaden Sho“ über die Kunst des Schwertfechtens heißt es, daß „das Ki, welches verborgen und nicht enthüllt ist, die Möglichkeit zum Sieg darstellt“[3)].

Stellen Sie sich eine Person vor, welche sich als wütend identifiziert, aber vor allem bedürftig und traurig ist: in diesem Fall ist das *„verborgene Ki“* die Traurigkeit. Andere fühlen diese Traurigkeit, auch wenn der Mensch selbst sie nicht bemerkt. Hier hängt die Lösung aller Kommunikationsprobleme davon ab, der

Traurigkeit zu folgen, dem „*Doppelsignal*". Ein Doppelsignal ist ein Signal, welches eine zweite Botschaft zum Ausdruck bringt, welche zur primären Identität eines Menschen im Widerspruch steht. In einem Gruppenprozeß könnte zum Beispiel jemand um Hilfe bitten und gleichzeitig, ohne es zu merken, der Gruppe vorwerfen, sie strenge sich nicht genug an. Das Doppelsignal, das verborgene Ki, macht Vorwürfe, während die Person um Hilfe bittet. Das verborgene Ki ist immer derjenige Teil einer Botschaft, den eine Person nicht für den wichtigen hält.

Finden Sie als Facilitatorin das verborgene Ki, indem Sie zum Beispiel bemerken, wann Menschen nicht wütend, sondern vor allem bedürftig sind. Sorgen Sie für den bedürftigen Teil, nicht nur für die Wut. Wenn jemand Sie kritisiert, achten Sie darauf, ob die Person auch scheu ist, während sie kritisiert, und wenden Sie sich an den scheuen Teil. Nehmen Sie wahr, wenn Ihre Gegnerin laut ist und mehr Zuwendung braucht, und hören Sie achtungsvoll zu. Nehmen Sie wahr, wenn Ihr Gegner kriegerisch, aber auch korrekt ist und machen Sie ihm ein Kompliment für seine Korrektheit. Nehmen Sie wahr, wenn Ihr Gegner nicht nur kräftig auftritt, sondern im geheimen auch darauf hofft, zurückgehalten zu werden. Helfen Sie ihm, indem Sie sich über Ihre Unfähigkeit beklagen, ihn zurückzuhalten. Dies bedeutet Gewinnen durch das verborgene Ki.

Liebe zur Natur

Im Text „Tengu Gejiutsu Ron" über die Schwertkampfkunst heißt es:

„In allen Dingen, welche mit Kunst zu tun haben, auch in der Kampfkunst, ergibt sich Überlegenheit durch Training und Übung, aber wahre Meisterschaft hängt vom Ki ab. Die Großartigkeit von Himmel und Erde, das Erstrahlen von Sonne und Mond, der Wechsel der Jahreszeiten, Hitze und Kälte, Geburt und Tod sind alle auf den Wechsel von Yin und Yang zurückzuführen. Ihr subtiles Wirken kann nicht mit Worten beschrieben werden, aber in all dem erfüllen die Dinge ihr Leben durch Ki. Ki ist der Ursprung des Lebens, und wenn Ki die Form verläßt, bedeutet dies Tod."[4].

Diese poetische Beschreibung von Ki ist mehr als eine Empfehlung, den Prozessen zu folgen. Dieser Text deutet an, daß es zwei Ebenen des Erfolgs gibt. Obschon Überlegenheit einerseits mit Training und Übung und der Beherrschung der Techniken (skills) zu tun hat, hängt doch der Erfolg letztlich von unseren Metaskills ab, von unserer Achtsamkeit, unserer Liebe, der richtigen Einstellung und der Fähigkeit, den Veränderungen im Feld zu folgen.

Dieses Zitat beschreibt das Herz der tiefen Demokratie in der Arbeit mit Einzelnen und Gruppen. Facilitation gründet auf unserem Respekt und unserer Liebe für die Natur, für die „Großartigkeit von Himmel und Erde", unserer Ehrfurcht für das Land und die See, die Berge und den Schnee, die wechselnden Jahreszeiten und die Veränderungen bei den Menschen. Wir alle lieben die Natur von Herzen, aber wir vergessen unsere Naturliebe oft, wenn wir miteinander umgehen müssen und ziehen so eine Trennungslinie zwischen Natur und Mensch, zwischen Ortsgeistern und Prozessen in Menschengruppen.

Wir versuchen alle zu oft, Probleme zu lösen, ohne an die Weisheit des natürlichen Flusses zu glauben. Eher erschöpfen wir uns und unsere Energien, als daß wir uns auf Interventionen beschränken, welche sich durch die Interaktionen zwischen den Zeitgeistern selbst empfehlen! Die Natur trifft die Wahl, wir brauchen ihr nur zu folgen.

Loslassen können (detachment)

Eine äußerst wichtige Führungseigenschaft ist die Fähigkeit, mitten im Chaos und im Durcheinander von Gruppen Bewußtheit zu bewahren. Die wohl größte Schwierigkeit beim Entwickeln dieser Führungseigenschaft besteht darin, daß sie nur in der Praxis, mitten in Gruppenprozessen, gelernt werden kann. Die intensive Hitze, welche durch positive und negative Projektionen, Streit und Versöhnung, Wut und Liebe geschaffen wird, ist für zukünftige FacilitatorInnen verunsichernd, hilft ihnen aber auch, ihre Fähigkeiten möglichst umfassend zu entwickeln.

Relativ harmonische und friedliche Gruppenprozesse kann beinahe jedermann leiten, aber mit gespannten öffentlichen Situationen fertigzuwerden, ist eine andere Sache. Dazu sind Studium, Praxis und, mehr als alles andere, eigene innere Arbeit an sich selbst nötig.

Eine klassische Geschichte von Meister Ueshiba, dem Begründer des Aikido, beschreibt seine Fähigkeit loszulassen. Meister Ueshiba berichtet, daß er unterwegs auf einer Reise mitten in einen Kampf geriet:

„Ich bereitete mich auf den Tod vor und sah dann klar, daß die Kampfkunstbewegungen entstehen, wenn das Zentrum von Ki in Körper und Geist zusammengehalten wird und daß, je ruhiger ich wurde, mein Geist immer klarer wurde. Ich konnte intuitiv die Gedanken und auch die gewalttätigen Absichten des anderen sehen. Der ruhige Geist ist wie das ruhige Zentrum eines Kreisels: wegen dieses ruhigen Zentrums kann sich der Kreisel glatt und schnell drehen. Er scheint fast stillzustehen.“[6]

Der Meister konnte loslassen und wurde nicht angegriffen. Wie war das möglich? Ich vermute, daß seine Vorbereitung auf den Tod das entscheidende Element in dieser Geschichte war. Die Todesangst kann eine Gottesgabe sein, wenn wir damit weiterarbeiten. Wir können unsere Angst vor dem Tod oder vor einem Angriff als Hinweis darauf benutzen, daß ein Teil von uns ausgelöscht werden sollte.

Wenn wir auf diese Weise alle unsere Teile erkennen und auslöschen, können wir sozusagen sterben, bevor wir getötet werden und schützen uns so vor Angriffen. Wenn wir unsere eigene Wichtigkeit verlieren, werden wir als Ziel uninteressant. Wir werden unsichtbar. Wenn wir uns selbst beseitigen, hat der Angreifer niemanden, den er treffen kann und das Ki oder die Energie des Feldes kann uns bewegen, als würden wir den Tanz der Natur ausführen.

Dem Angriff auszuweichen ist nur ein Anfang. Eine andere Stufe wäre es, Vorwürfe bewußt zu übernehmen und zuzugeben und dann aus unserer einseitigen Position herauszutreten, neutral zu werden und dem Angreifer dafür zu danken, daß er uns hilft, unsere alte Identität zu lockern. Dann könnten wir sogar auf die andere Seite gehen und dem Gegner helfen, seinen Prozeß abzuschließen. Im nächsten Kapitel werde ich mehr über solche Möglichkeiten in Konflikten sprechen.

Doch die Frage, wie man als Facilitator zu einer Haltung des Loslassens kommt, bleibt immer noch bestehen. Loslassen ist nicht immer möglich.

Im folgenden gebe ich einige Hinweise, wie man dieses wichtige Metaskill entwickeln kann.

„Verbrenne Dein Holz"

Sie können in einem Konflikt ruhig bleiben, wenn Sie nicht an der Schlacht interessiert sind. Dies läßt sich aber nur erreichen, wenn Sie das Feuer Ihrer eigenen Heftigkeit und Wut schon genug gefüttert haben. Wenn Sie sich schon lange und intensiv genug mit den Themen der Gruppe auseinandergesetzt haben, wird kein Holz mehr übrig sein. Das Feuer hat keine Nahrung mehr.

Wenn Sie eine innerlich losgelöste Haltung einnehmen, heißt das allerdings nicht, daß Sie nicht mehr am Konflikt interessiert sind. Gerade das Gegenteil trifft zu: Sie haben mehr Gefühle für alle Teile in diesem Streit, auch für Ihre Widersacher. Eine Haltung des Loslassens einzunehmen heißt nur, daß die Themen für Sie nicht mehr am Brennen sind.

Erfahrungen in Konfliktsituationen sammeln

Innere Gelassenheit wird vielleicht möglich, wenn Sie so viele Erfahrungen mit Konflikten gehabt haben, daß Sie die flüchtige Verlockung jedes Versuches zu gewinnen loslassen können. Sie können dann andere bei ihrem Versuch zu gewinnen anerkennen und unterstützen, ohne von dieser Einstellung infiziert zu werden.

Konflikte als persönliches Schicksal annehmen

Manchmal können Sie vielleicht erkennen, daß Sie sich in einer gespannten Situation befinden, weil Sie das brauchen. Es ist Ihnen möglich, Konflikte als Ihr Schicksal zu sehen. Da Sie Konflikte ohnehin nicht vermeiden können, machen Sie das Beste daraus, indem Sie etwas daraus lernen und die Situation für Ihr persönliches Wachstum nutzen.

Ein Beispiel

Das folgende Beispiel eines Konflikts in einem Gruppenprozeß illustriert einige der oben genannten Metaskills für die Facilitation von Konflikten.

Meine Frau Amy und ich leiteten einen Workshop mit etwa 150 Teilnehmenden in einem Kurszentrum. An einem Abend wurde die Gruppe von einem Teil des Personals aufgesucht. Sie beklagten sich und kritisierten uns, wir seien zu schlampig und hielten uns nicht an gewisse Regeln des Zentrums. Sie bemängelten, unsere Gruppe lasse im Seminarraum dreckige Gläser und Teller zurück, anstatt sie in die Küche zu tragen. Sie waren überarbeitet und unterbezahlt und wütend, daß die Gruppe ihren Dreck nicht selbst in Ordnung brachte.

Sie hatten natürlich recht; unsere Gruppe war wirklich lausig. Aber auch als wir alles zugaben, uns entschuldigten und versprachen, uns zu bessern, fuhr die Leiterin fort, uns anzugreifen. Wir begannen uns zu verteidigen und beklagten uns unsererseits, sie würden nun mit ihrer Attacke unfair. Daraufhin räumte ein Mitglied der Gruppe ein, daß sie unter einem enormen Druck ständen und untereinander Konflikte hätten. Er meinte, ihre internen Konflikte seien vielleicht das wahre Problem. Wir boten ihnen an, ihnen beim „Aufräumen" ihrer Schwierigkeiten zu helfen, falls sie dies brauchten. Sie waren einverstanden, obschon die Leiterin noch immer unzufrieden war mit uns.

Sie rückten mit all ihren internen Konflikten heraus, und es sah so aus, als hätten wir Fortschritte gemacht. Gegen Ende des Abends meldete sich ein Mitglied unserer Gruppe und sagte, daß sie immer noch vom Angriff der Leiterin zu Beginn des Abends verletzt sei. Sie verlangte von dieser eine Entschuldigung. Die Leiterin sagte, sie wolle sich nicht entschuldigen und war dazu nicht imstande. Das Gruppenmitglied verlangte noch einmal von der Leiterin eine Entschuldigung, und diese verhärtete sich noch mehr. Als die Situation eskalierte, mischte ich mich ein und kniete vor der Leiterin nieder, um sie um Verzeihung zu bitten. Als meine Bemühungen nichts bewirkten, änderte ich mein Verhalten und wurde wütend und heftig!

Ich stand auf und bombardierte die Frau mit einem Schwall von Kritik.

Dann hörte ich so plötzlich auf, wie ich begonnen hatte und übernahm ihre Partei mir selbst gegenüber, weil es mir wirklich leid tat, daß sie all meine Kritik hatte ertragen müssen. Sie schien noch mehr zu erstarren. Da ging ich wirklich zu ihr hinüber, stellte mich neben sie und versuchte ihr zu zeigen, wie sie sich gegen mich verteidigen könnte. Weil sie weder mich angreifen noch sich selber verteidigen konnte, vermutete ich, daß sie zwar immer noch am gleichen Ort stand, diese Position aber – wie ich bereits erwähnt habe – innerlich verlassen hatte. Verborgenes Ki!

Vorsichtig berührte ich ihren Arm und sagte, daß sie sicher den Tag verflucht habe, an dem sie begonnen hatte, uns anzugreifen, und daß sie sicher nie erwartet hätte, daß sich eine solche Szene abspielen würde. Sie brach sofort zusammen, sank auf ihre Knie und fiel zu Boden. Dann richtete sie sich wieder auf, kroch über den Boden und umarmte in einer rührenden Geste die Frau, die eine Entschuldigung verlangt hatte.

Der Abend war damit abgeschlossen.

Am anderen Morgen waren die meisten Menschen in der Gruppe mit dem Prozeß der vorherigen Nacht zufrieden, aber einige waren über das, was ich getan hatte, nicht glücklich. Ein Mann sagte mir, er sei wütend auf mich, weil ich mit der Leiterin so streng gewesen sei.

Die ganze Gruppe begann sich einzumischen, und der Konflikt fing nochmal von vorne an. Andere Gruppenmitglieder erinnerten den Mann daran, daß ich auch demütig gewesen war. Ich reagierte, indem ich mich verteidigte. Ich sagte, der Angriff dieser Frau habe eine gutgemeinte Erwiderung verdient. Ich sagte, daß ja alles gut herausgekommen sei, daß ich auch auf ihre Seite gegangen sei und daß ich mich wirklich für sie schlecht gefühlt und alles getan habe, um ihr aus ihrer unmöglichen Position herauszuhelfen.

Nochmals verborgenes Ki! Hinter den kritischen Kommentaren gab es einen versteckten Appell an mich, genau hinzuhören, den Sprecher zu ermutigen, aufzustehen und seine Meinung zu sagen und sein Potential als Gruppenleiter zu schätzen. Obschon es mir gelungen war, dem Tao des Vorabends zu folgen, verpaßte ich fast das Tao des folgenden Morgens, weil ich nicht realisierte, daß mein neuer Angreifer Anerkennung als Gruppenleiter brauchte und weil ich ganz einfach unsicher war.

Und es gab noch ein verborgenes Ki! Ich war nämlich auch nicht übertrieben glücklich über das, was ich am Vorabend getan hatte. Wenn ich jetzt zurückschaue, wird mir klar, daß ich bei mir selber das Unbehagen darüber unterdrückt hatte, kämpfen zu müssen, auch wenn ich schließlich mit der Lösung zufrieden war! Ich fühlte mich schlecht, weil ich mit der Leiterin so hart umgegangen war.

Offenbar war es mir sehr wichtig, alles gut zu machen. Ich war erleichtert, als die Leiterin, welche uns angegriffen hatte, zwei Tage später für einige Minuten im Seminarraum erschien und ganz bescheiden sagte, ihr Team habe sich geändert, sei stärker geworden und wage jetzt auch, sie anzugreifen. Offensichtlich hatten ihre Mitarbeiter das vorher aus Angst nicht gewagt. Sie sagte, für sie sei es eine der wertvollsten Erfahrungen ihres Lebens gewesen. Viele Wochen später hörte ich, daß sie immer noch positiv über die Erfahrungen dieses Abends sprach. Das machte mich für uns beide froh: daß sie und ich so viel über uns selbst lernen konnten.

Dem Angreifer beistehen

In einigen Kampfkunst-Traditionen unterstützt der Lehrer den Schüler dabei, ihn zu überwinden, und hilft so, den Angreifer auszubilden. Dies bedeutet politisch, daß ein Gruppenleiter, der angegriffen wird, nicht nur den Angriff akzeptieren und sich ändern sollte, sondern auch dem Angreifer helfen kann, Veränderungen auf eine sinnvolle Weise herbeizuführen.

Tatsächlich werden Facilitatorinnen und Facilitatoren merken, daß es nicht nur Teil ihrer Aufgabe ist, Probleme lösen zu helfen, sondern ein ebenso wichtiger Teil, den Menschen zu helfen, die Spannungen im Gang der Geschichte auf eine menschlichere Weise zu prozessieren, als dies in der Vergangenheit der Fall war.

Deshalb sollten wir denjenigen, die uns angreifen, genau sagen, was wir über ihren Stil denken. Waren sie zu brutal, zu scheu, zu vage? Haben sie ihre Anliegen klar ausgedrückt? Wenn nicht, sollten wir versuchen, ihnen dabei zu helfen, wenn wir können.

Der Moment des Angriffs ist ein ausgezeichneter Zeitpunkt, um eine Lehrerin für Bewußtheit zu werden. Überwunden zu werden kann für beide, Angreiferin und Lehrerin, viel Gewinn bringen, wenn beide das Ziel haben, gemeinsam zu wachsen.

Ein Beispiel aus Südafrika

Ich erinnere mich klar an meine erste Reise nach Südafrika. Ich war voller Optimismus und Aufregung darüber, meine Prozeßarbeitstechniken in Südafrika testen zu können. Ich merkte nicht, daß mein Optimismus über Prozeßarbeit in Gruppen vielleicht eine Antwort auf den Pessimusmus der Menschen in unserem Seminar war. Ich begriff auch nicht, daß ihr Bedürfnis, für sich selbst aus eigenen Kräften einen Ausweg aus ihrer Situation zu finden wichtiger war als das, was ich sie über Konfliktlösung lehren konnte.

Leben und Lernen! Ich lernte auf die harte Art, daß die Mitglieder einer jeden jeweiligen Gruppe die einzigen sind, welche einen Ausweg für ihre Spannungen finden können. Die Afrikanerinnen und Afrikaner müssen offensichtlich selbst diejenigen sein, die ihre Spannungen auflösen.

Am ersten Treffen sagte ich, daß ich Techniken präsentieren würde, mit denen auch die allerschwierigsten Konflikte in einigen Stunden zu lösen wären. Ich war mir nicht darüber im klaren, wie sehr mein Optimismus und meine Begeisterung die Gruppe polarisierten. Eine schwarze Sozialarbeiterin hörte meinen einseitigen Ausführungen zu und wurde zu meiner Gegenspielerin, die mir beweisen sollte, daß ich unrecht hatte.

Sie machte am Anfang einige negative Bemerkungen, aber ich überhörte diese und stürzte mich in die Arbeit mit der Gruppe. Nach einigen Stunden kam ihr Pessimismus natürlich zurück. Sie konfrontierte mich mit einem ihrer Meinung nach unlösbaren Konflikt zwischen zwei schwarzen Gruppen in einer Township von Kapstadt. Ich versuchte mein Bestes, um den Konflikt zu lösen. Wir gingen vorwärts und rückwärts, tauschten Rollen, taten alles, um ihrem Pessimismus etwas entgegenzusetzen, bis ich merkte, daß ich angegriffen wurde, weil ich hoffnungsvoll war.

Meine Antagonistin stand auf und gab zu, daß sie einfach beweisen wollte, daß nicht alle Konflikte lösbar seien und daß ich nicht recht haben könne. Sie weckte mich im letzten Moment! Sie war nicht nur einfach pessimistisch. Ich gab schließlich meine optimistische Art auf und stimmte mit ihr überein. Ich sagte, daß ich nicht nur sehr wahrscheinlich unrecht hätte, sondern daß sie auch die eigentliche Leiterin und Facilitatorin sein sollte, welche uns anderen zeigen könnte, wie man mit Township-Spannungen umgehen kann! Unser Konflikt war sofort gelöst.

Damit war die Gruppe im Moment zufrieden. Während der folgenden Stille realisierte ich viele Wahrheiten auf einmal. Menschen mitten in einem Konflikt wollen nicht auf Hilfe von außen angewiesen sein, die ihnen den Weg zeigt. Hilfe von außen hat keinen „Graswurzel-Effekt“[6]. Menschen, die in Konfliktzonen leben, brauchen als erstes Liebe und Ermutigung und erst als zweites Ausbildung. Wenn eine Gruppe mitten in einem Konflikt keine Ermutigung von außen bekommt, können die heranwachsenden Führungspersönlichkeiten in der Gruppe ihr Kraftpotential nur durchsetzen, indem sie Lösungen von außen verhindern! Die Moral von dieser Geschichte lautet: zuerst Metaskills, dann Techniken und Informationen.

Übung für das Facilitieren von Konflikten und Angriffen

Die folgende Übung ist für Leute gedacht, welche mit öffentlichen Konflikten umgehen müssen. Es ist eine Trainingsübung, kein Programm, das man in einer akuten Konfliktsituation anwenden kann.

Meine Hoffnung wäre, daß Sie durch das Üben anderen gegenüber großzügiger werden und daß diese Übung Ihnen dabei hilft, Gewalt zu ertragen und prozessieren zu helfen, und außerdem Ihren Respekt für das Feld, in dem wir leben, erhöht.

1. Denken Sie an den schlimmsten Angriff, den Sie in einer leitenden Funktion in der Öffentlichkeit erlebt haben.

2. Spielen Sie die Person, welche Sie angegriffen hat. Zeigen Sie jemand anderem, wie Sie diese Person spielen, und experimentieren Sie mit den folgenden Möglichkeiten, sich zu verteidigen:
   a. *Geben Sie zu, daß der Angreifer recht hat*
   und daß Sie sich ändern müssen. Tun Sie es.
   b. *Verstehen sie den Affekt des Angreifers.*
   Finden Sie das verborgene Ki oder die Motivation Ihrer Widersacher.
   Wollen sie Sie angreifen? Wollen sie erreichen, selbst als intelligente Führungspersönlichkeiten anerkannt zu werden? Sind sie zu Angreifern geworden, weil sie selbst angegriffen wurden und darunter leiden?
   c. *Treten Sie für Ihre eigene Seite ein.*
   Verteidigen Sie sich und greifen Sie den Angreifer an. Oder geben Sie zu, wie verletzt Sie sind, und zeigen Sie dem Angreifer Ihre Verletztheit.
   d. *Treten Sie aus Ihrer eigenen Rolle heraus,*
   und helfen Sie Ihrem Widersacher, Sie zu kritisieren. Wenn sich dies in einer Gruppe abspielt, schlagen Sie der Gruppe vor, Ihren Konflikt als das Aufeinandertreffen von zwei

Zeitgeistern aufzufassen, als ein Begegnen von Rollen, welche von allen ausgefüllt werden müssen.

e. *Geben Sie zu, daß der Angreifer ein Lehrer ist,*
   und bitten Sie ihn, die Änderungen, die er von Ihnen erwartet, modellhaft zu zeigen.

f. *Schließen Sie den Gruppenprozeß ab, indem Sie feststellen, ob jedermann beteiligt ist am Konflikt, den Sie haben.*
   Bringen Sie die Gruppe dazu, selbst an diesem Thema zu arbeiten, um zu entdecken, inwieweit der Konflikt für die einzelnen Gruppenmitglieder sinnvoll ist oder nicht.

g. *Arbeiten Sie öffentlich an sich selbst.*
   Berichten Sie dem Angreifer und der Gruppe, was in Ihrem Inneren vorgeht, während Sie angegriffen werden. Greifen Sie alle Ihre inneren Erfahrungen auf, und bleiben Sie dabei, bis Sie eine innere Lösung finden.

h. *Kritisieren Sie die Methoden des Angreifers.*
   Sind sie wirkungsvoll genug? Hat es Doppelsignale gegeben, die den Angreifer inkongruent machen? Ist er in seiner eigenen Position steckengeblieben, auch wenn er sich auf der Ihren gefühlt hat? Kann er aus seiner Rolle heraustreten und auch eine andere übernehmen? Ist er mitfühlend genug? Benutzen Sie Ihre Bewußtheit, um auf die Seite des Angreifers zu gehen und ihm zu helfen, sich zu entwickeln! Versinken Sie nicht einfach im Sumpf Ihrer Fähigkeiten oder Unfähigkeiten.

i. *Bitten Sie um Hilfe.*
   Bitten Sie schließlich Ihre Widersacher auch darum, Ihnen zu helfen, sich zu entwickeln. Sind Sie mit Ihren Gefühlen ehrlich gewesen? Waren Sie kongruent und real? Waren Sie fähig, loszulassen und mit dem weiterzugehen, was geschah? Und, was am wichtigsten ist, vertraut Ihnen der Angreifer oder die Angreiferin jetzt?

6. Kapitel

Tiefe Demokratie und innere Arbeit

Alte Vorstellungen von Führerschaft umfaßten Eigenschaften von Priesterinnen, Königen, Wahrsagerinnen und Politikern. Zum Beispiel sprechen die Hexagramme des I Ging, des alten chinesischen Buches der Wandlungen, oft vom Führer als von einem Weisen, der zum Himmel schaut und versucht, den Menschen seine Informationen weiterzugeben. Weise Führerinnen und Führer fühlen die gegenwärtigen und zukünftigen Zeitgeister und helfen den Menschen, sich ihnen anzupassen.

Der Führer oder die Führerin sind selber Zeitgeister, sie nehmen eine priesterliche Rolle im Feld ein, eine Rolle, von der kein einzelner Mensch annehmen sollte, sie befriedigend ausfüllen zu können.

Führerschaft ist ein Projekt, zu dessen Ausführung wir alle gebraucht werden.

Den Angriff erwarten

Wider besseres Wissen haben wir alle eine Tendenz, einzelne Menschen mit Zeitgeistern wie den Rollen der Anführerin oder des Störers zu identifizieren und dann von den Menschen, welche diese Rollen ausfüllen, zu erwarten, sie seien einseitig perfekt oder schlecht. Eine Gruppe kann keine Individuen in der leitenden Position dulden, welche irgend etwas anderes zeigen als die archetypischen Qualitäten, welche diese Rolle verlangt. Wir verlangen von unseren Führerinnen und Führern, gleichzeitig fähige Politiker und Prophetinnen, mächtig und liebevoll zu sein. Wir verlangen von denen, die uns regieren, nicht weniger als Perfektion.

Wenn Sie also von einer Gruppe in die leitende Position berufen werden, sollten Sie darauf gefaßt sein, daß Sie in dieser Stellung auch dazu herausgefordert sind, die wechselnden Prozesse der Gruppe zu verkörpern. Denn der primäre Prozeß der Gruppe, das „Wir" der Gruppe, wird auf die Anführer und Anführerinnen projiziert, und wenn sich das Feld entwickelt und verändert, verändern sich auch die Ideen über diese Rolle und die bisherige Führungsidentität, der „Wir"-Zeitgeist, wird neu herausgefordert. Weise Führungspersönlichkeiten bedenken dies und ermutigen ihre Gruppen, ihre eigenen wachsenden Führungspotentiale zu entwickeln.

Sogar der allerfähigste Anführer muß herausgefordert werden, denn eine Gruppe, die mit ihrem Anführer durch und durch zufrieden wäre, wäre eine Gruppe, in welcher die Zeit zum Stillstand gekommen ist. Gute Facilitatoren sollten sogar hoffen, angegriffen zu werden, besonders wenn sie mit einer fremden Gruppe arbeiten, denn sonst hätte die Gruppe keine eigenen Führungspersönlichkeiten.

Einmal arbeitete ich zum Beispiel mit einer Organisation, welche unter einem „kalten Krieg" gelitten hatte. In den vergangenen zwanzig Jahren hatte sie so viele interne Konflikte gehabt, daß ihre Mitglieder nahe daran waren auseinanderzugehen. Meine Frau Amy und ich saßen an einem Abend mit der ganzen Gruppe zusammen, um zu helfen, die Spannungen zu prozessieren. Sobald alle versammelt waren, begannen die Anwesenden, einander anzuschreien. Jedesmal, wenn wir versuchten, etwas zu sagen oder einen Vorschlag zu machen, wendete sich das mittlere Management gegen uns und machte uns zur Schnecke. Nach einer Weile fühlte ich mich miserabel. Ich war verletzt und hoffnungslos und konnte nicht einmal dem folgen, was die Leute sagten.

Ich zog mich zurück und setzte mich in eine Ecke, um an mir selbst zu arbeiten, während die anderen ihre Kämpfe weiterführten. Es ist nicht einfach, in einem Raum mit so vielen Menschen an sich selbst zu arbeiten, aber es gelang mir. Ich konnte ihren Angriff auf mich nicht verstehen, also übernahm ich innerlich die

Partei der Kritiker. Ich sagte zu mir selbst: „Arny, sei still! Wir wissen, was richtig ist und wie man es macht!" „Das bezweifle ich", antwortete ich, „denn wenn Ihr wüßtet, was Ihr bis jetzt gemacht habt, würdet Ihr wissen, daß Gewalt nichts nützen wird". Genau dies hatte ich nicht gemerkt! Ich sah augenblicklich, daß die Leute, welche mich angriffen, potentielle Anführer waren, welche ihren Job nicht gut machten.

Mit dieser Einsicht bewaffnet schaltete ich mich wieder in den Konflikt ein und forderte diejenigen, welche mich vorher angegriffen hatten heraus, ihre wahre Führerschaft zu zeigen. Ich forderte die lautesten Kritiker, die Gruppe des mittleren Managements, heraus, ein Modell für diejenige Art von Führung zu zeigen, welche ihrer Meinung nach in der Chefetage fehlte. Nun waren unsere Kritiker imstande, ihre Sache wirklich ausgezeichnet zu machen und die schwierigen, schon lange anstehenden Probleme zu lösen. Sie lösten ihre eigenen Probleme und zeigten gleichzeitig ihre außerordentlichen Führungseigenschaften.

Wie alle Angreifer wußten sie, welche Veränderungen nötig waren, aber genauso wie alle Angreifer waren sie überzeugt, daß die großen Bosse diese Veränderungen durchführen sollten. Als sie herausgefordert und ermutigt wurden, diese Veränderungen selbst zu vorzunehmen, konnten sie ihre Probleme lösen.

Weil der Anführer oder die Facilitatorin einen Geist in der Organisation verkörpern, haben möglicherweise gewisse Gründe, aus denen sie angegriffen werden, wenig mit ihrer persönlichen Psychologie zu tun. Wenn zum Beispiel jemand die Leiterin angreift, sie sei eine Tyrannin, sollte diese sich zuerst überlegen, ob dieses Problem etwas mit ihr persönlich zu tun hat und sich dann fragen, ob der Tyrann ein Zeitgeist im Hintergrund ist. Sie könnte der Gruppe helfen, indem sie das Thema der Tyrannei aufgreift und im Feld eine Rolle für einen Tyrannen und ein Opfer schafft. Oder sie kann auch auf positive Art eine Tyrannin sein und den anderen sagen, was sie tun sollen. Das Aufgreifen dieser Rolle und jeder Rolle, für die man als Gruppenleiterin oder Gruppenleiter angegriffen wird, ist ein Schritt dazu, der Gruppe zu helfen, ihre eigenen Ansichten zu entdecken und zu bearbeiten.

Ich erinnere mich, wie ich einmal mit einer Schulsituation arbeitete, in welcher die Schülerinnen den Lehrer angriffen, er sei ein Tyrann. Auch als sich der Lehrer veränderte, griffen ihn die Studentinnen weiter an. An diesem Punkt gab ich dem Tyrannen einen Platz in der Gruppe, indem ich allen befahl, sie sollten still sein und sich beruhigen. Welche Überraschung! Alle waren glücklich. Der Tyrann war genügend repräsentiert worden.

Führerschaft als Rolle

Wer ist für die Ereignisse in einer Gruppe verantwortlich? Üblicherweise gibt man den Gruppenleitern oder den Facilitatorinnen die Verantwortung, aber diese sind nicht allein für das verantwortlich, was geschieht. Das ganze Feld ist für den Prozeß verantwortlich, der abläuft. Der Zeitgeist der Führerschaft und alle in der Gruppe Anwesenden sind verantwortlich für diesen Prozeß.

Es scheint aber eher so zu sein, daß wir die Verantwortung für das, was sich in der Welt zuträgt, auf unsere politischen Führer abwälzen und nicht fähig sind zu realisieren, daß der Lauf der Dinge zu gleichen Teilen von der persönlichen Psychologie, der Bewußtheit von Gruppen und dem globalen Feld abhängt. Die besten Gruppenleiter können eine Gruppe mindestens mit ihrer Bewußtheit unterstützen und ihr helfen, die Ereignisse im Feld zu prozessieren.

Die besten Gruppenleiterinnen sind vielleicht nicht Leiterinnen im herkömmlichen Sinn. Eine gute Leiterin stellt sich darauf ein, auf beides zu achten, wenn sie einer Gruppe mit ihrem Prozeß hilft: auf ihre persönliche Psychologie und auf den Prozeß der Gruppe. Sie muß alles persönlich nehmen und gleichzeitig nicht alles persönlich nehmen. Sie muß fähig sein, eine Niederlage oder einen Fehler zuzugeben, und sich gleichzeitig darüber klar sein, daß ihre Person nicht wichtig und für die gesamte Entwicklung der Gruppe nicht entscheidend ist. Wenn sie ihren eigenen Stellenwert in der Organisation überschätzt, wenn sie alles zu persönlich nimmt, raubt sie der Gruppe den eigenen Prozeß und ihre Entwicklung.

Vor allem ist sich ein guter Facilitator bewußt, daß die Führungsposition einfach eine Rolle unter anderen ist. Sie ist ein Ausdruck und ein Produkt des Gruppenfeldes, und sie paßt zufällig im Moment gerade mit der persönlichen Psychologie des Facilitators zusammen. Er versteht, daß es ein Teil seines gegenwärtigen Schicksals ist, in dieser Rolle zu sein, genauso wie es zu anderen Zeiten sein Schicksal sein kann, ein Zimmermann, ein Vater, ein Kind oder ein Störer zu sein.

Entweder scheuen wir uns davor, Führungsverantwortung zu übernehmen, weil wir von uns selbst erwarten, perfekt zu sein, oder wir werden von dieser Rolle angezogen, weil wir damit Macht assoziieren. Macht kann aber letztlich nicht am Menschen in einer Führungsposition festgemacht werden; wir verwechseln sonst persönliche Macht mit den Kräften im Feld, welche den Führerschafts-Zeitgeist hervorbringen.

Ein Mensch in einer leitenden Position kann Prozesse nur kanalisieren, sie aber nicht erschaffen! Wann immer wir uns dabei ertappen, daß wir aus der Führungsrolle zu entwischen versuchen, haben wir uns zu sehr mit ihrer Einseitigkeit identifiziert.

Blinde Flecken

Vor langer Zeit lernte ich in meiner Privatpraxis, daß Fairneß und Neutralität allen Teilen gegenüber entscheidende Qualitäten sind, wenn man mit jemandem arbeitet. Wenn ich etwas an einem Klienten nicht mochte, versuchte ich damals, diese Abneigung zu unterdrücken, weil ich es noch nicht besser wußte. Die Betreffenden merkten dies natürlich und gingen schließlich zu jemand anderem, um ihre Arbeit abzuschließen. Heute weiß ich, daß jemand nicht zu mögen ein Prozeß ist, der konstruktiv und zum Nutzen der Klienten eingesetzt werden kann. Wenn ich bei jemandem etwas nicht mag, bin ich im allgemeinen von einem Teil dieser Person irritiert, welcher nicht aktiv gelebt wird. Gelingt es mir, das zu identifizieren, kann ich meinem Gegenüber helfen, mehr Zugang zu diesem Teil zu bekommen und ihn bewußter im täglichen Leben einzusetzen. Dann ändern sich meine Gefühle, und oft ändert sich auch etwas im Leben der Klientinnen.

Objektive Neutralität ist nie ganz möglich. Unsere eigene Psychologie kommt uns in den Weg und erhält uns menschlich. Meine erste Reise in den Mittleren Osten brachte mich in Kontakt mit meinem eigenen Judentum, mit dem ich mich bis dahin noch nie auseinandergesetzt hatte. Ich wurde 1940, am Anfang des Zweiten Weltkriegs in New York geboren, und als kleines Kind erhielt ich Schläge, weil ich ein Jude war, bevor ich alt genug war, um zu wissen, was das bedeutete!

Als ich vier war, wollte ich mehr als alles andere ein römischer Katholik sein wie alle anderen um mich herum und beim Älterwerden so hart sein wie die anderen. Ich schaffte es, ein hartes Kind zu werden und vermied meine jüdischen Komplexe. Unbewußt wurde ich antisemitisch, aber erst als ich in Israel arbeitete, kam dieser ganze Komplex zum Vorschein.

Ich hatte das Gefühl, daß unsere Arbeit in Israel mühsam sein würde, da ich schon, bevor ich dort überhaupt ankam, von Konfliktphantasien überschwemmt wurde. Ich arbeitete mit meinen Phantasien soviel ich konnte, aber es blieb ein Gefühl von Angst und Bestürzung zurück. Ich hatte immer wieder Phantasien, angegriffen und kritisiert zu werden, und ich nahm an, daß diese Kritiker und Angreifer in mir integriert werden mußten. Ich versuchte, die Energien und Ideen der Angreifer so gut wie möglich zu verstehen, aber ich begriff nicht, daß der Angreifer in mir mich wegen meines Antisemitismus' angriff!

Meine äußere Arbeit in Israel ging ziemlich gut. Die Teilnehmerinnen und Teilnehmer an den Seminaren waren zufrieden und interessierten sich für unsere Arbeit. Dessen ungeachtet verlor ich meine Neutralität. Ich merkte, daß ich Ressentiments und Unzufriedenheit gegen die Israelis wälzte. Im geheimen verurteilte und kritisierte ich sie für ihre brutale Repression der Palästinenser. Ich war selbst im Krieg, ohne es zu merken, und ich war selbst ein Unterdrücker geworden, indem ich die Juden unterdrückte und verurteilte, als ich mir vorstellte, wie sie die Araber unterdrückten!

Wie nicht anders zu erwarten, kam mein Antisemitismus schließlich zum Vorschein, mitten in einem Gruppenprozeß in einem Seminar, als das Thema Holocaust auftauchte. Ich machte den absurden Vorschlag, die Gruppenteilnehmer sollten die Nazis in sich selbst entdecken, indem sie sich wie Nazis benehmen sollten. Die Intervention war gut gemeint, aber das Metaskill, die Art, wie ich diese Intervention gebrauchte, war unbewußt aggressiv.

Obschon die Menschen im Seminar diese Idee sogar gebrauchen und mit ihrer Hilfe persönliche Entdeckungen machen konnten, war mein Ansatz im Ganzen nicht erfolgreich, weil es ein versteckter Versuch war, Israel umzuerziehen. Unbewußt gab ich ihnen zurück, was sie anderen antaten. Sogar noch beunruhigender: ich war wütend auf sie, weil ich nicht mit ihnen identifiziert werden wollte.

Ich hatte Glück. Diese Seminargruppe war vielleicht die liberalste und einsichtigste in Israel zu dieser Zeit. Dank ihrer eigenen Weisheit und der Hilfe einer wunderbaren und weisen Frau, welche sich einschaltete und die Gruppe zusammenbrachte, konnten sie den Gruppenprozeß zu einem guten Ende bringen. Diese Frau sprach langsam und klar, sie erklärte uns, daß auch sie einmal voll Haß, Feuer und Wut über die Vergangenheit gewesen sei. Aber durch ihre eigene innere Arbeit und ihren Glauben an sich selbst hatte sie das Holz für dieses Feuer verbrannt und ihre eigene Wut zu einem Ende gebracht. Sie rettete den Tag, indem sie die Führungsrolle ausfüllte, die auszufüllen ich nicht imstande war.

Die Gabe spontaner Führerschaft

Aus dieser Erfahrung habe ich viel gelernt. Ich weiß jetzt, daß die eigene innere Arbeit nie aufhören kann. Ich wurde daran erinnert, wie wichtig das Loslassenkönnen ist. Ich erlebte, wie Neutralität durch Inflation gestört werden kann durch die Überzeugung, es besser zu wissen. Ich hatte gedacht, weiser zu sein und es besser zu wissen als die anderen. Sobald ich dies glaubte, wurde ich einfach zu einem weiteren Zeitgeist in einem aufgewühlten und konfliktreichen Gruppenfeld. Außerdem wurde mir klar, daß ich meine eigene persönliche Geschichte unterdrückt hatte und wie wichtig es ist, die eigene Einseitigkeit so ernst zu nehmen wie die Ganzheit, die wir anstreben. Wenn ich nicht annehme, daß das Schicksal mich zu einem Mann, einem Weißen, einem Amerikaner, einem Juden gemacht hat, wie kann ich je so weit kommen, auch eine Frau, ein Schwarzer, ein Christ und ein Moslem zu sein?

Und schließlich lernte ich, daß meine eigene Unbewußtheit durch andere kompensiert werden kann, welche fähig sind, Verantwortung für die Rolle der Führerschaft zu übernehmen. Diese Einsicht hat mich geöffnet für die Weisheit der anderen.

Diese Erfahrung löste eine der Fragen, die mich am meisten beschäftigt hatten. Ich bin immer über die Unbewußtheit und Dummheit der politischen Führer dieser Welt beunruhigt gewesen. Wie hat es die Welt geschafft zu überleben, wenn man bedenkt, daß es so wenige wirklich inspirierte Führungspersönlichkeiten gegeben hat? Die Erfahrung in Israel zeigte mir, daß die Menschen einen göttlichen Teil haben, eine Fähigkeit zu Hingabe und Liebe und die Gabe, im letzten Moment die Facilitatorinnen-Rolle auszufüllen. Ohne Menschen mit solcher spontaner „Graswurzel-Führerschaft" wäre dieser Planet schon vor langer Zeit untergegangen. Wo immer sich so etwas ereignet, müssen wir dieses Geschehen ehren, davon lernen und die Menschen preisen, welche diese Gabe verkörpern.

Weltarbeit und innere Arbeit

Ich denke an ein anderes Beispiel, welches illustriert, wie wichtig es ist, mitten im Chaos an sich selbst zu arbeiten. Meine Frau Amy und ich arbeiteten für eine Organisation, bei der wir vorübergehend auch wohnten. Für eine Organisation zu arbeiten und auf ihrem Gelände zu wohnen ist ein 24-Stunden-Job, ein Job, der einen hohen Bewußtseinsgrad verlangt.

Es ist, als würde man in einem fremden Land im Krieg arbeiten. Wenn Sie mit der Gruppe leben, mit der Sie arbeiten, bedeutet das, daß Sie dem Feld keine Minute entfliehen können. Sie sind unentwirrbar mit allen Zeitgeistern und dem Feld verknüpft. Es gibt keinen Ort, wohin Sie aus dem System hinausgehen können.

Eines Abends spät sprach ich mit einem der Manager, und weil ich übermüdet war, rutschten mir eine einseitige Kritik und verschiedene Urteile heraus. Ich benahm mich wie ein Alleswisser und teilte ihm mit, daß ich meine, die Gruppe sollte sich verändern und sensibler werden. Er nickte höflich zu meinen Vorschlägen und schien meine Kritik zu verstehen. Ich wurde aber bald, nachdem wir auseinandergegangen waren, von einigen anderen aufgesucht, welche verletzt und wütend waren über das, was ich in diesem Gespräch gesagt hatte.

Ich mußte schnell aufwachen und realisieren, daß es hier keine Privatsphäre gab. Ein Feld hat keine Grenzen. Weil ich meine Kritik postwendend zurückbekommen hatte, entschied ich mich, meine Vorstellungen über die Gruppe auf mich selbst anzuwenden. Ich arbeitete also an mir selbst und versuchte zu übernehmen, was ich der Organisation vorwarf. Ich ging von der Annahme aus, ich müsse selbst unsensibel sein. Wo war ich unsensibel mit mir selbst oder mit anderen? Indem ich mich mit dieser Frage beschäftigte, konnte ich einige interessante Entdeckungen machen, welche meine negativen Gefühle der Organisation gegenüber erleichterten.

Als die Organisation sich zum nächsten Mal traf, konnte ich viel neutraler und offener sein. Ja, ich war wirklich der Gruppe gegenüber liebevoller geworden. Bevor ich überhaupt von diesen Gefühlen sprechen konnte, meldeten sich einige Anwesende und bestanden darauf, daß wir sensibler weitermachen müßten.

Alle im Raum fühlten sich besser! Die Menschen in dieser Organisation lehrten mich, wie menschlich es ist, auf Individuen, Gruppen und Organisationen, mit denen wir arbeiten, zu projizieren, daß nur sie sich ändern müssen, und anzunehmen, wir Therapeuten oder Facilitatorinnen seien in Ordnung.

Innerhalb und außerhalb von Südafrika

Ich glaube eine der stärksten Lektionen, welche ich über innere Arbeit und Loslassen lernte, habe ich gegen Ende meiner ersten Reise nach Südafrika erhalten, gerade bevor das System der Apartheid ernsthaft und erfolgreich in Frage gestellt wurde.

Als ich das Land für meine Heimreise nach Zürich verließ, verlor ich meine Beherrschung und geriet in eine schreckliche Auseinandersetzung mit dem Flugpersonal. Der Kampf begann beim Check-in. Als ich an der Theke der Fluggesellschaft auf meine Sitzzuweisung wartete, konnte ich mich nicht mehr zurückhalten. Kampflustig fragte ich die Frau hinter der Theke: „Wie können Sie an einem Ort arbeiten, wo die Schwarzen so entsetzlich diskriminiert werden?" Zu meiner Überraschung hörte sie meinen provokativen Bemerkungen zu und antwortete ruhig, daß sie daran denke, Südafrika zu verlassen. Sie vertraute mir an, daß die Fluggesellschaft, mit der wir flogen, eine Segregationspolitik zur Bevorzugung der Weißen betreibe. Schwarze und Weiße bekamen Sitze in verschiedenen Teilen des Flugzeugs.

Ich war während der ganzen Reise ziemlich ruhig geblieben, aber jetzt fühlte ich mich in meinem Ärger völlig gerechtfertigt. Obschon ich während meines Aufenthalts noch viel schlimmere Segregation als diese gesehen hatte, verlor ich die Fassung und wurde wütend. Ich ging mit Amy und zwei Kolleginnen direkt zum Manager.

Ich warf dem Manager die Segregationspolitik seiner Firma vor, und er gab mir nicht weniger heftig zurück. Ich hielt mich nicht an die Empfehlungen der weisen Aikidomeister und war mitten in der schlimmsten Art von Kampf, Yang gegen Yang, Gewalt gegen Gewalt. Der Manager schrie mich an: „Wer hat ihnen gesagt, daß wir die Rassen trennen?" Ich wollte die Angestellte an der Theke schützen und schrie zurück: „Wenn Sie keine solche Politik hätten, wären Sie nicht so wütend". Er drohte mir eine Untersuchung an, und weil ich sah, daß der Kampf sinnlos war, verließ ich einfach den Raum.

Gefährlich selbstzufrieden (es ist immer gefährlich zu gewinnen), bestieg ich das Flugzeug, aber meine Wut und meine Empörung waren immer noch da. Sobald ich im Flugzeug war, sah ich, daß die Passagiere wirklich nach Rassen getrennt waren. Die Weißen saßen vorn, dann kamen die Inder, und die Schwarzen waren hinten im Flugzeug! Ich entdeckte, daß uns der Manager, um uns zu „bestrafen“, als einzige Weiße in den schwarzen Teil gesetzt hatte!

Ich war so wütend über diese Rassentrennung, daß ich beschloß, nie wieder mit dieser Fluglinie zu reisen. Ich war immer noch im Feld von Südafrika, auch wenn ich dabei war, es zu verlassen. Selbst als das Flugzeug startete, konnte ich mich nicht beherrschen. Der Teufel ritt mich, und als nächstes brach ich eines der wichtigsten Gesetze in einem Flugzeug: daß man seinen Sitz während des Starts nicht verlassen darf.

Immer noch kampflustig verließ ich meinen Sitz, um auf die Toilette zu gehen, als wir gerade die Piste zum Start verließen. Ein aufgebrachter Steward versuchte mich zurückzuhalten, indem er mich packte und beschimpfte. Plötzlich stand ein völlig betrunkener Passagier auf und versuchte, mich auf meinen Sitz zurückzuzwingen. Schließlich setzte ich mich, dampfend aber zufrieden, daß ich vorher dem Betrunkenen einen tüchtigen Stoß hatte versetzen können. Ich kochte vor Wut, aber ich realisierte, daß es Zeit war, an mir selbst zu arbeiten.

Diesmal ging ich in mich und arbeitete innerlich am Problem von Segregation und Diskriminierung. Ich ließ mich nach innen sinken und schaute meine eigenen Befangenheiten, Vorurteile, Unterdrückungsmechanismen und Rücksichtlosigkeiten an. Ich bemerkte, wie ich mich selbst auf verschiedene Arten unterdrückt hatte und entdeckte, daß ich mir selbst nicht erlaubt hatte, mit dem Leben zu experimentieren, wie ich es eigentlich wollte.

Ich fühlte mich besser, und nach ein paar Minuten, als wir in der Luft waren und ich wieder aufstand, fiel mir auf, daß sich das Feld geändert hatte. Auf meinem Weg zur Toilette kam mir der betrunkene Passagier, dem ich vorher einen Stoß mit meinem Ellbogen versetzt hatte, spontan entgegen und entschuldigte sich, daß er mit mir so brutal gewesen war! Ich war über seine plötzliche Demut so schockiert, daß ich nur eine Entschuldigung für meinen Ellbogenpuff murmeln konnte. Wir schlossen sofort Freundschaft.

Durch das, was geschehen war, inspiriert, ging ich zum Steward, welcher mit mir so grob gewesen war und entschuldigte mich, daß ich während des Starts vom Sitz aufgestanden war. Ich machte freundlich den Vorschlag, daß wir beide ruhig bleiben sollten, wenn wir für andere im Einsatz sind, weil wir so die Zuspitzung gefährlicher Situationen vermeiden und besser mit Notfällen umgehen könnten. Ich erzählte ihm, daß ich dabei sei, mehr über mich selbst zu lernen. Zu meiner Überraschung begann der Mann zu weinen und sagte, daß er noch nie von jemandem so einfühlend behandelt worden sei.

Alle diese Erfahrungen haben mir gezeigt, daß die Menschen nicht einfach gut oder böse sind, sondern eher für eine Weile zu Zeitgeistern werden, welche sich verändern können, wenn Situationen prozessiert werden. Innere Arbeit ist nicht die einzige Antwort auf Ungerechtigkeit und Konflikt. Konfrontation und direkte Aktion sind auch nötig. Aber in Situationen, in denen äußere Aktionen nichts bringen, sondern eher einen schon brennenden Konflikt noch mehr aufheizen, haben wir keine andere Wahl, als an dem Problem innerlich zu arbeiten und zu versuchen, die äußere Situation durch eine Veränderung der inneren zu verändern.

Mit einem Feld zu arbeiten bedeutet, mit den Problemen dort zu arbeiten, wo sie sich zeigen: in Gruppen, in unseren Beziehungen, in Träumen, Körpersymptomen und Phantasien. Rassismus, Segregation und mangelnde Sensibilität müssen auf allen Ebenen bearbeitet werden. In einem relativistischen Universum, das durch nicht lokale Muster strukturiert wird, bedeutet prozessorientierte Feldarbeit, der Wahrnehmung zu folgen, gleichgültig ob unser Fokus auf inneren oder äußeren Ereignissen liegt.

Fragen

1. Welche Metaskills sind Ihre persönliche Begabung?

2. Welche Metaskills müssen Sie noch lernen, um mit Gruppen zu arbeiten?

3. Wenn eines Ihrer Gruppenprojekte nicht gut gegangen ist, was können Sie für Ihre zukünftige Arbeit lernen?

Übung

1. Stellen Sie sich Ihre nächste mögliche Gruppenerfahrung vor. Was für eine Art Person könnte Sie angreifen?

2. Gehen Sie davon aus, dieser Angreifer sei eine innere Figur, und gehen Sie auf seine Seite, bis Sie verstehen und fühlen, warum er Sie angreift.

3. Führen Sie einen inneren Dialog zwischen beiden Seiten, bis Sie neutral werden und für beide Seiten offen sind oder bis die Spannung weg ist.

4. Denken Sie über die Möglichkeit nach, im nächsten Gruppentreffen über diesen Angriff und seine Lösung zu erzählen oder die Szene nachzuspielen.

7. Kapitel

Taoismus in der Turbulenz

Die Fähigkeit zur inneren Arbeit an uns selbst genügt noch nicht, denn oft sind wir gezwungen, die Metaskills hinter unserer Möglichkeit zur inneren Arbeit mitten in einem Konflikt zu finden. Wie können wir mitten im äußeren Chaos und Konflikt Zugang zu unseren inneren Zuständen finden? Es ist eine Sache, als weise Frau auf einem Berggipfel zu meditieren, und eine andere, Zugang zur Weisheit mitten in einem Bandenkrieg auf einer Straße in der City oder in einem häßlichen Streit zu finden. Was haben wir für Modelle für innere Zentrierung mitten in einer chaotischen Weltarbeit? Wenige von uns, falls überhaupt jemand, haben je Lehrerinnen oder Lehrer gehabt, welche auf den Straßen der Großstädte arbeiten konnten und die gleichzeitig in sich selbst ruhend, real, erfolgreich und großherzig waren! Unsere weisen Frauen und Männer, Gurus und Priesterinnen sind Vorbilder für Führerschaft, aber viele geben uns keine Muster dafür, wie man mit Straßenszenen umgehen kann.

Die Metaskills von innerer Zentriertheit, Selbstreflexion und Ausgewogenheit mitten in Chaos und Konflikt lassen sich am besten anhand einiger Beispiele aus der Physik aufzeigen. In diesem Kapitel greife ich auf fundamentale Prinzipien in Physik und Psychologie zurück, um eine größere Tiefe und mehr Möglichkeiten des Lernens über das Chaos zu erreichen.

Bewußtheit in Physik und Psychologie

Wir können die Prozeßarbeit, wie die moderne Physik, als eine Art *Bootstrap-Theorie* bezeichnen. Die Physik gebraucht diesen

Ausdruck für Ideen, welche verwandte Theorien über die Natur so miteinander zusammenbringen, daß sie untereinander verbunden sind, auch wenn sie nicht gleich sind.

Das Bootstrap-Element der Prozeßarbeit kommt von ihrer taoistischen Basis. Die Prozeßarbeit kann so vielfältige Disziplinen wie die Jungsche Methode, dem Unbewußten zu folgen, den Gestaltfokus auf dem Erleben der Prozesse im Hier und Jetzt, Carl Rogers' uneingeschränkte Unterstützung für das Individuum, die transpersonale Ausrichtung auf das Göttliche und die systemischen Prinzipien der Ökologie, Politik und Physik zusammenbringen. Man kann all diese Ansätze als prozeßhaft sehen, als Spiegelungen einer alten Achtung vor dem Fluß des Lebens.

Die Bootstrap-Theorie hält fest, daß es vielleicht keine permanenten Konstanten im Leben gibt. Albert Einstein und Werner Heisenberg gehörten zu den ersten Bootstrap-Theoretikern, weil ihre Studien zu der unbehaglichen Idee führten, daß die Physik keine festen Konstanten mehr habe, auf die man zurückgreifen kann. Besonders Einstein war aufgebracht über die flüssige Beweglichkeit am Grund der „Wirklichkeit“, weil ihre ständige Veränderung ihm nichts Sicheres mehr übrigließ, auf dem er hätte stehen können.

Auch die Prozeßarbeit basiert auf der Annahme, daß Erfahrung unbeständig und nicht absolut ist. Alle Zustände, Erfahrungen, Figuren, Teile und Rollen sind Zeitgeister. Sobald wir mit unseren verschiedenen Erfahrungen arbeiten, mögen es Symptome, Träume, Beziehungen, Emotionen, Bewegungen, Atmosphären in Gruppen oder Weltprozesse sein, verlieren diese ihre Konstanz. Sie verändern sich so dramatisch, daß ihre ursprünglichen Namen nichts mehr aussagen. Sogar die Muster von Turbulenz und Chaos, Harmonie und Gleichgewicht sind nur momentane Bilder für den Fluß, welche für einen Moment stimmen und sich im nächsten ändern.

Gibt es in der Psychologie keine Konstanten? Ich glaube, daß es eine Konstante gibt: Bewußtheit. Wie die Physiker entdeckt haben, würde es ohne Beobachter keine Physik geben. Alles, was geschieht, geschieht in Verbindung mit der Möglichkeit, daß es jemand bemerkt und beobachtet hat. Auch in der Psychologie ist die einzige Konstante der Prozeß der Bewußtheit; auch Psychologie als Wissenschaft braucht das Vorhandensein eines beobachtenden Menschen, der wahrnimmt, was geschieht und darauf reagiert.

Prozeßarbeit beruht auf der bewußten Wahrnehmung der Dynamik im Untergrund, des Flusses der Ereignisse in und um uns. Auf Grund dieses Verständnisses von Prozeßarbeit ist die Basis der Weltarbeit die Bewußtheit selbst, nicht das Fokussieren der Bewußtheit auf die Zustände.

Bewußtheit kommt vor unserem Urteil über Bewußtseinszustände. Obschon wir vielleicht „höhere" von „tieferen" Bewußtseinszuständen unterscheiden, Freundlichkeit von Brutalität, gut von böse, chaotisch von geordnet, zeigt uns Bewußtheit, daß jeder einzelne Zustand nur eine momentane Erfahrung ist, mit der wir jeweils identifiziert sind.

Prozeßarbeit hält sich an keine Persönlichkeitstheorie, weil der ganze Fokus auf der Bewußtheit liegt. Wir sprechen fast nie von einem „Ego", „Selbst", „Unbewußten" oder irgendeinem Teil als einer Konstante, weil das Prozeßkonzept darauf beruht, Veränderungen zu erfassen und mit ihnen zu arbeiten, und nicht darauf, feste Strukturen zu finden. In diesem Sinne kann die Prozeßarbeit als eine transpersonale Psychologie verstanden werden, weil die Idee der Egoentwicklung durch den Gedanken der Entwicklung von Bewußtheit ersetzt ist.

Weil der Erfolg jeder Gruppe oder Unternehmung von der Sensibilität und Bewußtheit aller abhängt, kann die Prozeßarbeit keine Strukturen, Zustände oder Entwicklungsphasen für Organisationen vorschreiben. Wenn wir dem jeweiligen Prozeß folgen, kann dies zu gewissen Zeiten natürlich gleichwohl bedeuten, daß Vorschriften und das Erreichen von bestimmten Zuständen für ein Individuum oder eine Organisation nötig sind!

Der Nachteil von Persönlichkeitstheorien besteht darin, daß sie kulturspezifisch sind und auf sozialen und kulturellen Idealen basieren. Zum Beispiel enthält die westliche Psychopathologie einen inhärenten praxisbezogenen Teil. Viele ihrer Definitionen von Psychosen gehen von der Fragestellung aus, welche Folgen der Zustand des betroffenen Individuums auf seine Arbeitsfähigkeit hat. Das westliche Egokonzept ist kulturgebunden: das Ego wird in Begriffen der Anpassung des Individuums an die westliche Kultur beschrieben. Ebenso sind gewisse Konzepte wie das Nicht-Selbst oder Nicht-Ego, welche aus den östlichen Philosophien stammen, aus demselben Grund kulturspezifisch. Diese Konzepte können leicht zu einem vorgeschriebenen Programm für Demut, Introversion und Konkurrenzlosigkeit verkümmern.

Beide, das westliche und das östliche Persönlichkeitskonzept, sind wertvoll und sinnvoll für jenen Teil der Welt, in dem sie entwickelt wurden. Sie gehören zu einer spezifischen Kultur, Zeit und Örtlichkeit und passen deshalb nicht für alle Menschen, Orte und Zeiten.

Hingegen liegt Bewußtheit den modernen wissenschaftlichen, spirituellen und psychologischen Traditionen zugrunde und könnte deshalb für die Psychologie so universal sein wie für die Weltarbeit. Die Rolle der Bewußtheit als einer kulturübergreifenden Grundlage könnte sogar heute, da nationale Grenzen weniger wichtig werden und die Kommunikation zwischen den Kulturen technisch immer besser möglich wird, noch zunehmen.

Bewußtheit als Werkzeug würde dazu beitragen, eine transkulturelle Weltarbeit zu schaffen, welche die herkömmliche Tendenz ersetzt, zu diagnostizieren, zu analysieren und Lösungen vorzuschreiben, welche von der Annahme ausgehen, daß Organisationen neu programmiert werden sollten.

Ich hoffe, daß die hier beschriebene Art von Weltarbeit einen Sinn für tiefe Demokratie zurückbringt und daß sie frei bleibt von Zuordnungen und Werturteilen über gute und schlechte Persönlichkeitsmerkmale, Neurosen und Gesundheit, Bewußtheit und Unbewußtheit.

Es ist nicht möglich, ganz wertfrei und transkulturell zu sein. Auch in dem, was ich hier schreibe, gibt es Wertungen in meiner Betonung von Taoismus und Bewußtheit.

Aber es gibt auch Zeiten, in denen gerade Mangel an Bewußtheit, Unbewußtheit und Dummheit wichtig und richtig sind.

Tatsächlich unterstützt z.B. das I Ging alle Zustände, ob gut oder böse, Stillstand oder Wandel; alle werden einfach als verschiedene Seinsweisen gesehen. Paradoxerweise sagt das I Ging aber auch, daß diejenige Person, die den Wandlungen und dem Tao folgt, höher geschätzt wird als die Person, welche das Tao zu schaffen versucht. Ebenso werden in der Prozeßarbeit alle Zustände als nützlich angesehen, dennoch wird das Prinzip der Bewußtheit, welche alle Zustände beobachtet und unterstützt, höher eingeschätzt als eine Haltung, welche versucht, die Zustände zu organisieren.

Es ist nicht das Hauptziel, immer Bewußtheit zu haben. In gewissen Momenten kann es auch vergnüglich und nützlich sein, unbewußt zu sein. Die Bewußtheit in der Prozeßarbeit ist eine Bewußtheit, die das Individuum wecken und einsetzen kann, falls sie gebraucht wird. Der oder die „Weise" müssen Bewußtsein darüber haben, was geschieht, bevor sie eine Möglichkeit haben, sich zu ändern oder sich dem Geist der Zeiten anzupassen.

Bewußtheit und Veränderung

Die Bewußtheit für tiefe Demokratie könnte die einzige Konstante in einem Universum sein, das vielleicht keine anderen stabilen Merkmale hat. Als Werkzeug hilft uns diese Bewußtheit, alle Zustände zu schätzen: Liebenswürdigkeit und Wut, Großzügigkeit und Gier, Arroganz und Bescheidenheit. Außerdem hilft uns Bewußtheit, alle Entwicklungsstadien zu schätzen: Momente, in denen etwas zum Abschluß kommt genauso wie andere, in denen man mittendrin steckt.

Die Einstellung der Bewußtheit anerkennt das Bedürfnis nach Lösungen, aber weil sie die anderen Entwicklungsphasen auch sieht, relativiert sie den Druck, eine Lösung finden zu müssen. Ein einseitiges Verhaftetsein im Wunsch nach Frieden wird mit Versuchen enden, Unordnung, Veränderung und Durcheinander zu unterdrücken und zu kontrollieren.

Das I Ging nennt einen solchen Versuch, Prozesse zu kontrollieren und zu organisieren, das einzige Böse.

Sollte man Organisationen dazu anhalten, die neuen Entdeckungen aus der Prozeßarbeit anzuwenden? Bei der Arbeit mit einem Individuum bedeutet Integration normalerweise, daß von den Klientinnen und Klienten erwartet wird, sich den neuen Entdeckungen über sich selbst entsprechend zu verändern und diese neuen Einsichten in ihr weiteres Leben einzubeziehen. Integration ist ein wichtiger Teil der psychotherapeutischen Arbeit, doch ist Bewußtheit noch wichtiger, wenn wir nicht nur an das momentan Entdeckte denken, sondern auch an die ganze Lebenszeit eines Individuums oder einer Organisation. Alle Durchbrüche, Entdeckungen, Emotionen und Erfahrungen sind nur für heute und morgen. Bewußtheit aber ist eine Kraft, welche uns ständigen Zugang zu neuen Bewußtseinszuständen und noch ungeborenen Teilen unserer selbst und der Welt gibt.

Welches ist die Rolle der Bewußtheit in Organisationen, welche sich verändern wollen? Bewußtheit kann das Verhalten ändern, aber verändertes Verhalten bedeutet nicht immer mehr Bewußtsein oder Offenheit für andere Zustände. Eine Firma, welche ihre Finanzen verbessern will, wird zum Beispiel ihr Bedürfnis betonen, Probleme zu lösen und Veränderungen vorzunehmen, damit die ganze Organisation effizienter arbeitet. Wie wird Bewußtheit einer Firma helfen, ihr Ziel von Produktivitätsverbesserung zu erreichen? Produktivität und bessere Einnahmen sind primäre oder momentane Ziele. Sie müssen ernstgenommen werden, aber es muß auch abgeklärt werden, auf welcher Bewußtseinsstufe sich die Organisation befindet, um diese Ziele zu erreichen.

Moderne Betriebe und Organisationen werden sich heute bewußt, daß nichts gut geht, wenn die Menschen, aus welchen sie bestehen, nicht glücklich sind. Eine der besten Möglichkeiten, für die Zufriedenheit der Mitarbeitenden zu sorgen, besteht darin, sie in die Organisation einzubeziehen, die Bewußtheit eines jeden Individuums dafür einzusetzen, das Projekt zu unterstützen. Unsere momentanen Probleme müssen gelöst werden, aber die erfolgreichsten und befriedigendsten Lösungen ergeben sich, wenn Bewußtheit eingesetzt wird.

Das folgende Beispiel zeigt, wie Bewußtheit einer Gruppe helfen kann, ihre Probleme zu erkennen und zu lösen. Eine Geschäftsgruppe hatte Probleme, einen Vertrag zwischen einem neuen Zweig der Firma und der Mutterorganisation auszuhandeln. Als sich die beiden Gruppen trafen, wurde bald klar, daß beide Seiten mit dem Vertrag in einer Sackgasse steckten, weil sich die Mitglieder gegenseitig nicht trauten. Im Verlauf der Diskussion erwähnten die Anwesenden einen Mitarbeiter, welcher von der Firma Geld gestohlen hatte. Er war einer der Leiter der ursprünglichen Organisation gewesen, und es schien klar, daß er der Grund des Mißtrauens war. Der Vertrag sollte die Partner vor möglichen Gaunereien schützen.

Anstatt weiter auf die Details des Vertrages einzugehen, mit dem alle vor weiteren Diebstählen geschützt werden sollten, ging ich von der Vermutung aus, daß der Dieb ein Teil des Feldes sei, ein wichtiger Teil, über den die anderen keine Bewußtheit hatten. Ich schlug der Gruppe vor, daran zu arbeiten, daß wir alle potentielle Diebe sind: „Haben sie nie für sich selbst mehr Geld haben wollen?“ fragte ich sie im Scherz. Dann unterstützte ich sie, die Rolle des fehlenden Diebes zu spielen.

Die gespannte und schwierige Atmosphäre entspannte sich, als der Zeitgeist des Diebes zum Vorschein kam und sich zu entwickeln begann. Einer nach dem anderen übernahmen alle die Rolle des Diebes und gestanden mit Humor und Vergnügen, welche Bedürfnisse nach Geld, Liebe und mehr Freizeit sie hatten.

Die ganze Gruppe lachte über diese Geständnisse, und die Stimmung im vorher gespannten Feld wurde locker wie auf einer Party! Wir mögen zwar alle ehrliche schwerarbeitende Bürgerinnen und Bürger sein, aber wir sind auch alle potentielle Diebe. Wenn wir auch für eine Firma arbeiten, wollen wir doch alle für unsere Arbeit genügend zurückbekommen. Indem alle den Dieb spielten, fühlten die Gruppenmitglieder ihre Bedürftigkeit und ihre Gier, und das brachte schließlich alle Anwesenden näher und freundschaftlicher zusammen. Bewußtheit half uns dabei, einen Vertrag zu machen, indem sie uns dazu brachte, das Problem beiseitezulegen und zuerst ein Gemeinschaftsgefühl zu schaffen. Als einmal das Hintergrundsgefühl von Mißtrauen durchgelüftet war, änderte sich die Atmosphäre, und die Anwesenden konnten den Vertragsstreit rasch beenden. Der Prozeß dieser Gruppe ist typisch für die meisten Prozesse, die mit Feilschen und Verhandeln zu tun haben. Verhandlungen gehen am besten vorwärts, wenn der Prozeß im Hintergrund gelebt wird.

Das verborgene Ki, den sekundären Prozeß der Gruppe aufzugreifen, ist eindrücklich und vergnüglich. Es ist ein bißchen, wie ein Pferd rückwärts zu reiten. Es bedeutet, Dinge zu bemerken und zu unterstützen, welche andere übersehen oder unterdrücken. Zum Beispiel scheint es auf den ersten Blick ein bißchen seltsam zu sein, einer mißtrauischen und argwöhnischen Gruppe von Geschäftsleuten vorzuschlagen, den Dieb zu spielen. Es brauchte Mut, diese Intervention überhaupt vorzuschlagen. Der Mut, sozial unpopuläres Verhalten und Fühlen zu bemerken und zum Thema zu machen, ist ein Metaskill, das nötig ist, um die Bewußtheit von sekundären Prozessen zu gebrauchen.

Bewußtheit, Muster und Grenzen in der Turbulenz

Die meisten Gruppenprozesse sind relativ leicht zu verfolgen. Aber Situationen von Chaos und Turbulenz, Unordnung und Ungleichgewicht sind schwieriger, weil sie so weit wegführen von unserer Konsensrealität. Typische Turbulenzzustände in der Psychologie und bei Gruppenprozessen sind veränderte Bewußtseinszustände, Krankheit, Extremzustände und Gewalt.

Turbulenzen und Ungleichgewichtszustände werden in der modernen Physik von der Chaostheorie erforscht, welche ich als in Entstehung begriffene Wissenschaft von der Ganzheit verstehe[1)]. Die Chaostheorie geht davon aus, daß alles, was geschieht, untereinander verbunden ist, und stellt sich gegen reduktionistische Ansätze, welche die Ereignisse nur als Resultate von Ursachen und Wirkungen darzustellen.

Turbulenz bringt eine neue Dimension in den Lauf der Dinge, weil wir nicht mehr verstehen können, wie die Handlungen und das Verhalten einer Gruppe kausal und zeitlich mit denen einer anderen Gruppe verbunden sind. Plötzlich haben wir mit Ereignissen zu tun, die zufällig erscheinen und die wir nicht einordnen können. Wir sind mit Individuen, Familien und Gruppen in turbulenten Situationen konfrontiert.

Im folgenden zähle ich Beispiele von turbulenten Situationen in großen Gruppen auf, welche mit den folgenden Faktoren zusammen auftreten:

1. Gesteigerte Geschwindigkeit und Veränderung

Eine Gruppe kann wie ein Fluß ihre Geschwindigkeit rasch verändern. Sie kann ihr Wachsen verstärken oder vermindern, je nach den politischen Ereignissen, dem Tod zentraler Figuren, den Wechseln in der Weltlage.

Zum Beispiel wurde Deutschland von den Ideen der Nazis besessen, während es nach einer Lösung seiner wirtschaftlichen Probleme suchte. Vor kurzem haben die Ereignisse in den osteuropäischen kommunistischen Ländern diese in einen noch nie dagewesenen Schub von Geschwindigkeit und Veränderung gebracht. Die demokratische Bewegung, das Bedürfnis nach Freiheit und das Wegfallen der Restriktionen haben sie in turbulente Situationen gebracht.

2. Individuelle Störer und Störerinnen

Manchmal werden Gruppen in Turbulenzen geworfen, wenn individuelle Störer oder Störerinnen mit neuen Ideen auftauchen. Solche Individuen sind manchmal in stark veränderten Bewußtseinszuständen und legen ein asoziales, unangemessenes und dysfunktionales Verhalten an den Tag.

Zum Beispiel kann ein psychotisches Familienmitglied, ein alkohol- oder drogensüchtiges Mitglied einer Organisation oder ein einzelner Mensch in einem extremen Bewußtseinszustand eine ganze Gruppe ins Chaos stürzen.

3. Repression und Revolution

Turbulenz entsteht auch, wenn Menschen, welche unterdrückt gewesen sind, plötzlich ihre Unterdrücker oder ihre eigenen Hemmungen überwinden. Individuen und Organisationen, welche solche Verhaltensänderungen durchmachen, folgen nicht mehr den Erwartungen oder vorhersehbaren Mustern. Es gibt viele Beispiele für diese Art Veränderung, bei einem plötzlichen politischen Machtwechsel, wenn Minderheiten rebellieren, bei Umstrukturierungen in Firmen und Organisationen, sogar in Familien mit Teenagern.

Jede Gruppe, welche gewisse Prozesse zurückgehalten hat, wird schließlich und unvermeidlich in eine turbulente Phase kommen, wenn der Damm bricht.

Wenn eine Gruppe oder ein Individuum in die Nähe von Themen und Prozessen kommt, welche sie bisher vermieden oder verdrängt haben, läßt sich voraussagen, daß das Muster ihres weiteren Entwicklungsflusses zunehmend chaotisch, unlogisch und nichtliniear sein wird. Irrationale Vorkommnisse, Krankheit, Konfusion, Alpträume, obsessive Phantasien, Depressionen, aber auch Synchronizitäten und sogar parapsychologische Phänomene werden sich ereignen.

Allerdings ist das Chaos der Ereignisse nur vom Gesichtspunkt des vorangegangenen primären Prozesses aus unvorhersehbar. Krankheit erscheint chaotisch und sinnlos, wenn wir die vielen warnenden Signale und Symptome, welche ihr vorausgegangen sind, nicht aufgreifen. Studieren wir aber Krankheit oder Geisteskrankheit genauer, so erweist sich die scheinbare Turbulenz als genau strukturiert, wie ich es in „Die Schatten der Stadt“ aufgezeigt habe[2)].

Auch Organisationen können, wenn sie Konflikte und Prozesse im Hintergrund unterdrücken, durch die unterdrückten Teile schwer gestört und ins Chaos gestürzt werden. Was auf den ersten Blick nicht voraussagbar und turbulent aussieht, hat immer, wenn wir genau hinschauen, schon lange vorher an die Tür geklopft.

Konflikt und Chaos sind also voraussehbare Schwingungen zwischen zwei definitiven Mustern, und Ungeordnetheit ist eine Frage des Standpunktes. Was von außen zufällig aussieht, kann von innen gesehen vorausgesagt werden.

Was auf den ersten Blick chaotisch und turbulent erscheint, erweist sich als aufregendes neues, noch nie gebrauchtes Muster, wenn es eine Chance bekommt, sich zu entfalten. Wenn wir uns einmal auf chaotische Situationen einlassen und ihre Entwicklung unterstützen können, zeigt sich ein neues Muster. Facilitatorinnen müssen wissen, daß es „im Auge des Taifuns", mitten in der Turbulenz, einen ruhigen Ort gibt. Dieses Wissen gibt ihnen den Mut zuzulassen, daß kleine und große Gruppen vorübergehend in unkontrollierte Zustände geraten, um die neuen Muster zu finden, die aufzusteigen versuchen.

Facilitatoren, welche mit globalen und politischen Situationen arbeiten, müssen etwas über das Prozessieren von Chaos wissen, besonders jetzt, an der Wende zu einem neuen Jahrtausend. Denn Individuen, Gruppen und Nationen werden durch schnelle und ungewöhnliche Veränderungen gehen müssen, um die Herausforderungen eines Planeten in einer ökologischen und politischen Krise zu bewältigen.

Unser Planet bricht bereits aus den uns bekannten Mustern aus und zeigt chaotisches Verhalten. Eingeborene Gruppen verschwinden. Ökonomie ist nicht länger ein lokaler Prozeß. Das Ökosystem ist dem Zusammenbruch nahe. Armut und Hunger verbreiten sich. Verbrechen, Drogen und Sucht nehmen zu.

Neue Muster versuchen sich zu entwickeln, aber wenn wir nicht auf turbulente Situationen vorbereitet sind, werden diese Muster Schmerz und Chaos statt eines neuen Lebensstils erzeugen. Wenn wir mit Turbulenz nicht umgehen können, werden wir versuchen, die Kontrolle zurückzugewinnen, indem wir wieder auf bekannte und ineffiziente Methoden zurückgreifen, Dinge anzupacken. Wenn wir vorbereitet sind, haben wir den nötigen philosophischen und psychologischen Rahmen, um „kontrolliertes

Sichgehenlassen“ zu konstellieren, das heißt, die Kontrolle loszulassen und dann die aufsteigenden Muster aufzugreifen und zu unterstützen.

In einem Kurs über Probleme auf der Straße luden wir kürzlich eine Gruppe von etwa 10 Obdachlosen, alle betrunken, zu uns in die Klasse ein. Big Lion und Sharpshooter (diese Namen hatten zwei der Männer sich selbst gegeben) schienen einen Kampf um Sheila zu haben, während Tennessee und Alabama sich fast die Lunge ausbrüllten. Big Lion erzählte uns, wie wütend seine Mutter auf ihn war, weil er in ihren Hinterhof geschissen hatte. Es ging zu wie in einem Tollhaus, und alle schrien und kreischten gleichzeitig. Aber Sharpshooter liebte die Mutter von Big Lion, welche offenbar eine sehr liebevolle Person war. Ich sah, daß diese „Mutter“, welche voller Liebe war, etwas war, was auftauchen wollte. Aber jeder Versuch, etwas in dieser Richtung zu organisieren, indem ich vorschlug, diese Mutter zu spielen oder mehr über sie zu sprechen, schlug fehl. Plötzlich begann Big Lion zu singen, und alle wurden ruhig, weil seine Stimme Liebe und Mitgefühl ausdrückte und so vorübergehend Ordnung aus dem Chaos schuf und die Situation „zurechtrückte“.

Beispiele von zahlreichen Erlebnissen in chaotischen Gruppensituationen kommen mir in den Sinn. Ich habe unzählige Male erlebt, wie Gruppen in einen chaotischen Prozeß gerieten, die neuen, aufsteigenden Teile in sich selbst fanden und ein neues Zentrum schaffen konnten. Ich erinnere mich an eine Gruppe in Tel Aviv, welche nach einem heftigen und chaotischen Konflikt wild zu tanzen anfing. Ich rufe mir eine Gruppe in Colorado Springs in Erinnerung, die nach einem Kriegsspiel, in dem sich die Gruppenmitglieder gegenseitig bombardierten, Ruhe und Frieden fand. Und ich erinnere mich an einen heftigen Konflikt zwischen Männern und Frauen in San Francisco, welcher endete, als alle Beteiligten zusammen weinten und litten.

Im offensichtlichen Chaos kann immer eine Ordnung entdeckt werden, wenn wir die Toleranz und Geduld haben, der Natur zu folgen, statt sie zu programmieren, wenn wir lernen, auf einem bewegten Boden zu leben, statt sofort stabile Lösungen zu verlangen.

Wenn wir die Geschichte ansehen, erkennen wir, wie sich Nationen und Gruppen immer wieder an den Rand neuer Muster bewegen, zurückfallen und dann gewaltsam in neue Identitäten stürzen.

Ich erinnere mich lebhaft an das Ende einer langen Meditation in Seattle. Alle Teilnehmenden meditierten über ihre Bewußtheit, indem sie halblaut murmelten: „Ich bin bewußt über..“ und den leeren Rest des Satzes mit Gefühlen, Bildern, Tönen usw. füllten. Plötzlich wurde das ruhige Gemurmel dadurch unterbrochen, daß einige Leute kicherten. Sie hörten wieder auf, es wurde ruhig, und dann ging das Kichern wieder los und wurde lauter.

Ohne erkennbaren Grund konstellierten sich im Raum zwei Rollen. Die eine war ein Teenager-Zeitgeist, auf der anderen Seite befanden sich die konservativen Eltern oder die spirituellen Sucher, welche keine Zeit zum Lachen hatten.

Die zwei Zeitgeister fingen an, sich gegenseitig auszulachen und anzuschreien, ein spaßhafter Kampf entwickelte sich. Plötzlich wurde dabei jemandem auf den Fuß getreten. Mit einem Mal war der Fokus auf dem verletzten Fuß, und alle waren betroffen. Eine Wetterberichterstatterin meldete: „Es gibt eine Verletzung“, und alle waren ruhig und gesammelt und fühlten den gleichen Schmerz.

Diese Verletzung schaffte eine Möglichkeit, zu erkennen, daß unter der Oberfläche ein turbulenter Konflikt war, in welchem ein am Leben gehinderter Geist versuchte, sich bemerkbar zu machen. Aber gleichsam noch hinter diesem Konflikt entstand eine Bewußtheit, wieviel Leiden es für uns alle bedeutet, wenn Konflikte unbewußt zum Vorschein kommen.

Ich vermute, daß Toleranz dem Chaos gegenüber die beste Vorbereitung für die Zukunft sein könnte. Wir werden herausgefordert, diese spontan ablaufenden Veränderungen zu unterstützen, indem wir die Natur beobachten, für sie sorgen und sie so ertragen, wie sie ist. Wenn wir aber keine Bewußtheit über die jeweils vorhandenen Teile haben, ist es vielleicht nicht möglich, daß Chaos und Turbulenz zu neuen, brauchbaren Mustern führen, sondern wir erleben lediglich eine Wiederauflage der alten Abläufe, wie wir sie aus der Geschichte kennen.

Fragen

1. Welche Ängste haben Sie vor dem Chaos in einer Gruppe, falls Sie überhaupt solche Ängste haben? Experimentieren Sie mit der Idee, die menschliche Natur und die Natur der jeweiligen Situation mit Bewußtheit zu erkennen und ihr zu folgen, anstatt zu versuchen, sie zu verändern.

2. Was für eine versteckte Ordnung können Sie rückblickend erkennen, wenn Sie über offensichtlich chaotische Szenen in Beziehungen und Gruppen nachdenken, die Sie erlebt haben?

Teil III
Globale Arbeit

8. Kapitel

Die Praxis der Konfliktlösung

Meine Frau Amy und ich arbeiteten einst mit einem Paar, in dem die Frau darunter litt, daß ihr Mann sich in eine andere Frau verliebt hatte. Wir halfen ihnen, ihren Konflikt zu prozessieren.

Der Ehemann saß ruhig da, und die Frau sagte: „Ich fühle mich zurückgewiesen und bin deprimiert“. Wir baten sie, mehr über ihre Gefühle zu sagen, und zu unserer großen Überraschung sagte sie, sie könne ihren Mann sogar verstehen. Er lächelte, und sie sagte, daß sie ihn liebe und ihn unterstützen wolle in seinem Bedürfnis, sich zu entwickeln und mehr über sich selbst herauszufinden.

Er blieb ruhig, während sie seine Seite im Konflikt übernahm. Deshalb empfahlen wir, daß sie seine Seite sogar noch kongruenter übernehmen solle, indem sie sich neben ihn stellte und für ihn redete. Sie begann sich in seine Gefühle zu versetzen und erklärte uns von seiner Warte aus, daß er aus seinem Lebensstil ausbrechen wolle, daß sein Leben sinnlos geworden sei. Er nickte zustimmend und sagte immer noch nichts.

Plötzlich hielt die Frau inne und sagte, sie habe nicht mehr das Gefühl, daß sie ihren Mann unterstützen wolle. Sie sagte, sie fühle sich neutral und könne alles von außen betrachten. „Dann seien Sie neutral“, rieten wir ihr, „seien Sie absolut neutral. Machen Sie einen Schritt zurück, und schauen Sie sich und ihren Mann von außen an.“ Sie ging von seiner Seite weg, stand auf und schaute auf ihn und auf den Ort, an dem sie gesessen hatte. Sie begann zu lachen und sagte, sie sehe, daß sie ihn mehr unterstützt habe als sich selbst.

Diese Einsicht brachte die Frau dazu, in den Konflikt zurückzugehen, aber diesmal auf ihre eigene Seite. Sie sagte ihrem Mann, zuerst ruhig und dann mit zunehmender Heftigkeit: „Wen kümmert es, was Du fühlst? Ich hasse Dich dafür, daß Du mich vernachlässigst!“ Sie zögerte, drehte sich zu uns um und sagte, daß sie mehr fühle, als sie sagen könne. Wir empfahlen ihr, ihren ganzen Körper zu gebrauchen. Sie haute plötzlich auf den Boden und schrie: „Du lausiges Baby. Mir reicht es, Dich zu bemuttern. Was Du brauchst, ist eine wirklich starke Reaktion, und ich werde sie Dir geben!“ Sie stand auf und ging auf ihn zu, indem sie ihn mit der Faust bedrohte.

Plötzlich sprach der Mann zum erstenmal. Mit einem breiten Lächeln sagte er: „ Jetzt bist Du die großartige, spontane Frau, die ich geheiratet habe. Du bist genau die Person, auf die ich gewartet habe!“ Die Frau schrie ihn an in einer Mischung aus Ärger, Wut und Vergnügen. Die Stimmung änderte sich dramatisch, als ihre Wut und ihr Kampf in Liebe umschlugen. Sie umarmten einander, und Amy und ich verließen den Raum. Wir hatten alle genug für die erste Runde.

Ich habe viele tausend Stunden Konfliktarbeit zwischen Individuen und in Organisationen überall auf der Welt erlebt, aber die obige Geschichte ist beispielhaft für verschiedene Aspekte der Konfliktlösung, welche ich in diesem Kapitel hervorheben will. Erstens zeigt sie, daß es in gewissen Situationen Weltarbeitstechniken braucht, bei denen nur auf der einen Seite in einem Konflikt Bewußtsein nötig ist. Zweitens sehen wir an diesem Beispiel, wie entscheidend es für das Lösen von Konflikten sein kann, daß die Beteiligten ein Bewußtsein darüber entwickeln, wo sie im Moment innerhalb des Konflikts stehen: auf der eigenen Seite, auf der anderen Seite oder auf gar keiner Seite?

Ich will in diesem Kapitel auch zeigen, daß jede Person und jede Organisation während eines Konfliktes ungefähr durch die gleichen Entwicklungsstadien geht. Bei der soeben beschriebenen Art von Konfliktlösung gehe ich davon aus, daß die Facilitierenden nicht unbedingt eine neutrale Instanz sein müssen (wie Amy und ich es im vorliegenden Fall waren), sondern unter Umständen auch einer der Konfliktparteien angehören können. Die Voraussetzung ist aber, daß sie den Stand persönlicher Entwicklung erreicht haben, den ich in den vorhergehenden Kapiteln empfohlen habe.

Die Konfliktlösungsmethoden, die ich beschreibe, sind für lang andauernde Konflikte von Paaren oder Gruppen verschiedener Art und kultureller Herkunft nützlich. Sie lassen sich sogar, wie bereits erwähnt, auf länger andauernde Konflikte anwenden, in denen eine oder mehrere Parteien sich weigern, mit der Gegenseite zu verhandeln, was ja oft vorkommt. Dies ist ein wichtiger Unterschied zu Konfliktlösungsmethoden, welche voraussetzen, daß bei der Arbeit alle vom Konflikt Betroffenen anwesend sein müssen.

Nach dem Studium typischer Konfliktlösungssitzungen, welche ich in vielen Teilen der Welt erlebt habe, konnte ich verschiedene Stadien der Konfliktlösung herausdestillieren. Zuerst werde ich diese beschreiben und auf Arten eingehen, wie sie durchgearbeitet werden können. Ich möchte allen, welche sich in einem Konflikt befinden, empfehlen, daran zu arbeiten. Es wäre ein Nachteil, wenn diese Beschreibung von bestimmten Stadien in der Konfliktlösung als Programm für das Vorgehen bei Konfliktlösungen mißverstanden würde. Ich hoffe vielmehr, daß meine Leserinnen und Leser diese Stufen als Anhaltspunkte verstehen, welche die Bewußtheit in einem Konflikt erhöhen sollen und nicht als Regeln, welche mechanisch angewendet werden können.

Die zentrale und wegleitende Bewußtheitsfrage in einem Konflikt lautet: „Was fühle und tue ich und in welchem Konfliktstadium befinde ich mich?“ Alle von mir empfohlenen Interventionen sind von den momentanen Gefühlen und dem jeweiligen Konfliktstadium abhängig. Gebrauchen und entwickeln Sie die folgenden Empfehlungen, um Ihre Bewußtheit zu wecken und die Konfliktstadien zu erkennen, in denen Sie und Ihr jeweiliges Gegenüber sich gerade befinden.

Ich stelle mir vor, daß Sie mit Hilfe des folgenden Materials üben können, in einer Konfliktsituation Ihre Bewußtheit einzusetzen, in den Konflikt bewußt hineinzugehen, das Stadium, in dem er sich befindet, festzustellen und dazu beizutragen, ihn abzuschließen und einer Lösung näherzubringen.

Obschon es sich gezeigt hat, daß die hier aufgelisteten Interventionen auch langandauernde Konflikte in Gruppen für eine gewisse Zeit lösen können, gibt es einige Begrenzungen ihrer Wirksamkeit. Folgende Voraussetzungen spielen dabei eine Rolle:

1. Bewußtheit

Damit eine Gruppe ihren Konflikt lösen kann, muß es einige Menschen unter hundert geben, welche mit den hier besprochenen Konfliktlösungsideen vertraut sind. Diese wenigen müssen fähig sein, einen gewissen Grad von Objektivität zu behalten, sie müssen fähig sein, jederzeit vor der Gruppe an sich selbst zu arbeiten, und das Feldkonzept dieser Arbeit muß ihnen gegenwärtig sein.

2. Persönliche Entwicklung

Facilitatorinnen und Facilitatoren müssen zu tiefer Demokratie fähig sein – sie müssen imstande sein, alle Seiten im Konflikt zu erinnern und zu unterstützen, sogar wenn sie zu einer der beteiligten Parteien gehören. Das bedeutet, daß die in den vorherigen Kapiteln beschriebenen Metaskills in einem Konflikt genauso verfügbar sein müssen wie die Werkzeuge, welche ich hier beschreibe.

3. Zeit

Das hier vorgelegte Konfliktlösungsverfahren kann dazu beitragen, sogar gewalttätige Konflikte in einigen Stunden zu lösen. Eine solche Lösung ist aber nur eine Stufe in einem Prozeß, nur ein Stadium der Evolution. Sinnvolle Erfahrungen im Zusammenhang mit lange andauernden Spannungen können nicht nur in Großgruppen allein vor sich gehen. Es sind Lösungen und Verarbeitungen auf vielen Ebenen nötig, auch mit Individuen und kleinen Untergruppen dieser Großgruppe.

4. Selbsthilfe

Eine abgeschlossene Lösung würde auch heißen, daß die Gruppe sich verändert und die Fähigkeit entwickelt hat, an ihrem eigenen Konflikt zu arbeiten. Es kann für eine große Gruppe Monate dauern, bis sie einen Entwicklungsstand erreicht, in welchem ihre eigenen Führungspersönlichkeiten aus ihren privaten Problemen herauskommen und anfangen, Methoden der Konfliktlösung zu lernen.

Stufen der Konfliktlösung

1. Vermeiden oder Einsteigen?

Die erste Stufe von Konfliktlösung ist ganz einfach das, was die meisten von uns tun, wenn sie mit einem Konflikt konfrontiert sind: ihn zu vermeiden. Vergessen wir den Konflikt! Versuchen wir, ihn zu ignorieren und friedlich zu tun! Wenn das nicht funktioniert – und üblicherweise funktioniert es nicht –, dann mag die folgende Ideenliste helfen, das Bedürfnis nach Vermeiden des Konflikts zu überwinden.

Neue Entdeckungen

Sie sind nicht allein mit Ihrem Bestreben, den Konflikt zu vermeiden. Fast alle von uns versuchen dasselbe. Aber das Potential für persönliche Entwicklung und neue Entdeckungen liegt im Konflikt. Gerade der Konflikt ist eine Chance, neue und bis jetzt unentdeckte Seiten in uns selbst kennenzulernen. Diese Aussicht hilft Ihnen vielleicht, Ihre Angst und Ihr Unbehagen Konflikten gegenüber in die Begeisterung für die Möglichkeit persönlichen Wachstums zu verwandeln.

Konflikte sind normal

Jedermann erlebt von Zeit zu Zeit innere und äußere Konflikte. Ihr Auftreten ist eine normale Angelegenheit, ein Zeichen, daß Sie sich auf eine neue Ausgewogenheit zubewegen und sich entwickeln und wachsen wollen.

Konflikte haben viele Schichten

Das Bestehen von Konflikten ist nicht nur ein Ausdruck Ihrer eigenen Schwierigkeiten und Komplexe oder Ihrer persönlichen Psychologie. Konflikte sind auch eine Kombination Ihrer eigenen inneren Spannungen, Ihrer Beziehungsprobleme und der Probleme Ihrer Gruppe und der Welt.

Im Fall des oben beschriebenen Paares hatte der Konflikt der Frau mit ihrer persönlichen Entwicklung und ihrer Beziehung zu tun, aber auch mit einer zeitgenössischen Entwicklung und den Wechseln, welche sich überall auf der Welt zwischen Frauen und Männern abspielen.

Konflikte können Gemeinschaft schaffen

Im erwähnten Fall war es das betroffene Paar, das wach wurde und sich änderte. Wenn wir in Gruppen an Konflikten arbeiten, ist es hilfreich, davon auszugehen, daß die Gruppe den Konflikt braucht, um sich selbst zu verstehen.

In Konflikte zu geraten kann die Art der Gruppe sein, ihre eigenen Teile kennen und schätzen zu lernen und so ihr ganzes Selbst zu realisieren.

Vielleicht finden Sie eher den Mut, sich auf einen Konflikt einzulassen, wenn Sie verstehen, daß Ihre persönliche Rolle in diesem Konflikt wirklich diejenige eines Zeitgeistes in einem globalen Feld ist. Egal, welches die Eigenarten Ihrer Rolle sein werden: Wenn Sie sie mit Bewußtheit übernehmen, helfen Sie damit dem Feld, sich selbst kennenzulernen.

2. Erkennen

Nachdem Sie zuerst versucht haben, den Konflikt zu vermeiden, besteht der nächste Schritt darin, ihn zu erkennen. Manchmal ist der Konflikt nicht einfach zu erkennen, manchmal ist er auch offensichtlich. Hier sind einige typische Zeichen und Signale, daß ein Konflikt besteht:

- verbale Uneinigkeit,
- Fehlen von offener Kommunikation,
- durch Raum und Zeit getrennt bleiben,
- über den anderen Teil klatschen,
- über den anderen Teil schlechte Träume oder Phantasien haben,
- dem anderen Teil gegenüber mißtrauisch und argwöhnisch sein.

3. Bösartigkeit abklären

Gewisse Konflikte sind geringfügiger, andere ernsthafter. Konflikte wie derjenige des Mannes und der Frau weiter oben, welche das Leben in einer Partnerschaft zu zerstören drohen, sind bösartige Konflikte.

Wenn Sie sich fragen, wann Sie an einem Konflikt arbeiten sollten, überlegen Sie sich, ob der Konflikt bösartig ist. Ist ein Konflikt bösartig, sollten Sie ihm Ihre volle Aufmerksamkeit zuwenden. Ob allerdings ein Konflikt bösartig ist oder nicht, ist eine individuelle Ermessensfrage. Manchmal gibt es keinen Konsens. Hier folgen einige meiner Ideen darüber, was einen Konflikt bösartig macht, so daß er bearbeitet werden sollte:

- Das Problem schwärt vor sich hin, erzeugt schlechte Gefühle und wird mit der Zeit immer schlimmer.
- Die Leute haben schon lange darüber geklatscht. Der Klatsch ist negativ und zieht immer größere Kreise.
- Das Problem zeigt keine Neigung, sich selbst zu lösen, und ruiniert die Atmosphäre so sehr, daß die Menschen versuchen wegzubleiben.
- Sie vermeiden das Problem aus Hoffnungslosigkeit, und weil Sie es nicht aufzugreifen wagen.
- Immer mehr Leute werden in den Konflikt verstrickt.

4. Eine bewußte Wahl treffen, sich auf den Konflikt einzulassen

Wenn Sie versuchen wollen, den Konflikt zu lösen, sollten Sie sich vorbereiten. Der Moment, sich auf einen Konflikt einzulassen, ist dann am günstigsten, wenn Sie ihn selbst bewußt wählen. Menschen, welche sich ohne Vorbereitung auf Konflikte einlassen, mögen sich darin gut behaupten, aber diejenigen, welche nach einer bewußten Entscheidung in einen bösartigen Konflikt einsteigen, sind unvermeidlicherweise erfolgreicher und profitieren mehr von der Erfahrung. Sie sollten deshalb andere Betroffene nicht zum Erscheinen zwingen, denn auch sie brauchen Zeit, um sich vorzubereiten.

Bewußtheit und Mut

Die beste Vorbereitung ist Bewußtheit. Bewußtheit kann in der Konfliktlösungsarbeit wichtiger sein als Mut. Mut gibt Ihnen ein Gefühl der Stärke und kann Sie dazu verleiten, zu gewinnen und andere zu überwältigen, sogar wenn Sie Angst haben. Wenn Sie an der Bewußtmachung Ihrer Gefühle arbeiten, werden Sie freier vom Druck des Gewinnens oder Verlierens, und Sie werden großzügiger und ruhiger an die Sache herangehen können.

Angst und Furcht

Wenn Sie Angst haben, fragen Sie sich nach dem Grund. Sind Sie ängstlich, weil das Unbekannte Sie aufregt, oder haben Sie Angst zu verlieren? Furcht polarisiert uns, entweder stark oder schwach zu sein. Untersuchen Sie Ihre Motive. Wenn Sie Bewußtheit suchen, spielen Schwäche und Stärke keine Rolle mehr.

Wenn Sie immer noch Angst haben, versuchen Sie herauszufinden, wovor. Wenn Sie vor Ihrem Gegenspieler Angst haben, fragen Sie sich, ob Sie auch vor Ihrer eigenen Kraft und Wut Angst haben. Oft fürchten wir die Gewalttätigkeit und Wut der anderen, weil wir keinen Zugang zu unserer eigenen Kraft haben. Einige unserer Ängste sind auf unsere eigenen unerkannten Kräfte zurückzuführen.

Übung

In Konfliktlösungsseminaren, welche wir geleitet haben, hat sich die folgende Übung als eine gute Vorbereitung zur Konfliktarbeit bewährt:

Vergegenwärtigen Sie sich einen Konflikt, den Sie gern bearbeiten möchten. Denken Sie an den Konflikt und beantworten Sie die folgenden Fragen:

- Was ist Ihr Grund, nicht auf diesen Konflikt einzugehen? Falls Sie Angst haben, stellen Sie sich vor, vor wem oder was Sie sich fürchten, und experimentieren Sie damit, diese Person oder dieses Ding zu sein.
- Haben Sie Angst, während des Kämpfens Ihre Bewußtheit zu verlieren? Werden Sie dann unbewußt, schwindlig oder geraten in eine besondere Stimmung? Auf welche Stimmung sollten Sie besonders achten? Wie könnten Sie sich an diese Stimmung erinnern und sie besser gebrauchen?

5. Den Konfliktpartner/die Konfliktpartnerin ansprechen

Wenn Sie festgestellt haben, daß es einen bösartigen Konflikt gibt und sich vorbereitet haben, auf diesen einzugehen, sind Sie jetzt vermutlich bereit, das Problem anzupacken. Überprüfen Sie noch einmal, ob Sie bereit sind.

Bereiten Sie alles vor

Wenn Sie bereit sind anzufangen, bereiten Sie alles Nötige vor. Springen Sie nicht einfach hinein, sondern versuchen Sie eher, eine Zeremonie zu schaffen, ein Konfliktritual. Erinnern Sie sich an die Haltung der Kampfsportarten, an ihre Genauigkeit und Bewußtheit. Setzen Sie eine Zeit und einen Ort fest, mit dem beide Seiten einverstanden sind. Wenn Sie einfach loslegen, ohne Ihren Gegner zu konsultieren, werden sie beide sich schließlich über die richtige Methode streiten und nie zur Sache selbst kommen.

Wenn sich die Gegenpartei zu erscheinen weigert, können Sie innerlich am Problem arbeiten. Denken Sie daran, Konflikte sind Feldprobleme, und nur der jeweilige Zeitpunkt entscheidet, wann an der Spannung innerlich gearbeitet werden soll, wann in einer äußeren Auseinandersetzung und wann in einem Gruppenprozeß.

Diesmal wollen wir uns vorstellen, es sei ein gemeinsames Treffen möglich. Vielleicht wollen Sie die folgenden Schritte aufschreiben und bei Bedarf einsetzen. Sie können diese Ideen auch mit Ihrem Widersacher austauschen, denn in dieser Art Arbeit gibt es keine geheimen Strategien; das Ziel ist Bewußtheit, nicht Gewinnen.

Sprechen Sie das Problem an

Wenn Sie das Problem ansprechen, erklären Sie auch Ihre Motivation, weshalb Sie den Konflikt durcharbeiten wollen. Sie können sogar erwähnen, daß Sie auf Frieden hoffen oder daß Sie an den Koalitionen leiden, die sich um den Konflikt herum gebildet haben. Dies ist die Zeit, um über Ihre Ziele und Motivationen zum Austragen des Konflikts zu sprechen.

Fragen Sie Ihre Gegnerin, ob sie bereit wäre, auf das Problem einzugehen. Bringen Sie das Konfliktthema nicht einfach auf den Tisch, sondern fragen Sie, ob sie bereit ist, daran zu arbeiten. Sollte sie sich weigern, fragen Sie danach, ob sie eine Idee habe, wie man den Konflikt lösen könnte. Wenn ihre Lösung für Sie nicht annehmbar ist, erkundigen Sie sich, ob sie die Hilfe eines Facilitators oder irgendeine Form von professioneller Hilfe beiziehen möchte. Wenn alle Ihre Vorschläge zurückgewiesen werden, greifen Sie den Konflikt innerlich auf, und versuchen Sie, ihn dort zu lösen. Wieder gilt es zu bedenken, daß nicht alles direkt ausgetragen werden kann und muß, gewisse Probleme sind eine Angelegenheit für innere Zeitgeister.

6. Die eigene Ausgangsposition bewußt wahrnehmen

Gehen wir davon aus, daß Sie und Ihr Partner bereit sind, mit der Konfliktlösung fortzufahren. Der nächste Schritt besteht darin,

Bewußtheit darüber zu entwickeln, wo im Konfliktfeld Sie im Moment stehen. In einem Konflikt gibt es verschiedene Standpunkte: sind Sie neutral, auf der Seite der anderen Person oder auf Ihrer eigenen Seite?

Diese Fragen sind nur für Sie gedacht, nicht für Ihr Gegenüber. Verlangen Sie nur von sich selbst, Bewußtsein über diese Dinge zu entwickeln, verlangen Sie nicht, daß Ihr Gegenüber sich verändern oder bewußt werden soll. Darauf zu bestehen, daß sich Ihr Gegenüber verändert oder etwas tun soll, könnte eine unrealistische und inflationäre Idee sein.

Wie die Frau im obigen Beispiel werden viele Menschen merken, daß sie eigentlich die Partei ihres Gegenübers ergreifen. Wenn Sie das Bedürfnis fühlen, Ihren Partner zu beschützen, dann tun Sie dies, unabhängig von Ihren Motiven. Machen Sie sich hier keine Sorgen wegen Ihrer Gründe. Vielleicht beschützen Sie Ihren Gegner, weil Sie Angst haben, seine Freundschaft zu verlieren. Unterstützen Sie ihn so kongruent wie möglich.

Vielleicht sind Sie in einer neutralen Position. Fühlen Sie sich eher distanziert, kühl und unbeteiligt? Möglicherweise sind Sie wirklich sehr souverän in diesem Konflikt. Dann machen Sie weiter, indem Sie Ihre Neutralität ausdrücken.

In anderen Fällen sagt Ihnen Ihre Aufmerksamkeit, daß Sie von Ihrer eigenen Seite besessen sind. Falls dies so ist, sollten Sie damit anfangen, Ihren eigenen Standpunkt darzulegen.

7. Die eigene Seite vertreten

Viele überspringen diese Stufe der Konfliktarbeit und gehen sofort auf die Seite der anderen Person oder drücken ihre Neutralität aus. Sie werden sich aber irgendeinmal genötigt sehen, für Ihre eigene Seite einzutreten, unabhängig davon, was sonst noch geschieht.

Erkennen Sie Ihre Gefühle

Viele von uns müssen lernen, wie sie erkennen können, was sie eigentlich fühlen. Wenn Sie Ihre Gefühle erkundet haben, drücken

Sie sie direkt aus. Seien Sie genau mit Ihren emotionalen Erfahrungen. Wenn Sie wütend sind, seien Sie wütend. Verstecken Sie es nicht. Zeigen Sie es, drücken Sie es aus, und dann lassen Sie los, wenn Sie es genug ausgedrückt haben. Seien Sie so echt wie möglich in bezug auf Ihre Bedürfnisse, Schmerzen, Ängste, Wut oder Eifersucht.

Wenn Ihr Partner vor Gefühlen Angst hat, versuchen Sie, diese in verschiedenen Kanälen auszudrücken. Dies bedeutet zum Beispiel, daß Sie Ihre Wut in einem Bild ausdrücken könnten, statt zu schreien und zu fuchteln. Versuchen Sie, Bilder zu benutzen, um Ihrem Gegenüber seinen Zustand zu beschreiben.

Vergessen Sie die Zeitgeister nicht. Es ist hilfreich, sich an das Feld zu erinnern: was Sie fühlen, kann ein Teil der ganzen Welt sein. Es kann eine Rolle sein, ein Zeitgeist in einem Feld, welcher nicht genügend ausgedrückt wird. In so einem Fall tun Sie das, was sie tun, für alle.

Arbeiten Sie an Ihren veränderten Bewußtseinszuständen. Vielleicht haben Sie es vermieden, Ihre eigene Seite zu vertreten, weil Sie Angst vor Ihrer eigenen Wut, Verletzung, Enttäuschung oder Liebe haben. Die hier aufgelisteten Schritte werden nichts nützen, bis Sie auch diejenigen Gefühlszustände studiert haben und kennen, welche Sie lieber unterdrücken.

Nehmen Sie sich einen Moment Zeit und überlegen Sie, von welchen Gefühlen Sie in Konfliktsituationen überfallen werden: Angst, Wut, Traurigkeit und so weiter. Versuchen Sie, diese Gefühle zu fühlen und für sich selbst auszudrücken. Finden Sie heraus, welche Grenzen Sie diesen Gefühlszuständen gegenüber haben, und arbeiten Sie daran, diese Zustände zu akzeptieren.

Es ist wichtig herauszufinden, welche Grenzen Sie in diesem Gebiet haben. Welche Gefühle können Sie ausdrücken? Mit welchen wollen Sie sich nicht identifizieren? Wenn Sie gewisse Ihrer Gefühlszustände nicht mögen, ist es wichtig, dies zuzugeben. Denn wenn Sie versuchen, einen bestimmten Teil Ihrer Gefühle zu unterdrücken oder Ihre Abneigung diesen Gefühlen gegenüber zu verstecken, wird Ihr Partner dies merken und Sie beschuldigen, zu lügen oder unehrlich zu sein.

Das Vertreten der eigenen Seite kann auf viele Arten geschehen. Eine Möglichkeit besteht darin, daß Sie von den inneren Erfahrungen sprechen, welche Sie haben. Wenn Ihre Gefühle nicht klar sind, sollten Sie vor Ihrem Gegenspieler an sich selbst arbeiten. Fragen Sie sich laut nach Ihren inneren Wahrnehmungen, danach, welche Gefühle, Bilder und Erfahrungen sich in Ihnen abspielen. Dann folgen Sie diesen Erfahrungen und sprechen Sie darüber, wann und wie sie auftreten.[1)]

8. Zur Neutralität deeskalieren.

Achten Sie darauf, wenn Sie sich nicht mehr wohlfühlen.

Nachdem Sie Ihre eigene Seite vertreten und Ihre Gefühle ganz und offen geäußert haben, werden Sie sich vielleicht an einem gewissen Punkt nicht mehr wohlfühlen in Ihrer Position: Ihr Gegner tut Ihnen vielleicht leid, vielleicht fühlen Sie, daß Sie zu einseitig sind, vielleicht stellen Sie fest, daß Sie mit sich selbst nicht mehr ganz einig sind.

Es kann aber auch andere Stimmungsveränderungen geben. Es gibt Menschen, welche starke Gefühle scheuen. Oft unterdrücken die kulturellen Normen das Äußern von Gefühlen, besonders im Zusammenhang mit Konflikten, und erzeugen deshalb ein Schuldgefühl in uns, daß wir das Thema überhaupt berührt haben. Falls Sie sich schuldig fühlen, den Konflikt überhaupt aufgebracht zu haben, zwingen Sie sich nicht zum Weitermachen. Ziehen Sie sich zurück.

Achten Sie auf Ihre eigenen De-Eskalationssignale und folgen Sie ihnen.

Geben Sie sich selbst die Erlaubnis, sich zu verändern. Wenn Sie die eigene Seite stark genug vertreten haben, ist es gut möglich, daß Sie anfangen zu deeskalieren. De-Eskalationssignale wie z.B. eine ruhiger werdende Stimme, Wegrücken und Wegschauen oder einfach abflauendes Interesse sind Anzeichen, daß sie anfangen, sich zurückzuziehen.

Wenn Sie bemerken, daß Sie körperlich wegrücken, greifen Sie dies bewußt auf. Fahren Sie nicht fort, sich wütend oder verletzt zu benehmen, wenn Sie es gar nicht mehr sind. Achten Sie auf Ihre Tendenz, auf Ihrer eigenen Seite in Wut und Verletzung stecken zu bleiben. Wenn Sie von diesen Gefühlen nicht loskommen, treten Sie noch einmal für Ihre Seite ein, aber versuchen Sie dann, loszulassen und in die neutrale Position zu gehen.

Wenn Beteiligte in der eigenen Sichtweise steckenbleiben, geschieht dies meistens, weil sie entweder diese Sichtweise nicht umfassend genug dargestellt haben oder weil sie sich damit identifiziert haben und die Bewußtheit nicht mehr haben, die eigenen De-Eskalationssignale wahrzunehmen und aufzugreifen.

9. Von Natur aus neutral sein.

Einige Menschen werden feststellen, daß sie sich in der neutralen Position befinden. Es gibt viele Gründe, in der neutralen und keiner Partei verpflichteten Position zu sein. Gewisse Menschen sind von Natur aus neutral. Manchmal werden Sie merken, daß Sie sich selbst als nicht verstrickt erleben, weil Sie die Gefühle „verbrannt" haben, welche früher für Sie typisch waren. Wenn Sie sich auf eine solche Weise frei und unparteiisch fühlen, treten Sie aus dem Konflikt heraus, und sprechen Sie darüber, sonst wird es Ihre Partnerin bemerken und Ihnen vorwerfen, Sie seien reserviert.

Auch Neutralität ist noch immer eine Position im Beziehungsfeld. Wenn Sie neutral werden, treten Sie aus Ihrer vorherigen Position heraus. Gehen Sie wirklich körperlich weg, so daß Sie sich klar von der Position oder dem Gefühl, das Sie vorher besetzt haben, entfernen. Schauen Sie von der neutralen Position aus auf sich selbst (Ihre vorherige Position) und Ihre Widersacherin.

Erinnern Sie sich an die vorher erwähnte Frau? Nachdem sie die Seite ihres Mannes vertreten hatte, schaute sie von außen auf sich selbst und sah, was als nächstes kommen mußte. Treten Sie also aus Ihrer Rolle, werfen Sie einen Blick auf Ihre Partnerin und sich selbst, und erstatten Sie Bericht darüber, wie Sie und Ihre Partnerin aussehen.

Wenn Sie aus der Polarisation heraustreten, versuchen Sie, genau auf sich selbst in Ihrer früheren Position zu schauen. Beschreiben Sie Ihrer Partnerin, was Sie sehen, wie Sie sich selbst nun von außen wahrnehmen. Vielleicht wird Ihnen etwas über sich selbst klar: wie Sie zu wachsen versuchen, was Sie in der Beziehung erreichen möchten. Teilen Sie dies Ihrer Partnerin mit. Versuchen Sie, ihr ein Bild davon zu vermitteln, wo Sie gerade stehen, als würden Sie von einer Bergspitze herunterschauen.

Wagen Sie es, auch auf Ihre Partnerin zu schauen. Vielleicht haben Sie eine Empfehlung für sie. Glauben Sie, daß sie etwas tun könnte, um ihren Standpunkt besser zu vertreten? Möchten Sie ihr auf irgendeine Weise helfen? Wenn Sie das Gefühl haben, daß sie Hilfe braucht, ist dies der Moment, um Ihre neutrale Distanz wieder zu verlassen und in den Konflikt zurückzugehen. Aber diesmal auf der anderen Seite.

10. Die gegnerische Seite vertreten

Die gegnerische Seite zu übernehmen wird als Konfliktlösungsmittel nur funktionieren, wenn es echt ist. Viele von uns vertreten die Gegenseite, ohne diese Position wirklich zu fühlen. Entweder tun wir es nur, weil wir sollten, und passen uns zu schnell an, oder wir benehmen uns wohlmeinend und überlegen. Wenn Sie die Seite Ihres Partners nicht kongruent übernehmen können, versuchen Sie herauszufinden, ob Sie immer noch auf Ihrer eigenen Seite sind oder ob Sie sich neutral fühlen.

Mitgefühl haben

Vielleicht empfinden Sie Ihrem Widersacher gegenüber Mitgefühl. Falls dies geschieht, nicht aus Pflichtgefühl, sondern einfach von selbst, verlassen Sie Ihren Standpunkt, und fragen Sie, ob Sie hilfreich sein könnten. Setzten Sie diese Regung dazu ein, Ihrem Gegner zu helfen, seine Position besser auszudrücken.

Die Signale lesen

Wirklich die andere Seite zu übernehmen, bedeutet mehr, als nur einfühlend zu sein. Beobachten Sie Ihren Gegner. Schauen Sie genau, wie er dasteht, wie er Sie anschaut, und versuchen Sie, sich die Gefühle vorzustellen, welche er hat. Helfen Sie ihm, diese auszudrücken.

Mißbrauchen Sie diese Gelegenheit nicht dazu, Ihren Gegner nachzuäffen. Provozieren Sie ihn nicht, sondern gebrauchen Sie Ihre Bewußtheit und Ihr Mitgefühl, um zu entdecken, wer er ist. Sollte es dennoch geschehen, daß Sie ihn provozieren oder nachäffen, dann provozieren Sie ihn direkt.

Das Feedback überprüfen

Der Maßstab, wie gut Ihnen das alles gelingt, ist das Feedback Ihres Gegners. Sie haben die Signale Ihres Konfliktpartners richtig erfaßt, wenn er sich zurücklehnt und entspannt oder wenn er von dem, was Sie getan haben, berührt ist und sich vielleicht sogar bedankt. Sogar eine Fehlinterpretation der Signale Ihres Gegners kann sich zu etwas Nützlichem entwickeln. Wenn Sie sich in bezug auf die Gefühle und Gedanken Ihres Gegners getäuscht haben, können Sie ihn bitten, Sie zu korrigieren.

Es gibt wichtige psychologische Gründe dafür, auch die Seite des Konfliktpartners zu übernehmen. Wir geraten mit anderen in Konflikte wegen gewisser Teile unserer selbst, auf welche wir ebenso wütend sind wie auf unsere äußeren Gegner. Wir würden nämlich nicht in einen solchen Konflikt geraten, wenn nicht ein Teil unserer selbst mit dem Gegner übereinstimmen würde.

11. Kreisen

Nachdem wir unsere Bewußtheit eingesetzt haben, um unsere eigene Seite, diejenige des Partners und die neutrale Position zu übernehmen, wird der Konflikt sich entweder auflösen oder zu kreisen anfangen und damit eine neue Ebene erreichen. Vielleicht entschuldigen Sie oder Ihr Partner sich dafür, verletzend gewesen zu sein. Neue Themen, neue Reaktionen oder neue Gefühle steigen auf. In diesem Stadium des Konfliktes geht die Arbeit weiter wie bisher. Gebrauchen Sie Ihre Bewußtheit, arbeiten Sie an sich selber, und finden Sie heraus, was Sie wirklich fühlen und auf welcher Seite Sie jeweils gerade stehen. Wenn Sie Ihre Gefühle nicht kennen oder sich inkongruent und verloren fühlen, treten Sie heraus auf die neutrale Position. Schauen Sie von außen auf sich selbst, und beraten Sie sich selbst von der neutralen Position aus.

Denken Sie daran, daß der Konflikt unabgeschlossen sein könnte, weil Sie entweder die eigene Seite nicht genügend ausgedrückt oder die Position Ihres Gegenübers nicht ganz verstanden haben.

12. Das Feld verlassen

Rückzug

Wenn Sie festgestellt haben, auf welcher Seite Sie sich anfänglich befunden haben, und nachdem Sie diese Seite genügend ausgedrückt haben und allen Wechseln gefolgt sind, werden Sie vielleicht feststellen, daß Sie und Ihr Gegenüber sich irgendeinmal von selbst zurückziehen. Es ist eine sehr subtile Sache, diesen Augenblick zu erkennen. Benutzen Sie Ihre Bewußtheit, um festzustellen, ob es einen Moment leichter Entspannung gibt, die Andeutung eines Lächelns, einen winzigen Seufzer der Erleichterung. Hören Sie in einem solchen Fall auf, und verlassen Sie das Feld.

Dies ist ein extrem wichtiger Moment bei der Bearbeitung eines Konfliktes. Es ist leicht, Signale dieser abschließenden De-Eskalation zu verpassen, denn die meisten Menschen vermeiden Konflikte so lange, daß sie schließlich, wenn sie endlich drin sind, auf diesen Zustand süchtig werden und ihn nicht mehr loslassen wollen. Achten Sie deshalb auf allfällige De-Eskalationssignale, und seien Sie dann bereit, Ihrem Gegenüber zu vergeben, ebenso wie sich selbst.

Lernen

Vielleicht sind Sie und Ihr Gegenüber gleichermaßen fasziniert von etwas, was sie gelernt haben. Wenn dies der Fall ist, versuchen Sie herauszufinden, was Sie über Ihre Partnerin oder sich selbst gelernt haben. Gibt es eine Möglichkeit, diese neuen Einsichten auszutauschen?

Wenn Ihre Gegnerin auf eine Gelegenheit wartet, Ihre Seite zu erleben

Vielleicht will Ihre Gegnerin mehr über Sie lernen. Bis jetzt haben wir angenommen, daß nur Sie sich für Konfliktlösung interessieren, weil es die Arbeit in einem frühen Stadium zu sehr eingeschränkt hätte, wenn wir verlangt hätten, daß beide Teile bereit sein müssen, am Konflikt zu arbeiten. Dennoch könnte Ihre Gegnerin daran interessiert sein, mehr über Sie und über Ihre Sichtweise des Konflikts herauszufinden. Dies könnte der Moment sein, in dem ein wirklicher Austausch einsetzt.

LehrerIn werden

Manchmal möchte Ihre Partnerin sogar von Ihnen etwas über Konfliktlösung lernen. Dies wäre dann der Moment, Ihre Rolle als Partei in einem Konflikt endgültig hinter sich zu lassen und Ihr Wissen über Konfliktarbeit zu teilen.

13. In einer Gruppe arbeiten

Am einfachsten ist es, wenn sich beide Seiten des Konflikts auflösen und alles in Ordnung ist. Es ist aber oft so, daß Freunde oder Nachbarinnen damit fortfahren, über den Konflikt zu reden, sogar nachdem die beiden Seiten ihre Auseinandersetzung auf der persönlichen Ebene abgeschlossen haben. Dies bedeutet, daß die Zeitgeister noch immer da sind und nicht, daß die beiden Kontrahenten noch mehr bearbeiten müssen. Der Konflikt ist jetzt eine Gruppen- oder Feldangelegenheit, welche auch durch Gruppenarbeit aufgegriffen werden muß. Dies ist der Moment, um Rollen zu bestimmen und aufzustellen und die Gruppenmitglieder zu bitten, diese Rollen zu übernehmen, bis der Konflikt auch in der Gemeinschaft gelöst ist. (Wie in Kapitel 3 und 4 beschrieben.)

14. Zurück zur individuellen Arbeit

Wenn Konfliktlösungsarbeit zwischen verfeindeten Lagern in Großgruppen nicht zu einer Lösung führt, kann das Problem vielleicht doch mit individueller Arbeit angegangen werden. Alle Betroffenen könnten dann die beiden Seiten im Konflikt als Teile ihrer selbst betrachten, welche nach einer persönlichen Lösung verlangen. Dies ist der richtige Zeitpunkt, in einem Gruppenprozeß die Ebene zu wechseln und alle Beteiligten zur Arbeit auf der individuellen Ebene einzuladen, so daß sie persönliche Antworten auf kollektive Probleme suchen können.

Zusammenfassung

1. Prozessieren Sie Konflikte, wenn sie auftauchen. Warten Sie nicht, bis sie unnötig polarisiert werden.

2. Wenn Sie Konflikten ausweichen, weil Sie hoffnungslos und ängstlich sind, schaffen Sie Abhilfe, indem Sie sich in Konfliktarbeit üben.

3. Gebrauchen Sie Ihre Bewußtheit, um herauszufinden, in welcher Position Sie gerade sind: auf Ihrer eigenen Seite, auf der Seite der Gegenpartei oder in einer neutralen Position.

4. Wenn Sie auf Ihrer eigenen Seite steckenbleiben, haben Sie vielleicht Ihre wirklichen Gefühle noch nicht genügend erkannt, oder Sie sind durch die andere Person verletzt worden und können Ihre Verletztheit und Wut nicht ausdrücken.

5. Fühlen Sie sich neutral, bleiben Sie nicht in dieser Position, um den Konflikt zu vermeiden oder um sich überlegen und unbeteiligt zu benehmen. Gebrauchen Sie Ihre Neuralität, um sich selbst und Ihrem Gegenüber zu helfen, indem Sie den Konflikt von außen betrachten und Empfehlungen geben.

6. Die Dinge, welche Ihnen von Ihren Gegnern vorgeworfen werden, sind, wenn auch vielleicht nur ein bißchen, Ihre eigenen Doppelsignale und Gefühle, welche Sie wirklich haben oder gehabt haben. Vergessen Sie nicht, daß Ihr Gegner auch ein Teil von Ihnen ist, der wütend ist über etwas in Ihnen.

7. Niemand gewinnt in einem Konflikt, bis sich beide Parteien verstanden fühlen und etwas über das Thema oder die Natur des anderen erkannt haben. Erleuchtung ist eine Felderfahrung: niemand kann erleuchtet sein, bevor alle sich erleuchtet fühlen.

Konfliktlösungsübung

1. Wählen Sie einen Freund, welcher Ihnen bei dieser Übung helfen kann.

2. Beschreiben Sie einen wirklichen Konflikt mit einem wirklichen Gegner, den Sie gerade jetzt in Ihrem Leben haben.

3. Lassen Sie Ihren Freund den Gegner spielen.

4. Übernehmen Sie kräftig Ihre eigene Seite.

5. Achten Sie darauf, wann Sie sich auf Ihrer eigenen Seite nicht mehr wohl fühlen, und werden Sie dann entweder neutral oder übernehmen Sie die Seite Ihres Gegners.

6. Gehen Sie zurück zu Ihrer ursprünglichen Rolle, und stellen Sie fest, ob sich etwas geändert hat. Falls sich nichts geändert hat, machen Sie weiter, bis der Konflikt verschwindet oder bis beide Seiten das Gefühl haben, gewonnen zu haben.

7. Erweitern Sie diese Arbeit um neue Methoden und Schritte, und schreiben Sie mir darüber.

9. Kapitel

Minoritätenbewußtheit

Das nächste Jahrhundert wird ein entscheidendes ungelöstes Problem erben: die Unterdrückung von Menschen aufgrund von ethischen, rassischen, religiösen, sozialen, ökonomischen oder geschlechtlichen Faktoren.

Einerseits bin ich entsetzt über die Art, wie Minoritätengruppen überall auf der Welt behandelt werden, andererseits bin ich auch fasziniert von ihren Potentialen. Die Minoritätenposition enthält nicht weniger als den Schlüssel zur Zukunft. Und Individuen, welche die herrschenden Mächte durch ihre abweichenden Ideen und Lebensstile stören, verkörpern eine wichtige Gelegenheit, unser globales Bewußtsein zu heben.

Dieses Kapitel beschreibt die Entwicklung und das Training, welche wir dafür einsetzen können, den Standpunkt der Minderheiten für uns selbst, für unsere Gruppen und für die Welt zu unterstützen.

Das Verleugnen von Minderheitenthemen

Viele von uns sind sich nicht klar darüber, daß wir unbewußt andere unterdrücken. Sogar psychotherapeutische und spirituelle Gruppen, die sich nicht direkt in soziale Dinge einmischen, sind implizit voreingenommen oder sogar rassistisch und sexistisch. Heute reicht es nicht mehr, wenn eine Gruppe sagt, sie sei für jedermann offen, da implizite ökonomische und soziale Zwänge viele Menschen daran hindern, sich solchen Gruppen ganz anzuschließen. Therapeutische Gemeinschaften sind besonders dadurch rassistisch und sexistisch, daß sie eine Tendenz haben, sich nur mit innerseelischen und individuellen Themen zu beschäftigen, denn nur diejenigen, welche genug Geld zum Leben haben, können es sich leisten, eine Menge Zeit für sich selbst und ihre engsten Beziehungen aufzuwenden.

Die ausschließliche Beschäftigung mit dem eigenen Innenleben kann an sich rassistisch, unsozial und diskriminierend sein. Spirituelle Traditionen und Therapien der Zukunft müssen ins öffentliche Leben eingreifen, wenn sie dazu beitragen wollen, eine lebenswerte und unterstützenswerte Zukunft zu schaffen. Sie müssen ihre Vertreterinnen und Vertreter dazu ausbilden, repressive Annahmen wie z.B. die Vorstellung, daß Schwule und Lesben neurotisch seien, zu verstehen und zu prozessieren. Sonst wird die Beschäftigung mit dem eigenen Innenleben zum Privileg für Menschen der gehobenen Mittelklasse, welche z.B. heterosexuell sind oder ihre wahre Natur unterdrücken, um den gängigen Vorstellungen der Gesellschaft zu entsprechen.

Das Fehlen von Interesse an Minderheitenanliegen ist also eine Art, wie die Mehrheit Gruppen unterdrückt, welche wenig politische Macht haben. Eine zweite Art besteht darin, von den Mitgliedern dieser Gruppen zu erwarten, daß sie sich schnell von der Traurigkeit und Wut über ihre Unterdrückung erholen müssen. Warum können wir den Schmerz eines unterdrückten Menschen so schlecht aushalten? Wir erinnern uns doch alle daran, wie schmerzhaft es war, als Kind von Erwachsenen verletzt zu werden, und wie lange wir darüber wütend und deprimiert waren. Warum haben wir so wenig Toleranz gegenüber Menschen aus unterdrückten Gruppen, welche voll Schmerz aus Jahrhunderten des Mißbrauchs weinen?

Es ist eine erneute Unterdrückung, wenn wir von einer mißbrauchten Minderheit erwarten, negative „Projektionen“ zurückzunehmen und sich ruhig zu verhalten, einfach weil die Mehrheit keinen Lärm erträgt. Der einer Minderheit angehörende Mensch leidet nicht nur unter dem Mißbrauch, der sich in der Vergangenheit zugetragen hat, sondern auch unter der gegenwärtigen Intoleranz seinem Leiden gegenüber.

Die Wut und Gewalt, welche wir in unserer Umgebung spüren, kommt nicht nur aus unserem seelischen Innenleben. Es gibt in der Außenwelt so vieles, was nie aufgegriffen und bearbeitet wurde und wird. Denken wir nur an alle Schrecken, welche der schwarzen Bevölkerung in den USA von den Weißen angetan wurden, an die unerfüllten Versprechungen der amerikanischen Bürgerrechtsdeklaration, an die gegenwärtige Verfolgung der Homosexuellen überall auf der Welt, an die Art, wie Frauen ständig herabgesetzt werden und an die unrealistisch heroischen Erwartungen der Gesellschaft den Männern gegenüber. Auf diesem Hintergrund ist es um'so einleuchtender, daß ständige Selbstkritik und Minderwertigkeitsgefühle bei Angehörigen einer Minderheit nicht Zeichen einer persönlichen Neurose sind.

Unterdrückte einzelne und Gruppen sind in einer schwierigen Position. Durch ihre bloße Existenz verkörpern sie eine Sichtweise, ein Thema oder eine Meinung, die derjenigen der Mehrheit entgegengesetzt ist. Minderheiten haben wenig Wahlmöglichkeiten. Sie können tun, was von ihnen verlangt wird, ihre Natur und ihre Ansichten unterdrücken und sich den kollektiven Anforderungen anpassen oder sich auflehnen. Nur wenige Glückliche sind in der Lage, alles von außen betrachten zu können und sich friedlich für eine Veränderung einzusetzen, indem sie die Mehrheit erziehen, und nur wenige haben in ihrem Schmerz einen Zustand von innerer Losgelöstheit erreicht, der ihnen eine solche Haltung ermöglicht.

Überall auf der Welt sind Individuen und Gruppen in Konflikten zwischen Mehrheit und Minderheit polarisiert, auch wenn es eine starke Neigung gibt, das Vorhandensein von Repression zu leugnen oder zu ignorieren.

Dazu möchte ich ein Beispiel geben: Yanoov[1)] berichtet, daß die Bewohner einer kleinen Stadt in Israel 1985 folgende Gegensatz-Gruppen in ihrer Stadt aufzählten:

Männer-Frauen
Junge-Erwachsene
Arme-Reiche
Konservative-Liberale
Arbeiter-Intellektuelle und Gelehrte

Kriminelle-anständige BürgerInnen
Fundamentalisten-Freidenkergruppen
Aschkenazim (Westjuden)-Sephardim (Ostjuden)
Im Land geborene Israeli-Einwanderer
Falken-Tauben
Regierende-Opposition

Aber nicht eine Person in dieser Stadt erwähnte in den Interviews den arabisch-jüdischen Konflikt!

Das Leugnen eines so zentralen Minoritätenproblems ist charakteristisch für die ganze Welt. Wichtige Minderheitenthemen werden von uns allen unterdrückt, geleugnet und ignoriert, nicht nur von repressiven Regierungen.

Ich habe Schwarze und Weiße gleichermaßen in Südafrika leugnen hören, daß es ein Schwarz-Weiß-Problem gebe. Wie oft wird in Kalifornien über das Problem der Diskriminierung der hispanischen und asiatischen Einwanderer gesprochen? Wenige Bewohnerinnen einer Mittelklassestadt in New England würden ihre Reaktionen thematisieren wollen, wenn schwarze Familien in ihrer Nachbarschaft einziehen. Schweizer reden nicht gern darüber, daß die schweizerische Neutralitätsidee durch die zum Teil offene Diskriminierung der ausländischen Arbeiterinnen und Arbeiter ebenso verraten wird wie durch den Zulauf zu neonazistischen Gruppen. Auch Japanerinnen erwähnen diskriminierende Maßnahmen gegen ausländische Gruppen in ihrem Land lieber nicht. Und so ziemlich in jeder Gruppe auf der Welt gibt es heutzutage irgendeine Form von Diskriminierung der Frauen und der Homosexuellen.

Angehörige von Minoritäten und extreme Gruppenzustände

Wenn sich in einer Gruppe ein Individuum zu Wort meldet, welches eine unpopuläre Minderheitenansicht vertritt, kann die Situation schnell sehr heiß werden und zu einem gewalttätigen und chaotischen Extremzustand eskalieren[2]. Wenn eine Organisation oder Gruppe anfängt, ihre abgewerteten, unterdrückten oder sonstwie unbewußten Sekundärprozesse anzuschauen, bedeutet dies automatisch, daß ihre primären Ideen und Ziele zurückgestellt werden müssen, was oft eine heftige Reaktion auslöst. Infolgedessen empfinden diejenigen, welche an der Macht sind, Angehörige von Minderheiten und Minderheitsgruppen oft als Störerinnen.

Dennoch befinden sich eine Stadt oder ein Land auf einem selbstzerstörerischen Kurs, wenn sie einen Teil ihrer selbst mit Gewalt unterdrücken. Das Gesetz der Selbstbalance zeigt, daß die Gegensätze schließlich ein neues Gleichgewicht suchen. Ein gewaltsamer Akt in die eine Richtung wird irgendwann durch einen gewaltsamen Akt in die andere Richtung beantwortet.

Es ist unmöglich, eine Minderheitenposition ganz zu unterdrücken, denn diese Position ist die Verkörperung eines Zeitgeistes. Ein Individuum oder eine Untergruppe, welche ihre abweichende Meinung in eine Gruppe oder Organisation einbringen, können zwar getötet werden, aber ihre Botschaft bleibt bestehen. Sogar wenn die Minderheit vertrieben oder zur Unterwerfung gezwungen wird, kann ein Zeitgeist nicht getötet werden. Auf verschiedene Arten wird er der primären Ausrichtung der Gruppe einen Strich durch die Rechnung machen. Es mag scheinen, als habe die Minderheit eingelenkt, doch der Gruppengeist und die Atmosphäre werden sogar in einer großen Organisation schließlich durch eine Stimmung ruiniert, welche von Ressentiment; Mißtrauen und Haß geprägt ist.

Unterdrückt zu werden ist eine so schwere und schmerzliche Erfahrung, daß sich viele Aufstände von Minderheiten spontan und mit so viel Wucht ereignen, daß wenig oder gar keine Bewußtheit vorhanden ist. Das Bedürfnis, sich zu rächen und die Verletzungen weiterzugeben, welche man selbst erlitten hat, gibt es überall auf der Welt, wo Minoritätenprobleme zu brennen anfangen.

Es ist die unglückliche Folge des Konflikts zwischen Angehörigen von Minoritätengruppen und der Mehrheit, daß Angehörige von Minderheiten üblicherweise nicht fähig oder nicht willens sind, sich selbst und dem Ganzen weiterzuhelfen. So kommt es, daß die Minderheitengruppen sich oft verhalten wie diejenigen, welche Macht haben: Beide Teile sind nur an ihrer eigenen Sichtweise interessiert. Um so wichtiger ist es deshalb, die Ausnahmen von dieser Tendenz zu bemerken, z.B. die Bürgerrechtsbewegung in den 60er Jahren in den USA.

Das Fehlen eines Metakommunikators

Die Struktur eines typischen Mehrheits-Minderheits-Konfliktes zeichnet sich dadurch aus, daß es keinen Metakommunikator gibt, keinen neutralen Zeugen des Konflikts. Revolutionen haben immer nur zwei Teile, den Unterdrückten und den Unterdrücker, die neuen Kräfte und die alte Macht. Ein dritter Teil, ein Metakommunikator, welcher außerhalb des turbulenten Sturmes stehen würde, fehlt.

Keine Seite fühlt sich fähig, die Metaposition von Neutralität und Fairneß einzunehmen, weil sich alle nur mit ihren Gefühlen von Verletztheit, Wut und Opfersein identifizieren, egal, um was es gerade geht. Alle sind einfach zu deprimiert oder erbost, um eine losgelöste Position einzunehmen oder die andere Seite sehen zu können. Der Minderheitenkonflikt stürzt das Feld in einen turbulenten und chaotischen Zustand, während die Außenwelt ohne Toleranz dabeisteht und denkt, daß beide Teile verrückt sind.

Die zuschauende Außenwelt versagt, wenn es um Metakommunikation geht. Sie verurteilt, diagnostiziert und behandelt eine Seite im Konflikt als unmenschlich. Eine Gruppe oder ein Land während einer Revolution wird vom Rest der Welt in der gleichen Art bestraft und pathologisiert wie jemand, der durch eine psychotische Episode geht, von den Ärzten, Familienmitgliedern und Kolleginnen.

Die Außenwelt, die sich für überlegen hält, ist genauso unbewußt über ihre Position wie die Konfliktparteien über die ihrigen. Alle Teile sind von ihren eigenen Zuständen besessen. Die Außenwelt ist nicht fähig, ihre Rolle im Konflikt zu sehen. Es gibt nämlich keine lokalen Schlachten. Jede lokale Schlacht ist ein Weltkrieg, an dem wir alle teilhaben.

Minoritätenbewußtheit

Es grenzt an ein Wunder, daß mitten in diesem Chaos Führer aufstehen, welche neue Beispiele geben, wie Probleme gelöst werden können. Martin Luther King und Mahatma Gandhi sind zwei solche Führer, welche versuchten, die Machtlosen aufzuwecken für ihre potentielle Stärke und Fähigkeit, über die Mächtigen hinauszuwachsen. Heute gibt es viele Frauen und Männer, welche in den Bewegungen für den Frieden und die Umwelt dasselbe tun.
Diejenigen unter uns, die an Veränderungen interessiert sind, sollten in einem ersten Schritt erkennen, daß die Gründe eines jeweiligen Konflikts mehr Aufmerksamkeit erhalten als die Art, wie mit diesem Konflikt umgegangen wird.

An vielen Orten der Erde gibt es zahlreiche verschiedene Minderheiten-Situationen: Schwarze und Weiße, Frauen und Männer, Dritte Welt und Industrienationen, Homosexuelle und Heterosexuelle, Arme und Reiche und so weiter. Unsere Versuche, für diese Themen Lösungen zu finden, lassen uns immer wieder vergessen, wie wichtig es ist, Konfliktlösung zu lernen. Wir werden häufig durch eine Rolle oder einen Zeitgeist besessen und vergessen unsere anderen Seiten. Indem wir nur auf unserer einseitigen Sicht bestehen, tragen wir dazu bei, die Welt in ein Durcheinander zu polarisieren, und schaffen es nicht, einen Überblick zu erlangen, der uns erlauben würde, die dauerhaften Veränderungen zu schaffen, die wir brauchen.

Wir sollten uns daran erinnern, daß es zwei Arten von Status Quo gibt. Die eine beruht auf der Unterdrückung, mit der die herrschende Macht dafür sorgt, daß das Leben so bleibt, wie es ist. Die andere entwickelt sich aus der blutigen Art, wie sich die Geschichte bis heute abgespielt hat, indem eine Gruppe schließlich die andere ablöst. Ein wirklicher Wechsel würde darin bestehen, eine neue Methode für Transformation zu entwickeln.

Die Psychologie der Minderheitsposition

Diejenigen, welche sich in der Minderheitsposition befinden, wissen dies normalerweise. Dennoch müssen wir uns manchmal daran erinnern, daß in einer Minderheitsposition Irritation zu Frustration wird, die zu Unbehagen, Wut und schließlich zu unerschütterlicher Einseitigkeit und Inflation führen kann. Die veränderten Bewußtseinszustände, welche wir als Angehörige einer Minderheit erleben, lassen uns den Überblick über unsere Situation verlieren.

Die Spaltung in Mehrheit und Minderheit ist für alle Felder grundlegend; nur die Themen und die Sprache ändern sich von Fall zu Fall. Es gibt in jedem Gruppenprozeß eine primäre Identität und eine sekundäre, welche nicht anerkannt wird. Diese Spaltung ist immer von Spannungen, Ausgrenzungen, Wut und Haß begleitet. Es ist für Individuen und Gruppen unumgänglich, Minderheiten zu schaffen, sobald sie eine Identität schaffen, welche erlaubtes von unerlaubtem Verhalten unterscheidet. Jede Gruppe hat eine Identität, welche festsetzt: „Wir sind dies und nicht jenes!"

Im folgenden zähle ich einige typische Minderheiten-Erfahrungen auf:

1. Sie wissen, daß Sie in einer Minderheitsposition sind, wenn Sie sich verurteilt, verfolgt, mißverstanden und unterschätzt fühlen.
2. Ihre Minderheitsposition wird meistens noch schwieriger, weil Sie sich nicht nur von der Mehrheit, sondern auch von Ihrer eigenen Gruppe nicht unterstützt fühlen. Möglicherweise finden Sie nicht einmal in Ihrer eigenen Gruppe Unterstützung für Ihre Ideen.
3. Sie fühlen sich verfolgt und würden, wenn Sie eine Gelegenheit dazu hätten, die Mehrheit verfolgen. Deshalb ist die Bezeichnung „Opfer" zur Beschreibung Ihrer Position nicht ganz angemessen. Ihre Frustration hat dazu geführt, daß Sie manchmal Ihrem Gegner gleichen.

4. Sie sind wie die Mehrheit in der Art, wie Sie mit sich selbst umgehen. Sie verfolgen sich mit Selbst-Zweifeln und machen sich so zu Ihrem eigenen Opfer. Vielleicht zweifeln Sie sogar heimlich an Ihrer eigenen Gruppe und deren Ideen.
5. Sie fühlen sich von der Mehrheit herablassend behandelt. Oft gesteht man Ihnen die Privilegien des Erwachsenseins nicht zu und behandelt Sie wie außerhalb der Gesellschaft stehend, wie ein Kind oder eine unzurechnungsfähige Person. Wenn Sie dann Ihren eigenen Standpunkt darlegen sollten, werden Sie sogar feststellen, daß Sie aus irgendeinem Grund Ihre Meinung nicht kohärent darlegen können.
6. Sie haben manchmal Mühe, Dinge klar genug zu formulieren, um verstanden zu werden. Ihre Unfähigkeit, Ihren Standpunkt klar darzulegen, deprimiert Sie, und Sie meinen, es sei Ihr Fehler. Da die Dinge, welche Sie beschäftigen, von anderen vielleicht nicht wahrgenommen und geschätzt werden können, haben Sie manchmal den Eindruck zu spinnen.
7. Sie haben Angst zu sprechen, weil Sie dann verhaftet oder verletzt werden könnten, vielleicht Ihren Job verlieren oder sterben würden.
8. Sie haben manchmal das Gefühl, wie ein Narr oder eine Außenseiterin zu sehen, was andere nicht sehen, und weiser zu sein. Tatsächlich sind Sie weise, närrisch und außenstehend. Die Rolle der Weisen, des Narren und der Außenseiterin werden in den meisten Gruppen unterdrückt. Sie müssen verkörpert werden. Stehen Sie für Ihre Position ein, und repräsentieren Sie sie, denn das Feld braucht dies.
9. Sie fühlen sich verwirrt, unruhig und paranoid. Sie können sich auf nichts konzentrieren, und Sie haben das Gefühl, die Leitung oder die Regierung habe es auf Sie abgesehen.
10. Sie brauchen Hilfe, aber Sie können es nicht zugeben. Darum suchen Sie Koalitionen mit anderen außerhalb der Situation. Sie fühlen sich zu schwach, um mit dem Feld so umzugehen, wie es ist. Sie sollten sehr bewußt nach Koalitionen suchen. Sorgen Sie dafür, daß Sie die Hilfe bekommen, die Sie brauchen.

Ermutigung

Leider gibt es kein Training dafür, einer Minoritätengruppe anzugehören. Mit dieser Idee befinden wir uns in einem ziemlich neuen Gebiet. Als Angehörige von Minderheiten sollten Sie davon ausgehen, daß Sie vom Feld, in dem Sie leben, gebraucht werden, damit dieses mehr über sich selbst herausfinden kann. Der kollektive Traumkörper ist auf uns alle angewiesen, um sich in seinen vielfältigen Aspekten umfassend ausdrücken zu können. Sie werden allen helfen und ein Kanal für die Gruppe sein, wenn Sie Minderheitenmeinungen und -Positionen einbringen, denn diese gehören zum Feld.

Eine Minderheitsposition drückt das Leiden im ganzen Feld aus und Sie sollten verstehen, daß viele nicht fähig sein werden, zuzuhören. Ihre Position ist für andere verwirrend. Dennoch könnten Sie allen helfen, wenn es Ihnen gelingt, sich einzubringen. Wenn Sie sich jedoch mit Ihrer Minderheitsposition identifizieren, steigt die Wahrscheinlichkeit, daß Sie Schaden nehmen. Treffen Sie eine bewußte Wahl, ob Sie nichts tun und hoffnungslos bleiben, an Ihrer Zurückhaltung festhalten oder ihre Wut ausdrücken wollen.

Eine Heldin oder ein Held zu sein kann für andere bedeutungsvoll sein, aber es kann auch heißen, daß Sie verletzt werden. Sie müssen sorgfältig abwägen, ob sterben, den Job verlieren, eingesperrt werden oder verletzt werden das ist, was Sie brauchen. Es gibt eine Zeit für alles: für das Warten, für Facilitation und dafür, eine charismatische Heldin zu werden.

Das spannungsgeladene Konfliktfeld kann in Ihnen Todesphantasien erzeugen. Wenn es Zeit ist, sich vom äußeren Konflikt zu lösen und mit der Facilitationsarbeit weiterzumachen, dann verfolgen Sie Ihre Todesphantasien auf einer inneren Ebene weiter. Versuchen Sie sich selbst im übertragenen Sinn zu „töten“ und aufzuhören, sich mit ihrem bisherigen Ich zu identifizieren. Jetzt werden Sie vielleicht zu etwas anderem, als zu einem normalen Konfliktteilnehmer. Sie sind nicht mehr Opfer, Held oder Mörderin, sondern eine objektive, faire Zeugin, welche frei ist, alles zu tun, auch die anderen zu wecken. Ob Ihnen dies gelingt, hängt sowohl vom Zeitgeist als auch von Ihrer Fähigkeit zu innerer Arbeit ab.

Empfehlungen für die Arbeit aus der Minderheitsposition

1. Kenne Dein Monster

Die meisten Gruppen benehmen sich freundlich, wenn alles gut geht. Dennoch wird auch die netteste, zivilisierteste, großzügigste Gruppe zu einem kriegsdurstigen Monster werden, wenn sie gestört wird. Dies ist ein Grund, warum wir Angst haben, uns öffentlich zu exponieren.

Deshalb ist es eine der wichtigsten Aufgaben, die Identität der Gruppe, ihren primären Prozeß zu studieren und zu beobachten. Nur wenn wir die Gruppe sorgfältig studiert haben, werden wir darauf vorbereitet sein, mit dem Monster umzugehen, wenn es aufwacht.

2. Füttere Dein Monster

Lernen Sie, das Monster zu füttern. Das Monster zu füttern heißt fähig zu sein, es zu befriedigen und zu beruhigen, so daß Sie nicht bei lebendigem Leib gefressen werden und die Möglichkeit für eine Veränderung offen bleibt. Wenn Sie das Gruppenmonster nicht füttern, wird es sich wie ein eingekesseltes und panikerfülltes Tier verhalten. Es fühlt sich bedroht, spürt die Todesgefahr und wird gewalttätig reagieren.

Wenn Sie andere aufwecken wollen, ist es Ihre erste Aufgabe, eine Bühne für die Auseinandersetzung vorzubereiten, indem Sie die Natur der Mehrheit anerkennen und realisieren, daß beide Positionen, jene der Mehrheit und Ihre eigene, Zeitgeister sind, welche sich mit und ohne Ihre Mithilfe ändern werden!

Wenn Sie herausfinden wollen, in was für einer Art Gruppe Sie sich befinden, stören Sie sie ein bißchen, und entdecken Sie, welche Art Monster im Raum ist. In einem ersten Schritt sollten Sie analysieren, mit welcher Art von primärem Prozeß Sie in dieser Gruppe im Konflikt sind. Im folgenden zähle ich einige Arten von Gruppenidentitäten auf.

Human und gönnerhaft

Ihre Gegner können äußerlich human handeln, aber Verhalten unterdrücken, welches von ihrem eigenen abweicht. Sie sind freundlich, bis eine Minderheitenmeinung aufkommt, und vernichten dann jeden, der oder die für eine unpopuläre Meinung einsteht.

Auch hier ist die einfachste Empfehlung, den primären Prozeß zu „füttern". Füttern Sie die Humanität der Gruppe. Unterstützen Sie ihre Identität, und erinnern Sie sie daran. Machen Sie der Gruppe Komplimente dafür, daß sie human ist. Machen Sie ihr Komplimente dafür, daß sie offen ist für neue Ideen, sogar wenn diese zeitweise unbequem sein könnten.

Humanitär ausgerichtete Gruppen benehmen sich oft so, wie wenn alle gleich wären, und nehmen vielleicht nicht wahr, daß in ihren Versammlungen genausoviel Macht ausgeübt wird wie an irgendeinem anderen Ort der Erde. Je größer die Hoffnung auf eine führerlose und auf Gleichwertigkeit beruhende Gruppe ist, desto unsichtbarer ist normalerweise die Macht. In einer solchen Gruppe haben diejenigen, die etwas sagen wollen, oft Angst vor ihrer eigenen Kraft und brauchen eigentlich Ermunterung, um stark für ihre Macht einzustehen, denn ein paar DiktatorInnen auf Zeit könnten der Gruppe die Struktur geben, welche ihr fehlt.

Gesellig

Einige Gruppen sind wild und ausgelassen oder identifizieren sich damit, einfach Feste zu feiern. Sie sind mitten in einem ausgelassenen und lauten Trubel und weigern sich, ihre Party stören zu lassen. Wenn jemand sie stört, werden sie bösartig.

Füttern Sie auch dieses Monster. Rühmen Sie die Stimmung im Raum, und verfluchen Sie sich selbst, daß Sie etwas aufbringen müssen, was introvertiert ist oder nicht zu den gegenwärtigen Vergnügungen paßt. Versichern Sie ihnen, daß Sie, nachdem Sie geredet haben, geradewegs zur Party zurückkehren werden und daß alle Anwesenden dies ebenfalls tun können.

Beginnen Sie nicht zu sprechen, bevor alle damit einverstanden sind.

Förmlich und steif

Einige Gruppen benehmen sich steif und förmlich. Sie verachten Gefühle und persönliche Bekenntnisse. Sie haben strenge Kommunikationsregeln. In ihrem Kommunikationsstil gibt es manchmal lange Pausen und schwer erträgliches Schweigen.

Füttern Sie ihren Formalismus. Anerkennen Sie ihn, und ermuntern Sie die Gruppe, ihre Emotionen zurückzuhalten. Fragen Sie sie in einer sehr förmlichen und intellektuellen Art um Rat, wie man in diese Gruppe neue Ideen oder Gefühle einbringen könnte.

Wenn es sich um Geschäftsleute handelt, meinen Sie bestimmt, daß Emotionen kontraproduktiv sind und Effizienz und Produktivität hemmen. Füttern Sie diese Identität, indem Sie darauf hinweisen, daß dort, wo rationale Lösungen versagen, irrationale Emotionen die Atmosphäre klären und so bessere Resultate hervorbringen könnten. Sagen Sie ihnen, daß es ihre allgemein gute Effizienz beeinträchtigt, zu wenig Training für zwischenmenschliche Beziehungen zu haben.

Füttern Sie die Gruppe, indem Sie ihre Mitglieder nicht zwingen, gegen ihre eingefleischten Kommunikationsstile zu handeln. Bitten Sie alle Anwesenden darum, ihre Einwände und ihr Feedback aufzuschreiben und verlangen Sie nicht von ihnen, ihre Gefühle in der Gruppe auszudrücken.

Repressiv

Gewisse Gruppen oder Kollektive sind offen diktatorisch. Sie werden Ihre Meinung, Ihre Ideen oder Ihren Lebensstil unterdrücken, weil sie mit Ihrem Anliegen nicht vertraut sind oder aufgrund Ihrer Farbe, Rasse oder Religion. Mit einer solchen Gruppe umzugehen ist schwierig, weil sie voll unausgesprochener Konflikte ist, welche von ihrer Angst vor dem Unbekannten herrührt.

Kann man eine solche Gruppe füttern? Sagen Sie ihr, daß ihre Regeln und Einschränkungen offensichtlich den Sinn haben, das Beste für die Gruppenmitglieder zu erreichen. Aber erinnern Sie sie daran, daß der schnellste Weg, das Beste zu erreichen, darin besteht, sich ein kleines bißchen auf andere Menschen einzulassen, die sie vielleicht eines Tages brauchen könnten. Warnen Sie die Gruppenmitglieder, daß die Geschichte vielleicht eines Tages ihre Einseitigkeit zerstören könnte, wenn sie nicht versuchen, Kontakt zu machen.

Rassistisch

Wie die repressive Gruppe benimmt sich auch diese Gruppe oberflächlich freundlich und korrekt, vermeidet aber Kontakt mit denen, die nicht sind wie sie, weil ihre Mitglieder glauben, daß Fremde gefährlich, unmoralisch, dreckig oder wertlos seien. Typischerweise vermeiden sie Themen, die mit ihren Ansichten zu tun haben. Sie mögen sich aufgeschlossen benehmen, aber sie sind gegenüber neuen Sichtweisen zutiefst verschlossen.

Mit dieser Gruppe sollten Sie vorsichtig sein. Vielleicht können Sie abklären, ob Sie von Ihrer eigenen Position aus genug Distanz haben, um das folgende zu versuchen. Fangen Sie damit an, daß Sie bescheiden sind. Sagen Sie der Gruppe, daß Sie dasselbe Bedürfnis nach Sicherheit haben wie sie. Versuchen Sie, das Bedürfnis nach Sicherheit und Schutz zu Ihren Gunsten zu benutzen, indem Sie darauf hinweisen, daß die Welt sicherer würde, wenn die Angehörigen dieser Gruppe bereit wären, auf andere Meinungen zu hören und offen zu sein für verschiedene Arten von Menschen. Leben Sie Unvoreingenommenheit und Bescheidenheit vor, indem Sie ihnen alle Ihre Teile zeigen, auch die rassistischen.

Religiös

In einer religiösen Gruppe sind die Menschen durch ihren Glauben verbunden. Oft ist dieser Glaube einfach ein primärer Prozeß. Es könnte sich auch um eine psychologische Gruppe handeln, welche an persönliches Wachstum glaubt. Diese Glaubenssysteme müssen angesprochen werden, besonders dann, wenn die Mitglieder ihre diktatorische Tendenz nicht bemerken.

Gebrauchen Sie die tiefsten Interessen und Überzeugungen der Gruppe. Bevor die Gruppe die Wichtigkeit von Minderheitenproblemen erkennt, besteht Ihr erster Schritt darin, den primären Prozeß zu respektieren. Anerkennen Sie ihre Religion oder ihre Überzeugungen, indem Sie vielleicht etwas sagen wie: „Ihre Überzeugungen zeigen viel Liebe für die Menschen. Wie könnte diese Liebe im gegenwärtigen Moment praktisch aussehen?"

Nachdem Sie die Monster, welche auch immer, gefüttert haben, überprüfen Sie das Feedback. Warten Sie das verbale oder nonverbale Einverständnis der Gruppe ab. Warten Sie, bis die Gruppenmitglieder Ihre Meinung hören wollen, bevor Sie diese vortragen. Sonst wird sich die Gruppe Ihrem Kommunikationsstil widersetzen, und Ihre Anliegen werden vielleicht nie gehört.

Es ist wichtig, die Gruppe zu kennen, mit der Sie zu tun haben, und ihren primären Prozeß zu füttern. Übernehmen Sie den Rhythmus des primären Prozesses, sprechen Sie seine Sprache, gebrauchen Sie sein Timing. Wenn die Gruppe unter Zeitdruck ist, sollten auch Sie sich beeilen und nicht zuviel von der Gruppenzeit in Anspruch nehmen, sonst wird sie ärgerlich sein. Wenn die Gruppe nicht gern Gefühle zeigt, dürfen Sie niemanden dazu zwingen, Gefühle preiszugeben. Wenn Sie zu aufgebracht sind, um den vorherrschenden Gruppengeist zu schätzen, zeigen Sie Ihren Widerspruch, und machen Sie sich darauf gefaßt, mit dem Monster zu kämpfen.

3. An sich selber arbeiten

Es ist wichtig, den primären Prozeß der Mehrheit zu benutzen, nicht gegen ihn anzukämpfen, sondern ihn intakt zu halten. Sollte Ihnen dies aber nicht möglich sein, weil dieser primäre Prozeß Sie zu wütend macht, zu sehr verletzt oder stört, dann haben Sie keine andere Wahl, als entweder Ihre Wut herauszulassen und zu kämpfen oder an sich selbst zu arbeiten, um die nötige Distanz zu bekommen.

Vielleicht sind Sie dabei, ein Held zu werden. In diesem Falle schlage ich vor, daß Sie zuerst innerlich arbeiten. Stellen Sie sich den heroischen Akt vor, und wie Sie vielleicht gewinnen oder vielleicht beim Versuch, für Ihre Rechte einzustehen, verletzt oder getötet werden. Gehen Sie zuerst innerlich durch die ganze Szene, und phantasieren Sie über das Ende. Finden Sie heraus, wie es sich anfühlt, zu gewinnen oder zu sterben, vielleicht sogar nach Ihrem Tod vergessen zu werden.

4. Die eigene Seite heldenhaft übernehmen

Wenn die innere Arbeit Ihnen nicht die nötige Gelassenheit gibt, um den primären Prozeß der Mehrheit anzuerkennen, dann sollten Sie versuchen, das ganze Vorhaben in der äußeren Realität abzuschließen. Dies könnte gelingen, wenn die Situation einen Gruppenprozeß zuläßt.

Seien Sie heldenhaft und wach. Sprechen Sie über Ihr Dilemma, daß Sie nicht dazu imstande sind, die Gruppenidentität zu schätzen, und daß Sie wissen, daß es tödlich sein kann, für Ihre Seite einzustehen.

Vielleicht werden andere darauf reagieren. Ziehen Sie in Erwägung, daß Heldenhaftigkeit ein Zeitgeist für die Gruppe oder für diesen Zeitpunkt sein könnte. Lassen Sie andere ebenfalls an dieser heldenhaften Erfahrung teilnehmen. Wenn alles gut geht, könnten Ihre Arbeit und die Spannung in der Gruppe vorübergehend gelöst sein. Wenn nicht, gibt es immer einen nächsten Schritt: Stehen Sie für Ihre Seite in einer weniger dramatischen Art ein.

5. Die eigene Seite öffentlich prozessieren

Wenn wir davon ausgehen, daß Sie das Monster haben ansprechen und füttern können, ist auch hier der nächste Schritt, Ihre eigene

Seite zu übernehmen. Wenn Sie für Ihre Seite einstehen, ist es wichtig, daß Sie sich bewußt sind, daß Sie nicht nur für sich selber und für Ihre Gruppe sprechen, sondern auch für einige Mitglieder der Mehrheit und für einen Teil der ganzen Welt.

Die Position, welche Sie in einer Gruppe vertreten, ist nicht nur Ihre persönliche Sache, sondern auch die Position eines Zeitgeistes, welcher zu dieser Gruppe, diesem Ort und dieser Zeit gehört. Sie können mit Ihren Gefühlen und Ihrer Sicht nicht allein sein: Mindestens ein Mitglied der Mehrheit fühlt bestimmt wie Sie. Es wird für Sie und die Gruppe nicht sinnvoll sein, wenn Sie den Konflikt zu persönlich nehmen. Sie sind ein Kanal für einen Zeitgeist. Melden Sie sich zu Wort, und schaffen Sie eine Rolle für Ihre Ideen, eine Rolle, von der Sie sich auch wieder lösen können. Wenn Sie sich auch wieder von Ihrer eigenen Position lösen können, werden Sie eher als jemand empfangen, der oder die allen Teilen der Gruppe helfen kann.

Es kann auch sein, daß Sie Hilfe brauchen, um Ihre Rolle auszufüllen. Dann können Sie andere fragen, ob Sie dasselbe fühlen wie Sie. Aber hüten Sie sich davor, andere öffentlich zu zwingen, Sie zu unterstützen. Wenn Sie feststellen, daß niemand auf Ihrer Seite steht, erwähnen Sie in Ihrer Rede den Zeitgeist der Angst, die alle Minderheiten haben. Sprechen Sie von Ihrer Angst, verletzt oder aus der Gruppe ausgeschlossen zu werden oder ins Gefängnis zu kommen, weil Sie ein gewisses Thema aufgebracht haben. Vielleicht wollen Sie außerdem auch erwähnen, daß Sie nicht nur auf der Seite Ihrer eigenen Rasse, Religion, Geschlecht und Hautfarbe stehen, sondern daß Sie alle anderen Teile auch in sich haben.

6. Rollen wechseln

Wenn Sie Ihre Seite vertreten haben, werden Sie imstande sein, aufrichtig aus Ihrer Rolle herauszutreten und den anderen Zeitgeistern mit Ihrer Arbeit zu assistieren. Gehen Sie zwischen der Minderheits- und der Mehrheitsposition hin und her, und vergessen

Sie nicht, Neutralität als eine Position miteinzubeziehen. Wenn diese Anstrengung echt ist, werden die anderen fühlen, daß es Ihnen ernst ist und Sie vor allem an der Verbesserung des Ganzen interessiert sind.

7. Liebe

Wenn Sie sich von Ihrer Rolle lösen und anfangen, zwischen den Seiten hin und herzugehen, fühlen Sie vielleicht, wie viele andere vor Ihnen, eine Art Offenheit und Liebe für alle. Seien Sie nicht überrascht über dieses Gefühl von Freiheit und Freude daran, lebendig und in einem Konflikt zu sein!

Üben Sie, alle Positionen zu übernehmen und die Gruppenmitglieder dabei zu unterstützen, dasselbe zu tun, so daß die Gruppe ihre Ganzheit finden kann. Sie haben eine besondere Art Minderheitenposition eingenommen, welche ein Modell ist für eine globale Zukunft, die wir alle anstreben.

Jetzt sind Sie in der idealen Position, auf alle Seiten hören zu können. Anteilnehmendes Zuhören ist die Wurzel tiefer Demokratie. Es ist eine entscheidende Fähigkeit, mit der Konflikte gelöst werden können, und eine der seltensten Arten menschlichen Verhaltens. Anteilnehmendes Zuhören ist nicht losgelöst und kühl, sondern fühlt aktiv den Standpunkt der Minderheit mit und versteht die Mehrheit, denn das Radikale und das Konventionelle sind Teile eines jeden von uns.

Einfühlende Liebe realisiert vor allem, daß das Leben zu kurz ist, um auf einer Seite des Ganzen steckenzubleiben.

Fragen

1. Denken Sie an eine Phantasie, welche Sie gehabt haben, in welcher Sie von anderen abgelehnt werden. Ist diese Phantasie ein Symptom von Selbstkritik? Auf welche Art und wo sind Sie mit anderen in der Rolle einer Minderheit?

2. Was für Minderheiten gibt es in Ihrer Familie, Gruppe oder Stadt? Was unternehmen Sie, um diese Menschen wirklich zu kennen?

3. Was für ein Monster charakterisiert Ihre Familie, Gruppe oder Stadt? Entspannen Sie dieses Monster zuerst, indem Sie es füttern, bevor Sie versuchen, es zu ändern.

10. Kapitel

Rassismus und Kastenwesen

Von allen Problemen der heutigen Welt sind meiner Meinung nach der Rassismus und das damit verbundene Problem des Tribalismus wohl die heimtückischsten. Rassismus ist möglicherweise sogar schlimmer als Armut, denn auf meinen Reisen überall auf der Welt habe ich festgestellt, daß Freiheit von Diskriminierung und institutionalisiertem Rassismus die Menschen glücklicher macht als Geld.

In diesem Kapitel will ich den Rassismus erforschen, das Phänomen, daß sich eine Gruppe einer anderen auf Grund ihrer Hautfarbe, Abstammung, Religion, Sprache oder anderer Faktoren überlegen fühlt.

Rassismus und Tribalismus

Rassismus ist eine subtile Form von Misoneismus, von Haß und Intoleranz etwas Neuem und Unbekanntem gegenüber, mit der damit verbundenen Unsicherheit. Rassismus ist ein Zeitgeist, der uns alle berührt. Wer rassistisch ist, beurteilt andere Menschen aufgrund ihrer Zugehörigkeit zu einer Rasse und nicht als Individuen. Den „Anderen“ werden aufgrund ihrer Abstammung und Hautfarbe gewisse (meist unangenehme) Eigenschaften zugeschrieben, und sie werden als minderwertig betrachtet. Rassistinnen und Rassisten gehen anderen aus dem Weg. Die rassistische Gesinnung macht andere zu Sündenböcken für alle Teile von uns selbst, welche wir ablehnen.

Tribalismus ist eine Form von starker Loyalität der eigenen Familie, der eigenen Volksgruppe oder dem eigenen Stamm gegenüber. Tribalismus kann auch Loyalität dem religiösen Glauben einer bestimmten Volksgruppe und ihren Bräuchen oder dem Land gegenüber beinhalten, auf dem die Menschen leben.

Ich habe viele Israelis gehört, welche sich beklagten, die Araber seien gefährlich, weil sie sterben würden, um das Land zurückzubekommen, welches die Israelis im Sechstagekrieg gewonnen haben. Die Araber sagen aber dasselbe über die Israelis. Weiße Südafrikaner können die Bindung der Schwarzen an ihr Land nicht verstehen und hängen genauso an ihren Farmen.

Paradoxerweise hat die Welt mehr Verständnis für Tribalismus zwischen Menschen mit der gleichen Hautfarbe. Wir scheinen eine Tendenz zu haben, die Scheußlichkeiten zu übersehen, welche zwischen Gruppen gleichen Rasse, Religion oder Nationalität geschehen, aber wir können weniger gut über offensichtliche Verbrechen von Haß, Tribalismus und Rassismus zwischen verschiedenen Gruppen hinwegsehen.

Wie der Rassismus ist auch der Tribalismus ein Zeitgeist. Wir haben alle tribalistische Tendenzen. Wenn wir in einer tribalistischen Stimmung sind, verteidigen wir unsere Lieben, unser Heim oder sogar unser Auto bis zum Tod. Wir mißtrauen Fremden in unserer Nachbarschaft, Neuen in unserer Gruppe und allen, die ein bißchen abweichen von dem, was uns vertraut ist. Je mehr die Fremden anders aussehen und sich anders benehmen als wir, um so mehr lehnen wir sie ab. C.G.Jung würde sagen, sie sind unsere Schatten.

Das Kastensystem

Die Betrachtung der Ursprünge des indischen Kastensystems wirft möglicherweise ein Licht auf die Möglichkeit, wie Rassismus entstehen kann. Das alte indische Kastensystem war ein System von sanktioniertem Rassismus, in welchem die Menschen in gewisse Gesellschaftsschichten hineingeboren wurden und die Aufgaben und Anforderungen erfüllen mußten, welche von diesem Teil der Gesellschaft verlangt wurden. Das Kastensystem leitet sich aus dem indischen Glauben ab, daß Brahma, welcher den ersten Menschen Manu erschuf, alle Menschen auf Erden aus den verschiedenen Körperteilen Manus formte. Aus seinem Kopf stammen die heiligsten Menschen, die Brahmanen. Aus Manus Händen stammen die Richter und Krieger, die Kshatriyas. Aus Manus Schenkeln kamen die Handwerker und Kunsthandwerker, die Vaisyas, und aus den Füßen die Arbeiter, die Sudras, welche für andere arbeiten.

Es gibt im Hinduismus vier verschiedene Kasten. Die Brahmanen sind Priester und Philosophen. Sie studieren die heiligen Bücher, werden staatlich unterstützt, sind Vegetarier und baden zweimal täglich in fließendem Wasser. Die Kshatriyas regieren und verwalten die Gesetze. Sie bilden die gehobene Mittelklasse. Die Vaisyas beschäftigen sich mit den materiellen Bedürfnissen. Sie sind Händler, Bauern und Industrielle. Die Sudras dienen dem Rest als Angestellte und als Arbeiter in der Landwirtschaft, als Hausangestellte und als Gärtner.

Die Unberührbaren

Es gibt noch eine andere Menschengruppe in Indien, welche nicht ins Kastensystem paßt. Sie galt nicht als menschlich und für die Angehörigen der Kasten als gefährlich und ansteckend. Das Unglück und die Wut der Unberührbaren hat in Indien zu vielen sozialen Aufständen geführt.

Im hinduistischen Kastensystem repräsentiert Manu das Feld, und jede Kaste verkörpert eine Rolle oder einen Zeitgeist im Feld. Es gibt einen spirituellen Kopf, eine losgelöste Rolle für die Bewußtheit. Die Hände sind die Aufsicht für die Verwaltung, welche ihren Befehlen folgt. Die begabten Handwerker sorgen dafür, daß alles versorgt wird, und die Arbeiter erledigen die niedrigen Aufgaben. Es gibt aber auch eine „Nichtrolle“ für die Unberührbaren, für Menschen, mit denen sich niemand identifizieren will, welche ich anderswo die „Schatten der Stadt“ nenne[1)]. In jeder Stadt gibt es sie, es sind die psychisch Kranken, Landstreicher, Obdachlosen, Faulen und Visionäre.

Überall auf der Welt werden gewisse Menschengruppen als Unberührbare behandelt. Ihr Benehmen und ihre Gewohnheiten sind zu andersartig. Die Gesellschaft geht nicht auf ihre mißliche Lage ein und weigert sich, für sie zu sorgen und ihnen zu essen zu geben. Ganze Menschengruppen werden für eine Nation zu Schatten der Stadt: Sie sind derjenige Teil des globalen Feldes, den niemand will, derjenige Teil eines Landes, den anzuerkennen die Menschen hassen.

Das Kastensystem beschreibt die Rollen oder Organe in einem Gruppenkörper und identifiziert unbewußt Menschen mit Rollen. So wird auch ein Wertesystem geschaffen, in dem die Priester die Besten sind und die Unberührbaren die Schlechtesten. Weil die Menschen mit den Rollen gleichgesetzt werden, bedeutet dies Rassismus.

Deshalb muß man aus psychologischer Sicht sagen, daß es eine Art Rassismus ist, wenn Menschen über längere Zeit unabänderlich mit bestimmten Rollen identifiziert werden. Kein Individuum kann nur ein einziges Organ im Anthropos sein, in dem wir leben[2)]. Eine Persönlichkeit zu sein läßt sich eher damit beschreiben, eine Zelle im Blut des Anthropos zu sein. Jede Zelle wandert durch den ganzen Körper. Manchmal sind wir die Füße oder Arbeiter, manchmal der spirituelle Geist, manchmal die Hände, manchmal der Kopf.

Manchmal sind wir auch die Unberührbaren, besonders dann, wenn wir betrunken, deprimiert oder verrückt werden oder in veränderte Bewußtseinszustände geraten, die üblicherweise ignoriert werden. Wenn wir es so betrachten, sind Rassismus, Tribalismus und Separatismus Tendenzen, Menschen mit besonderen Zeitgeistern oder kulturellen Rollen zu identifizieren.

Rassismus als ein Zeitgeist

Von der Feldidee her gesehen füllen Individuen Rollen im Feld eines Landes aus; ebenso können Länder Rollen für ein noch größeres Feld besetzen. Darum könnten wir in Betracht ziehen, daß ein Land wie Südafrika bis 1990 die rassistische Rolle besetzt hat, aber auf keinen Fall das einzige rassistische Land im globalen Feld ist. „Apartheid" ist in Wirklichkeit eine Tendenz in jedem Land.

Mit anderen Worten hat der Rassenkonflikt in Südafrika eine lokale Realität, aber er ist gleichzeitig auch ein nichtlokaler Zeitgeist, der überall dort erscheint, wo Menschen aus verschiedenen Stämmen, Familien und Religionen, mit verschiedenen Hautfarben und Sprachen einander hassen. Deshalb gibt es keine Möglichkeit, sich vor „Südafrika" zu verstecken, es zu ignorieren oder zu boykottieren, weil dieser Aspekt von Südafrika ein Zeitgeist ist, der überall existiert. Und weil es ein Zeitgeist ist, kann das Problem nicht gelöst werden, indem man sagt, daß es nicht existiert. Die Probleme eines nichtlokalen Zeitgeistes können nicht gelöst werden, wenn man sie nur an einem Ort bearbeitet, sie müssen überall angegangen werden.

Der indische Urmensch „Manu" ist ein Symbol des menschenartigen Feldes, in dem wir leben. Wo immer wir uns als Teil einer Gruppe, einer Gemeinschaft, eines Stammes, einer Stadt, einer Nation oder der Welt fühlen, erzeugen wir ein „Manu"-Wesen.

Sogar Obdachlose in den Straßen haben ihre eigene „Manu"-Kultur: diejenigen, welche sich als „Tramps" identifizieren, sagen mir zum Beispiel, sie seien besser als „Bums", welche sich nie mit irgend etwas auseinandersetzten.

Nach dem Prinzip der Nichtlokalität im Feld können wir an einem örtlich entfernten Problem arbeiten, indem wir es in unserer gegenwärtigen Situation bewußt machen. Wir leben in einer Welt, in der es keine fremden Themen mehr gibt. Die Vorstellung, daß die ganze Welt auch in uns selber existiert, ist nicht mehr nur ein transpersonaler oder archetypischer Glaubenssatz, sie ist eine praktische und politische Notwendigkeit.

Weil wir immer die Tendenz haben, gewisse Teile von uns selbst gegenüber anderen Teilen zu bevorzugen, besteht der Anfang unserer Arbeit am Rassismus darin, ihn in unserem Inneren zu erkennen und anderen gegenüber so klar wie möglich zuzugeben. Wir können nur dann unsere eigenen Vorurteile anschauen und ganzheitlicher werden, wenn wir eigene inneren Teile, welche wir nicht anerkannt haben, übernehmen.

Dies erinnert mich an ein Beziehungsproblem, welches ich hatte, als ich mit einer Gruppe in Kenya arbeitete. Mitten in einer Gruppensitzung sagte mir eine schwarze Frau, sie sei Weißen gegenüber mißtrauisch. Ich versuchte, sie zu verstehen und bat sie, mir zu verzeihen, daß ich weiß sei. Ohne ihr Mißtrauen zu beachten, streckte ich meine Hand aus und forderte sie auf, mir und meiner ausgestreckten Hand entgegenzukommen.

Sie schaute weg und wiederholte, sie traue mir nicht. „Warum willst du mich besser kennenlernen?" fragte sie mißtrauisch. Ich verteidigte mich schwach, anstatt einzusehen, daß sie mit ihrem Zweifel an mir recht hatte.

Wenn ich ganz ehrlich hätte sein können, hätte ich zugegeben, daß ich tatsächlich log. Ich hatte sie gönnerhaft behandelt und war nicht wirklich daran interessiert, sie zu treffen. Sie war mit ihrem Verdacht ehrlicher als ich mit meiner ausgestreckten Hand. Ich war nämlich verletzt und wütend auf sie, weil sie mir mißtraute. Sogar als ich sagte, ich wolle ihr begegnen, dachte ich heimlich, sie sei mir gegenüber rassistisch wegen meiner weißen Hautfarbe.

Plötzlich fühlte ich mich wie in einer Minderheitsposition. Ich fühlte mich unterlegen und zurückgestoßen. Als mir dies klar wurde, begriff ich ihre Gefühle besser. Ich beklagte mich darüber, ausgeschlossen zu sein, und sie lachte. Für eine kurze Sekunde fielen der schwarze und der weiße Zeitgeist zusammen, und wir wurden einfach beide wieder Menschen.

An anderen Orten habe ich mich besser verhalten, besonders wenn ich nicht direkt betroffen war. Einmal arbeitete ich mit einer gemischtrassigen Gruppe, in welcher sich ein schwarzer Mann darüber beklagte, daß er vom Rest der Gruppe, vorwiegend weißen Teilnehmerinnen und Teilnehmern, ignoriert und übergangen werde. Ein weißer Mann erhob sich ebenfalls und verkündete, daß er Schwarzen nicht traue und nicht zu Schwarzen nett sein wolle, nur weil sie schwarz seien!

Als ich den weißen Mann herausforderte, mit dem Vertrauen zu experimentieren, das er nicht zu haben glaubte, sagte er:" Ich würde nie einem schwarzen Mann meinen Rücken zudrehen." Ich empfahl ihm, es zu versuchen, und er war widerwillig bereit, seinen Rücken gegen seinen schwarzen „Gegner" zu drehen. Alle hielten den Atem an, um zu sehen, was zwischen den beiden Männern geschehen würde. Der schwarze Mann überraschte alle, als er, nach einem Moment des Zögerns, den weißen Mann umarmte.

Diese Männer prozessierten zwei miteinander im Konflikt stehende Zeitgeister, indem sie ihre Gefühle klar ausdrückten und dann verwandelten. Sie standen dort, einer den anderen von hinten umarmend, und dadurch berührten sie die übrigen hundert Menschen im Raum tief. Sogar jene, welche nie jemanden in der Öffentlichkeit umarmt hätten, wurden dadurch dazu bewegt, es zu tun.

Verschiedene Teile, wie schwarz und weiß, sind nicht nur Menschen, sondern auch Zeitgeister. Schwarze, Weiße, Asiatinnen, Araber, Israelis und Afrikanerinnen sind alle ganz einfach Menschen, die für den momentanen Zeitgeist stehen.

Wenn wir unsere Identitäten als momentane Zeitgeister betrachten, verlieren wir zwar unsere alten Identitäten, aber paradoxerweise erweitern wir gleichzeitig unsere Identität zu jener der ganzen Welt. Unser Verhaftetsein in unserer Nationalität, unserem Geschlecht, unserer Rasse, unserer Religion und unserem Alter löst sich auf, wenn die Verbindung zu anderen Zeitgeistern stärker wird.

Ich wurde in den USA geboren, habe aber einen Teil meines Lebens in Europa gelebt. Zudem fühle ich mich asiatisch, afrikanisch und australisch. Ich fühle mich als Japaner, weil ich in einem Zenkloster in Kyoto ein mächtiges religiöses Erlebnis hatte. Ich wurde in Afrika durch unsere Heiler im Busch außerhalb von Mombasa als afrikanischer Mann initiiert. Als ich in Indien war, hatte ich déja-vu-Erlebnisse, bei denen ich mich an Straßen erinnerte, die ich noch nie gesehen hatte.

Wenn ich mich von der Welt in die Schweizer Alpen zurückziehe, sieht mein Nachbar aus wie unser nächster Nachbar in Oregon. Die Schweiz und Oregon sind keine getrennten Orte, sondern Felder, welche sich reproduzieren, wohin wir auch immer gehen. Auf dieselbe Weise gibt es mich nicht, sondern nur einen vorübergehenden Zeitgeist, der durch ein spezielles Feld zu einer bestimmten Zeit an einem bestimmten Ort geboren wurde.

Separatismus und Unterschiede

Wir müssen jedoch auch darauf achten, die Linien, die uns trennen, nicht zu vergessen. Obschon es Teile der Welt gibt, die eine Vereinigung erfahren, gibt es auch viele andere, welche gespalten werden und sich schnell auseinanderentwickeln.

Ich denke an Jerusalem, welches heute die heilige Stadt der Unterschiede ist. Es ist in Viertel aufgeteilt, von denen die Christen, Juden, Armenier und Araber je eines besetzen. Jeder Teil ist durch Soldaten, Waffen und Feindseligkeit von den anderen getrennt.

In einer einzigen Stadt sind vier Zeitgeister im Konflikt, voneinander getrennt durch Todesfurcht. Es gibt eine große Lektion zu lernen in Jerusalem. Ungeachtet der Sehnsucht der Welt nach Frieden und Einheit gibt es ein gleich starkes und wichtiges Verlangen nach Unterscheidung. Einheit und Harmonie können als Ideale tyrannisch ethische Zentriertheit verhindern. Jerusalem erinnert uns daran, daß wir, bevor wir Einheit haben können, klar die Rollen und Zeitgeister im Feld definieren müssen. Wir müssen den Tribalismus anerkennen, das Bedürfnis, zu einem bestimmten Stamm gehören. Wir müssen die Sehnsucht unterstützen, zu einem bestimmten Ort, einer Gemeinschaft und einer Gruppe zu gehören. Die Menschen müssen sich heimisch, besonders und einzigartig fühlen, bevor man von ihnen verlangen kann, sich mit anderen zu vereinigen.

Aus diesem Blickwinkel betrachtet ist Rassismus eine gewalttätige Überkompensation für die Tyrannei von Einheit und Harmonie, welche keinen Respekt vor Unterschieden hat.

Rassische und religiöse Spannungen prozessieren

Weil wir alle dafür verantwortlich sind, Rassenspannungen lösen zu helfen, finde ich, daß wir alle mitwirken sollten, die typischen rassischen und religiösen Spannungen im Mittleren Osten zu lösen und zu prozessieren. Stellen Sie sich einmal vor, in die folgende Situation zu geraten.

Sie sind in einem israelischen Flughafen und warten auf das Einsteigen in einen Inlandflug. Die Passagiere müssen besondere Sicherheitskontrollen über sich ergehen lassen. Schwarzgekleidete orthodoxe Juden rücken in eine Ecke nahe beim Fenster, um zu beten. Eine Mitpassagierin, eine säkulare Jüdin, lehnt sich zu Ihnen und beschwert sich bei Ihnen über das „Palästinenserproblem". Sie sagt, daß die Palästinenser ihr Leben dafür hingeben, um Juden zu töten. Was würden Sie ihr sagen?

Die Sicherheitsvorkehrungen im Flughafen sind streng. Eine ständige Angst vor Terrorismus liegt in der Luft. Schwer bewaffnete Flughafenpolizei durchsucht die Passagiere nach Waffen und Bomben. Die Männer werden in den Herrentoiletten untersucht, die Frauen in den Damentoiletten. Wo ist das Böse? Der Terrorist?

Am Flughafen von Tel Aviv nehmen Sie ein Taxi in Ihr Hotel, der Taxifahrer merkt, daß Sie Europäer sind und beklagt sich bei Ihnen, die Europäer seien Antisemiten, weil sie die Palästinenser unterstützen.

Wie fühlen Sie sich? Was sagen Sie ihm?

Sie gehen zum Essen, und Ihr Kellner ist ein Palästinenser. Er rät Ihnen, den Israelis nicht zu glauben, weil sie alle lügen, da sie nicht wollen, daß die Touristen bemerken, wieviel Spannungen und Schwierigkeiten es im Land gibt. Plötzlich beginnt er um sich zu schauen und bekommt Angst, daß ein versteckter Agent sein Gespräch mit Ihnen sehen könnte. Er hat Angst, verhört und geschlagen zu werden.

Deprimiert und traurig geworden über das, was Sie gesehen und gehört haben, gehen Sie vor das Hotel und schauen zum wunderschönen Mittelmeer. Sie sehen Blut, nicht Wasser. Welches sind die Zeitgeister in diesem Feld? Wie können Sie der Situation helfen? Was sollen Sie sagen oder tun? Was fühlen Sie?

Stellen Sie sich vor, daß auf Ihrem Heimweg Ihre schlimmsten Befürchtungen wahr werden: Ihr Flugzeug wird von einem Terroristen entführt. Sind Sie vorbereitet? Erinnern Sie sich daran, daß

Terroristen voller Wut sind. Sie werden alle verantwortlich machen für ihre Situation, sogar die unschuldigen Kinder. Terroristen halten sich nicht an humanitäre Grundsätze. Sie glauben nicht an direkte Konfrontation, sondern bevorzugen Guerilla-Kriegsführung und terroristische Taktik. Sie sind bereit, ihr eigenes Leben für ihre Überzeugung zu opfern. Sie kämpfen für ein Ideal. Der Zeitgeist des Terrorismus ist gewalttätig und kämpft für seinen Gott. Wo ist er?

Meine politische Plattform ist eine Geschichtstheorie. Alle sind zu einem Teil verantwortlich für das Miterschaffen unseres globalen Feldes. Jeder, der Rassenspannungen oder Konflikte wie die oben beschriebenen miterlebt, ist zum Teil dafür verantwortlich. Ja sogar diejenigen, die nur von diesen Vorfällen hören, sind mitverantwortlich. Selbst wenn Sie einen rassistischen oder terroristischen Zwischenfall am Fernsehen sehen, sind Sie dafür mitverantwortlich, denn Ihre Reaktionen sind Teil der allgemeinen Spannung, die nicht prozessiert wird.

Wenn Sie den Terrorismus-Zeitgeist in sich selbst verleugnen und sich erlauben, nur als nette Person zu leben und Ihre spontanen Bedürfnisse nach Konflikt und Konfrontation zu unterdrücken, wenn Sie nicht für ihre höchsten Glaubenswerte einstehen, wenn Sie allen möglicherweise heftigen Auseinandersetzungen aus dem Weg gehen, dann werden andere diesen Zeitgeist besetzen müssen. Und es gibt keine Garantie, daß diese es mit mehr Bewußtsein tun werden als Sie.

Rassenprobleme können nicht nur dort gelöst werden, wo sie am offensichtlichsten sind. Nichts kann in einem globalen Feld nur an einem Ort oder nur in einer Gruppe gelöst werden. Innere Arbeit mit Konflikten und lokale und globale Gruppenarbeit müssen alle zusammenwirken.

Fragen

1. Wann haben Sie sich zum letztenmal wie ein Terrorist gefühlt?

2. Waren Sie schon einmal eine Unberührbare in Ihrer Gruppe?

3. Was können Sie tun, um Minderheitenprobleme und terroristisches Verhalten in Ihrer Nähe oder in Ihrer Gruppe zu lösen?

4. Identifizieren Sie Vorurteile gegen eine Gruppe, welche Sie jetzt haben oder früher gehabt haben. Wo haben Sie diese Vorurteile gelernt?

5. Inwiefern benehmen Sie sich manchmal wie die Gruppe, gegen welche Sie Vorurteile haben?

6. Denken Sie über die Möglichkeit nach, daß diese Gruppe einen Aspekt Ihrer selbst verkörpern könnte.
   Wie könnten Sie das Benehmen dieser Gruppe mehr für Ihr eigenes Benehmen gebrauchen?
   Wann sollten Sie es weniger gebrauchen?

11. Kapitel

Frauen und Männer

Ich glaube, daß der dritte Weltkrieg seit dem Anfang des zwanzigsten Jahrhunderts im Gange ist. Der dritte Weltkrieg ist der Krieg zwischen Frauen und Männern. Die Frauen überall auf der Welt sind dabei aufzuwachen, und viele von ihnen sind wütend auf Männer, welche rigide patriarchale Standpunkte vertreten. Auch die Männer fangen gerade erst an, die Tiefe und den Wert ihrer eigenen Natur zu erkunden, und einige von ihnen haben das Gefühl, daß die Frauen dafür verantwortlich seien, alte und wichtige männliche Werte unterdrückt zu haben. Diese Konflikte sind fast universell, wir finden sie in den USA, in Europa, Afrika, Japan und Indien.

Der Mann-Frau-Konflikt läßt sich mit dem Problem vergleichen, das wir beim ersten Menschen Manu geschildert haben: ein Teil des Anthropos wird höher geschätzt als der andere. Warum haben so viele von uns die typisch männlichen Werte höher geschätzt als die weiblichen? Warum bezahlt die Wirtschaft den Frauen geringere Löhne als den Männern? Warum studieren mehr Männer als Frauen an den Universitäten? Warum werden die Frauen angeklagt, das Familienleben zu zerstören, wenn sie außerhalb des Hauses arbeiten wollen, wie sie es in Amerika, Europa und besonders in Afrika tun? Warum werden weibliche Säuglinge in China umgebracht und Frauen in Indien verbrannt, wenn sie nicht genug Mitgift in die Ehe einbringen? Warum haben so viele Männer in den USA und in Europa heute Angst, wild und mächtig zu sein? Wo ist der Klang ihrer Trommeln geblieben?

Überall auf der Welt ist die Verantwortung für das Pflegen der Beziehungen und das Aufrechterhalten der sozialen und familiären Strukturen bei den Frauen. In vielen Ländern tragen die

Frauen auch Wesentliches, wenn nicht sogar alles, zum finanziellen Unterhalt der Familie bei. Die Männer ihrerseits haben Probleme damit, daß sie meinen, keine Gefühle zu haben, wenn sie diese nicht in der gleichen Weise ausdrücken können wie Frauen.

Wo immer wir arbeiten, das Mann-Frau-Problem taucht überall auf. Ob wir uns mit Rassenspannungen, Gemeinschaftsproblemen oder der Geschäftswelt beschäftigen, die jeweilige Gruppe wird entweder offen durch das Mann-Frau-Thema gespalten oder leidet im Hintergrund an dieser Spannung. In den meisten Teilen der Welt, außer in psychologischen Gruppen in Teilen von Europa und Amerika, sprechen die Frauen selten in der Öffentlichkeit. Und in gewissen Teilen der Vereinigten Staaten, Australiens und Europas platzen die Frauen vor Wut über die Männer, weil diese immer noch ein tiefes Mißtrauen gegen die Natur der Frau haben.

Der Geschlechterkonflikt ist strukturell dem Rassenkonflikt oder einem sozialen Klassenkonflikt vergleichbar, denn in jedem dieser Fälle wird eine Rolle als besser angesehen als die andere, und die Einzelnen werden entweder mit den bevorzugten oder mit den abgewerteten Rollen gleichgesetzt. Aber Sexismus ist im Gegensatz zu Rassismus unabhängig von Rasse, Religion, Nationalität und Abstammung.

In psychologischen Kreisen hat der Konflikt zwischen Männern und Frauen eine Neigung, sich um zwei verschiedene Rollen zu polarisieren: Sachlichkeit gegen Gefühl, Geschäft gegen Beziehung, Tun gegen Sein, Kopf gegen Herz, Seminarleiter gegen Assistentin. Diese Rollen sind Zeitgeister, wir alle haben beide Pole in uns.

Neuerdings beginnen das psychotherapeutische und medizinische Establishment auf sexuellen Mißbrauch zu reagieren. Aber noch immer realisieren zu wenige die politischen Konsequenzen der subtilen Abwertung der Frau durch die Psychologie. Gewisse psychologische Schulen verfallen in eine sexistische Haltung, indem sie versuchen, mit der Unzufriedenheit und Wut der Frauen so zu arbeiten, wie wenn dies nur die psychologischen Probleme der Frauen wären.

Es ist klassische Bevormundung, wenn wir versuchen, einen Menschen zu ändern, weil wir nicht mit ihm zurechtkommen oder wenn wir davon ausgehen, daß eine Klientin innerlich an einem Problem arbeiten sollte, ohne daß der Therapeut oder die Kultur sich für Veränderungen einsetzen müßten. Im schlimmsten Fall wird dadurch eine Hierarchie zementiert, in welcher der Therapeut oder die Therapeutin überlegen sind und die als hypnotische Induktion garantiert dazu führen wird, daß sich der andere Teil unterlegen fühlt. Besonders lächerlich an diesem verbreiteten psychologischen Prozedere ist es, daß die Therapeutin oder der Therapeut es üblicherweise dazu einsetzen, nicht auf die eigenen Gefühle den Klientinnen und Klienten gegenüber eingehen zu müssen. Wenn z.B. eine Klientin heftig wird, ist es einfacher, sie innerlich als einseitig zu klassieren, als offen zu sagen, daß wir als Therapeutinnen mit diesem Verhalten Mühe haben und die daraus resultierende Auseinandersetzung zu riskieren. Therapeuten können Probleme sogar verewigen, indem sie eine Sprache der Gegensätze gebrauchen, welche eine implizite Botschaft enthält, daß Unterschiede unvereinbar sein könnten. Es gibt eine Zeit dafür, Individuen und die Welt als Rollen anzusehen, und es gibt eine Zeit für Direktheit, in der es darum geht, einander anzuschauen und unabhängig von Rollen und Kultur zu sagen: „Sie verletzen mich".

Auch ich habe in der Vergangenheit meinen Kopf statt mein Herz gebraucht. Ich kann mich an eine Frau erinnern, die mich einmal in einem Seminar anschrie, sie hasse Männer, weil sie so laut sind. Ich setzte meine rationalen psychologischen Fähigkeiten ein und teilte ihr, so ruhig und leise ich konnte mit, daß ich auch nicht gern laute Männer habe, ob sie nun als Frauen oder Männer daherkämen.

Sie begriff sofort und wurde augenblicklich ruhig, aber sie sprach nie mehr mit mir. Ich hatte das Gefühl, gewonnen zu haben und war stolz auf mich. Aber was hatte ich gewonnen?

Ich hatte mein psychologisches Können gegen sie eingesetzt. Rückblickend wird mir klar, daß ich zu eben dem Mann wurde, den sie haßte, auch wenn ich sie mit Recht darauf aufmerksam machte, wie laut sie selbst war. Ich war nicht demütig genug, ihr gegenüber zuzugeben, daß ich sie besiegen und die Interaktion gewinnen wollte, als sie mich angriff. Ich wollte sie mindestens so sehr belehren, wie sie mich ändern wollte. Warum mußte ich gewinnen? Warum habe ich nicht einfach geweint, als sie mich anschrie?

Ich hatte selbst keinen Zugang zu den Teilen, von denen ich meinte, daß sie ihr fehlen würden! Ich hatte keine Bescheidenheit. Mein unbewußtes Beharren darauf, gewinnen zu wollen, war chauvinistisch. Ich bewies, wie recht sie hatte, indem ich sie auf typisch „männliche" Weise herabsetzte.

Beim Aufschreiben dieser Szene fühle ich mich heute noch schlecht. Ich realisiere heute, daß, wer immer mit Gewalt gewinnen oder erleuchteter sein will als jemand anders oder jemanden belehrt, ohne darum gebeten worden zu sein, unglückseligerweise und unbewußt den tyrannischen Geist in einem Feld repräsentiert.

Beim nächsten Gruppenprozeß hatte ich mehr über den Mann-Frau-Konflikt gelernt und war wacher und vorbereitet. Diesmal war es in Europa. Eine Frau stand in einem Gruppenprozeßkurs in Zürich auf und kritisierte viele meiner Kollegen, daß sie nur männliche Pronomen brauchten. Sie hatte recht. Einige unserer europäischen Kollegen hatten sich noch nicht mit der Frage der weiblichen und männlichen Pronomen auseinandergesetzt. Sie gaben dies zu, aber der Prozeß ging weiter. Es wurde ein Machtkampf daraus und einige Gruppenmitglieder versuchten, die Frau herabzusetzen, indem sie bewiesen, daß sie in ihrer Unsensibilität „männlich" gewesen sei.

Mitten in diesem kollektiven Thema fühlte ich mich plötzlich gedrängt, persönlich über meine eigenen Erfahrungen zu sprechen. Ich wuchs in einer Welt auf, in der Frauen als weniger wichtig als die Männer behandelt wurden. Niemand sagte dies je offen zu mir, als ich ein Kind war, aber ich fühlte es. Niemand erklärte mir, warum einer meiner Onkel auf die Universität geschickt worden war, weil er der älteste Sohn der Familie war, während meine Mutter als das älteste Kind nähen mußte, um sein Studium zu unterstützen. Warum? Warum nähte nicht er, um ihre Erziehung zu unterstützen?

Meine Überlegungen lösten den Gruppenprozeß augenblicklich auf, weil jemand ganz einfach Unbewußtheit über diesen Konflikt zugegeben hatte. Es war wichtig, denjenigen Teil aufzugreifen, der nur zuhörte, litt und Unbewußtheit zugab. Für einmal kämpfte ich nicht „von Mann zu Mann", sondern akzeptierte einfach die Situation und litt an ihr. Manchmal reicht aber ein solches persönliches Eingeständnis nicht aus, weil damit der Rest der Gruppe nicht repräsentiert ist. Das Feld selbst will dann tiefer in das Problem hineingehen.

Einige Monate später kam dasselbe Thema wieder in einer Gruppe in Portland auf, und wieder kreiste es schmerzhaft. Was immer geschah, es gab keine Lösung für das Problem. Weil wir nicht wußten, wie der Konflikt zu lösen war, beschlossen meine Frau Amy und ich, ein Experiment zu versuchen, indem wir ein Gruppentheater kreierten. Wir dachten, wir könnten den ungelösten Prozeß ritualisieren, weil die Teilnehmerinnen und Teilnehmer immer weiterfuhren, schmerzhafte Geschichten über die schlechte Behandlung von Frauen zu erzählen. Wir erläuterten die Idee, das Theaterspielen als Zugang zu benutzen, weil die Diskussion nicht mit herkömmlichen Mitteln zu stoppen war, und so das Problem in allen Einzelheiten zu studieren.

Wir luden alle ein mitzumachen. Amy und ich standen auf und gingen in die Mitte des Raumes, wo wir ein Theater improvisierten, das die Brutalität darstellte, von welcher gerade geredet wurde. Spontan standen andere auf und entwickelten ihre eigenen Szenen aus dem, was wir gehört hatten. Die Improvisationen entwickelten sich zu einem Spiel von Dreiergruppen mit jeweils einem „Mann", einer „Frau" und einer zuschauenden Person, welche in den Konflikt eingriff, wenn sie sich dazu gedrängt fühlte.

Dutzende von solchen Dreiergruppen formten sich, eine nach der anderen, und demonstrierten die unendliche Anzahl von Variationen und Lösungsmöglichkeiten des schmerzhaften Konflikts, über den wir diskutiert hatten.

Am Ende des Gruppenprozeßtheaters sang jemand ein Lied, dessen Worte ebenfalls improvisiert waren. Die Worte waren nach meiner Erinnerung ungefähr die folgenden:

> Dies war ein Gruppenprozeßtheater,
> schaut es an und genießt es,
> leidet und wundert euch
> und schaut zu, wie ihr selbst wieder unbewußt werdet,
> wenn ihr euch wie immer dafür entscheidet,
> Unbewußtheit statt Kreativität zu wählen

Der Mann-Frau-Konflikt muß wieder und wieder auftauchen, bis wir alle Gefühle und Inhalte dazu ausgeschöpft haben.

In einem Gruppenprozeß in San Francisco, der nur einige Tage vor dem Erdbeben von 1989 stattfand, stand eine Frau auf und wendete sich weise und wütend gegen Vergewaltigung.

Dies löste einen häßlichen Gruppenprozeß aus. Anschuldigungen, Schuldgefühle und Leugnen gingen scheinbar endlos hin und her. Plötzlich merkte ich etwas. Warum nicht einfach zuhören? Zuerst ich, dann langsam mehr und mehr andere Männer begannen, einfach einer nach dem anderen ruhig dazustehen und den Frauen zuzuhören, welche über ihre schmerzhaften Erfahrungen sprachen.

Als die Frauen fertig waren, sprach auch ein Mann nach dem anderen über seine schmerzhaften Erfahrungen. Hier hatte der gleiche Konflikt eine ganz neue Dynamik bekommen. Es entstand nicht eine Frauen- oder Männergruppe, sondern ein öffentliches Hearing, in welchem alle den Gefühlen der anderen zuhören konnten.

Am nächsten Morgen kritisierte mich allerdings eine Frau, ich hätte versucht, einigen der ersten gräßlichen Schreie gegen die Männer auszuweichen. Dies konnte ich nur zugeben. Sie hatte recht. Ich hatte einfach Schmerz vermeiden wollen. Ich hatte so viele Konfliktszenen und so viel Brutalität und Schmerz endlos kreisen sehen, daß ich einfach genug davon hatte.

Ich sagte der Frau, daß der Konflikt, den ich erfahren hatte, so schmerzhaft sei, daß ich ihn manchmal fast nicht mehr ertragen könne und daß ich mich manchmal der Herausforderung nicht ganz gewachsen fühle und sie vermeiden wolle. Obwohl ich weiß, wie wichtig es ist, den Ausdruck von Schmerz und Wut zuzulassen, bin ich doch manchmal zu mitgenommen von all der Brutalität.

Nachdem ich das gesagt hatte, weinte ich. Als die Frau mich weinen sah, änderte sich etwas für sie und sie fragte, wie sie ihr Anliegen auf eine Art formulieren könnte, die weniger schmerzhaft wäre. Ich konnte nichts dazu sagen. Ich war für einmal einfach ruhig, dankbar, daß sie mir geholfen hatte, meine Gefühle zu entdecken.

Verhandlungen und Lösungen

Wir müssen sorgfältig darauf achten, wie wir Konflikte beenden und lösen. Wenn beide Seiten neue Einsichten gewonnen haben, geht alles gut. Wenn nur eine Seite gewinnt, verlieren beide.

Denken Sie an den Vertrag von Versailles, welcher den Ersten Weltkrieg beendete. Unter dem Druck der Sieger wurde der Vertrag zu einer harten Bestrafung der besiegten Deutschen. Die Deutschen mußten große Ländereien an andere Nationen abgeben, enorme Reparationen zahlen und litten wirtschaftlich und seelisch.

Die Demütigung der Deutschen wird als eine der Wurzeln des Rachedurstes, Machthungers und Eroberungswillens angesehen, welche später das Kennzeichen der Nazipartei waren. Es war eine Atmosphäre von Bestrafung und Grausamkeit, in welcher die Nazipartei geboren wurde. Deutschland war gezwungen, sich durch einen weiteren Krieg zu erlösen.

Denken Sie dagegen an den Marshallplan, welcher die europäische Wirtschaft wieder aufbauen half, die vom Zweiten Weltkrieg verwüstet war. Der Marshallplan war sehr erfolgreich und trug zum schnellen Wiederaufbau der europäischen Industrie bei.

Der Vertrag mit Japan nach dem Zweiten Weltkrieg versuchte, weitere Demütigungen dieses Landes zu vermeiden, indem der

Status von Kaiser Hirohito anerkannt wurde. Japan wurde entmilitarisiert, aber das Militär wurde nicht angeklagt. Die wirtschaftliche Unterstützung, welche Japan in der Übergangszeit erhielt, half dem Land, seine eigenen Kräfte zur Wiederherstellung zu nutzen.

Der Konflikt zwischen Frauen und Männern war für beinahe ein Jahrhundert ein umstrittenes Thema, wird aber dennoch erst nach und nach als ein wirkliches und entscheidendes Problem anerkannt. Wir müssen deshalb weiterhin dafür eintreten, daß dieses Thema aufgebracht wird und daß der Schmerz und die Wut, die damit verbunden sind, ausgedrückt werden. Der Krieg kann verkürzt werden, wenn wir das Austragen von Schlachten unterstützen, besonders in Teilen der Welt, in denen die feministische Bewegung erst begonnen hat. Vielleicht nützt es etwas, wenn wir alle den Frauen zuhören und erkennen, daß sie über Gefühle sprechen, die wir alle haben.

In diesem Konflikt können weder die Männer noch die Frauen gewinnen, denn die Geschichte lehrt uns, daß niemand wirklich eine Schlacht gewinnen kann, bis jede Seite die ökonomische, emotionale und moralische Unterstützung der anderen mitträgt..

Wir müssen uns davor hüten, die männliche Welt zu untergraben, denn ein Friedensvertrag, der eine Seite zu sehr demütigt und bestraft, wird zu einer anderen Zeit mit einem nächsten Krieg bestraft werden. Deshalb muß die alte rigide männliche Seite, auch wenn sie schließlich besiegt werden wird, dennoch anerkannt werden, und die Macht, über welche sie verfügt hat, muß für sinnvolle Ziele eingesetzt werden.

Die vorübergehende Einstellung des Kampfes zwischen Mann und Frau ist nur möglich, wenn überall auf der Welt die Minderheiten ernstgenommen werden, wenn wir bis zur tiefsten aller Ebenen gelangen, wo es weder weiblich noch männlich weder Yin noch Yang gibt, sondern nur die Wahrnehmung des Wandels. Hier könnte die Prozeßarbeit hilfreich sein, weil sie im Prinzip politisch neutral ist. Sie vermeidet das Kategorisieren und Typisieren und versteht Menschen als im ständigen Wandel begriffen.

Es ist nützlich, sorgfältig auf die Art zu achten, in der wir uns als Männer oder Frauen, Schwarze oder Weiße, Asiatinnen oder Europäer, Christinnen oder Juden identifizieren. Aber eine prozeßorientierte Haltung wird diese Identitäten nicht festbinden, sondern sieht sie als momentane Bilder, auf die wir und die Welt um uns herum fixiert sind.

Identität ist wichtig und kann sogar eine Sache von Leben und Tod sein. Aber wie alle Vorstellungen sind Identitäten nicht statische Bilder, sondern Tore zum sogar noch numinoseren und unbekannten Geist. Es ist einfach, so zu denken, wenn wir uns daran erinnern, daß wir alle eines Tages sterben werden und daß der träumende Geist des Lebens, welcher uns bewegt, unabhängig ist von Zeit, Geschlecht und Alter und vielleicht sogar von Leben und Tod.

Übung

1. Erinnern Sie sich an das letzte Mal, als jemand dachte, eine Frau sei nicht soviel wert wie ein Mann.

2. Stellen Sie sich die Art Frau vor, über die gesprochen wurde. Wie sieht sie aus? Wie benimmt sie sich?

3. Auf welche Weise sind Sie wie diese Person? Denken Sie darüber nach, bis Sie eine Antwort haben.

4. Stellen Sie sich vor, wie sich die Welt oder die Geschäftswelt verändern würde, wenn diese Frau dort eine Führungsposition hätte. Was für Vorteile würde dies bringen?

5. Denken Sie jetzt über Ihre eigene Arbeit in der Welt nach, und stellen Sie sich die Vorteile vor, welche es bringen würde, wenn Sie die Verhaltensweise dieser Frau übernehmen würden.

6. Was ergeben sich für emotionale Veränderungen, während Sie sich diesen Unterschied vorstellen?

7. Tragen Sie dazu bei, den dritten Weltkrieg zu einem guten Ende zu bringen, indem Sie Ihre Art, Geschäfte zu machen, verändern und zulassen, daß Fragen über die Stellung der Geschlechter unter Ihren Freunden und Freundinnen besprochen werden.

8. Welche Art „Männerrollenverhalten“ lehnen Sie ab? Könnten Sie vielleicht ein solches Verhalten sinnvoll einsetzen?

12. Kapitel

Ökologie und die Straßen der Städte

Als meine Frau Amy und ich in Bombay waren, machten wir an einer kleinen Bude in einer Seitenstraße halt, um etwas zu essen. Wir nahmen beide ein Pepsi und eine Banane, und nachdem wir damit fertig waren, sahen wir uns nach einem Abfallkübel um. Wir fragten den Inhaber, wo wir unseren Abfall hinschmeißen sollten. Er gab uns keine Antwort, sondern nahm die Büchsen und die Bananenschalen und schmiß sie auf die Straße.

Amy und ich schauten einander an, es störte uns. Bombay war schmutzig, und unser erster Instinkt war, hier aufzuräumen und nicht zu diesem Schmutz beizutragen, indem wir Abfall direkt auf die Straße warfen. Wenn dies die Art war, wie die Dinge in Bombay erledigt wurden, mußte ich mich fragen, wieviel vom Feld dieser Stadt ich ertragen konnte.

Bevor ich eine Antwort hatte, kamen eine Kuh und ein Kind vorbei. Die Kuh aß die Bananenschalen, und das Kind nahm die beiden Büchsen und einige anderen Abfälle aus dem Rinnstein und ging weiter. Plötzlich wurde mir klar, daß es keinen Abfall gab; sozusagen alles im Rinnstein konnte wieder gebraucht, gegessen oder verkauft werden.

Jetzt hatte ich meine Antwort. Nichts kann aus einem Feld herausgeschmissen werden. Wir sind alle untereinander verbunden wie ein einziges Wesen. Anfänglich war ich schockiert, als ich sah, wie der Mann die Bananenschalen und Büchsen auf die Straße schmiß. Aber als ich sah, daß das Kind und die Kuh die Sachen aufhoben, wurde mir klar, daß es für jedes Feld eine Ökologie gibt.

War das Wegschmeißen von Büchse und Schale Verschmutzung der Umwelt oder Ökologie? Wenn der Verkäufer die Sachen nicht weggeschmissen hätte, hätte der Bub kein Aluminium zum

Verkaufen gehabt und wäre vielleicht noch hungriger gewesen, und auch die Kuh, welche die Bananenschalen gefressen hatte, wäre ohne diese schwächer gewesen.

Wie soll man dieses komplexe Zusammenspiel von Interaktionen definieren, dessen Resultat wir schließlich Ökologie nennen? Ökologisches Denken muß von Natur aus auch Psychologie, Spiritualität und Politik miteinbeziehen. Wenn diese Verbindung zwischen Spiritualität, planetarischer Gesundheit und Politik zu funktionieren beginnt, werden wir in einer neuen Welt leben.

Ökologie und Gesundheit

Früher dachte ich, daß Gesundheit vor allem damit zu tun habe, das Richtige zu essen, genügend körperliche Betätigung zu haben und in einer guten psychischen Verfassung zu sein. Aber ich bin immer mehr davon abgekommen, monokausal über Gesundheit zu denken.

Das folgende Beispiel zeigte mir schon vor Jahren, wie wichtig es ist, sich unvoreingenommen mit gesundheitlichen Problemen zu beschäftigen. Kaffeetrinken erwies sich damals als nützlich, obschon der Kaffee üblicherweise als schädliche Droge angesehen wird, welche das Nervensystem zu sehr erregt und nicht gut ist für die Verdauung.

Zu dieser Zeit arbeitete ich mit einer Frau, welche in den letzten Stadien einer tödlichen Krebserkrankung war. Sie kam in meine Praxis und beklagte sich, daß sie extrem deprimiert sei und trotz der Medikamente in der Nacht nicht schlafen könne. Weil ich vermutete, daß die Schlafstörung ein Bedürfnis unterstützen könnte, wach zu bleiben, entschied ich mich dafür, dem Prozeß zu folgen, der sich abspielte. Ich empfahl ihr, sie solle Kaffee trinken, bevor sie zu Bett gehe. Dann würde sie wenigstens, versicherte ich ihr, alle ihre Geschäfte und Steuern vor ihrem Tod in Ordnung bringen können.

Die Frau willigte ein, ihren Kaffee zu trinken und die ganze Nacht wach zu bleiben. Sie erledigte nicht nur ihre Steuern, sondern schrieb auch einige Artikel für Zeitschriften. Sie begann an den Nachmittagen zu schlafen. Nach einigen Wochen ereignete sich etwas Eigenartiges. Ihr Krebs hörte auf zu wachsen, und sie hörte mit der Chemotherapie auf.

Der Krebs bildete sich nicht zurück, aber er wuchs auch nicht mehr. Sie beendete ihre Artikel und schickte sie an die Redaktionen. Nachdem sie angenommen und publiziert worden waren, wurde sie wieder vollkommen gesund.

Natürlich ist es nicht möglich, den Grund für diese völlige Heilung zu kennen. War es Glück, meine Liebe und mein Glaube an sie, die Chemotherapie oder eine geistige Umkehr, wie Medizinmänner sagen würden? Ich würde es gerne so formulieren, daß der Kaffee „gute Ökologie" war, denn er folgte ihrem ganzen Lebensprozeß.

Menschlichen Systemen kann nicht nur auf monokausale Weise geholfen werden. Unsere Welt ist einfach zu komplex. Koffein ist als schädliches Gift bekannt, und in der Tat versuchen viele Menschen aus diesem Grund, ihren Kaffeekonsum zu reduzieren. Dennoch könnte es für diese Frau in dieser Situation genau die Medizin gewesen sein, die sie brauchte. Der Kaffee spiegelte ihren sekundären Prozeß, er unterstützte das, was ihr von Natur aus zustieß. Einfach Kaffee zu trinken, ohne etwas zu arbeiten, wäre sicher nur schädlich gewesen. Gute Ökologie bedeutet, dem Prozeß als Ganzem zu folgen und auch die geistige Verfassung miteinzubeziehen. Es war nicht nur der Gebrauch einer Substanz, der funktionierte, die Frau hatte auch ihre Einstellung verändert.

Gute Ökologie bedeutet tiefe Demokratie, was so viel heißt, wie achtsam zu erforschen, was geschehen will, alle Teile zu schätzen, den Prozeß kritisch und mit Hingabe zu analysieren und ihm zu helfen, sich als Ganzes zu entfalten.

Könnten wir mit diesen Ideen so weit gehen, daß wir sogar erwägen, einige der Dinge, die wir als giftig ansehen, könnten für die Menschen oder für die Erde nützlich sein?

Auf alle Fälle sollten wir über die Zusammenhänge zwischen menschlicher Bewußtheit und Ökologie nachdenken. Ich habe einige Gruppenprozesse erlebt, in denen das Bewußtsein der

Gruppe mit synchronistischen Ereignissen in einer bestimmten Bioregion verbunden zu sein schien.

Eines der dramatischsten Ereignisse trug sich zu, während wir für unseren ersten längeren Aufenthalt in Esalen, Big Sur, Kalifornien waren[1].

Ökologie und synchronistische Wirkungen

Das Wetter, das Land und die Psychologie in Esalen schienen sich an einem Herbstabend 1988 zu verbinden. Die Gemeinschaft war seit dem Tode von Dick Price, einem ihrer Leiter, am Rande eines Übergangs. Die verschiedenen Untergruppen konnten sich nicht einigen, und die Konflikte wucherten. Im Rahmen des Versuchs, wieder eine gemeinsame Linie zu finden, fragten die Manager bei einer Reihe von Lehrpersonen an, von außen für eine gewisse Zeit nach Esalen zu kommen.

Amy und ich wurden als erste Gäste in diesem Programm eingeladen. Zur Zeit unserer Ankunft litten Esalen, Big Sur und der größte Teil Kaliforniens unter einer Dürre. Die Bedingungen waren äußerst schwierig, und die Herbstregen hatten noch nicht angefangen.

Auch die Gemeinschaft litt unter einer Art Dürre. Die Spannungen waren groß. Als wir ankamen, entschieden wir uns, unsere Zeit in Esalen damit zu beginnen, daß wir ein Treffen der ganzen Gemeinschaft einberiefen. Die ganze Gemeinschaft, also StudentInnen, TrainerInnen, Management, MitarbeiterInnen und BesucherInnen, hatten sich bisher kaum je alle zusammen getroffen. Wir beriefen das Treffen für einen Mittwochabend um 19.30 Uhr ein. Als die Eingeladenen sich im großen Konferenzsaal zu versammeln begannen, setzte der Regen ein.

Der Regen war zuerst so leicht, daß ihn niemand bemerkte. Plötzlich, als unsere Versammlung begann, öffnete sich der Himmel, und Regen strömte auf die Gemeinschaft von Big Sur nieder. Es regnete in dieser Nacht nur in der Gegend um Big Sur mit einem Küstenstreifen von etwa 40 Meilen oberhalb Esalens und einem anderen etwa 35 Meilen nach Süden.

Gab es einen synchronistischen Zusammenhang zwischen den beiden Atmosphären – dem menschlichen System und der Erde –, oder war das alles einfach ein Zufall? Vielleicht war der Geist des Ortes, der Erdgeist, vertrocknet gewesen und hatte eine Befreiung und Lösung gebraucht. Wenn ich wacher gewesen wäre, hätte ich die Erde in die Arbeit hineingebracht, als einen im damaligen Moment gestörten Zeitgeist im Gruppenprozeß.

Das Ereignis erinnerte mich an die Geschichte vom taoistischen Regenmacher, die Richard Wilhelm C.G.Jung erzählte[2)]. In dieser Geschichte litt eine Region in China unter einer schrecklichen Dürre. Die Menschen der Region entschlossen sich, einen taoistischen Regenmacher kommen zu lassen, der Regen machen sollte. Als er ankam, schaute er sich um und verlangte eine Hütte, in die er sich allein zurückziehen konnte.

Er ging in die Hütte und blieb darin sitzen. Nach einem Tag war noch nichts geschehen. Nach einem zweiten Tag war immer noch nichts geschehen. Am Abend des dritten Tages begann es zu regnen und regnete bis zum nächsten Tag. Später, als der Regenmacher seine Hütte verließ und den Hügel herabkam, fragte ihn Wilhelm, wie er das gemacht habe. Der Regenmacher sagte ihm, er habe gar nichts gemacht. Er hatte einfach bemerkt, daß die Leute im Dorf nicht im Tao waren, also brachte er sich selber ins Tao, und es regnete. Für ihn war die Region ein Feld, eine Bioregion, ein unbekannter Geist, welcher alles in der Umgebung umschloß. Der Unterschied zwischen der Geschichte von Esalen und der Geschichte vom Regenmacher besteht darin, daß sich in Esalen die ganze Gemeinschaft ins Tao zu bringen versuchte.

Gute Ökologie

Gute Ökologie bedeutet, mit der Erde kongruent zu leben, und dies hat mit unserer Fähigkeit zu tun, ins Tao zu kommen, der Energie des Feldes zu folgen, in dem wir uns befinden. Vielleicht hatte in Esalen schon der Versuch, die Probleme zu lösen und uns in Einklang zu bringen, mit der nächsten Umgebung genügt.

Für eine Gemeinschaft wie für ein Individuum bedeutet, im Tao zu leben, kongruent zu leben, mit Zugang zu allen Teilen des Feldes. Wenn sich in einer Gemeinschaft viele emotionale Spannungen aufgestaut haben, wird schon allein das Schaffen eines Raumes für die Lösung von Spannungen es der Gruppe ermöglichen, kongruenter zu sein. Emotionales Sichöffnen und das Fallen von Regen sind nicht so gänzlich verschieden.

Gute Ökologie zu praktizieren bedeutet, mit den unerwarteten und vernachlässigten Teilen der Umgebung zu gehen. In einem erdbebengefährdeten Land könnte dies zum Beispiel heißen herauszufinden, was zu rumpeln versucht, um den Versuch zu machen, vernachlässigte Dinge an eine sonst sonnige Oberfläche zu bringen. Kongruent mit einem Ölunfall umzugehen, könnte in einer auf Verbrauch und Verschwendung ausgerichteten Gesellschaft ganz einfach bedeuten, weniger Öl zu brauchen. Um die Bedeutung eines Vorfalls zu erschließen, muß jeweils von der Gruppe oder der Einzelperson ausgegangen werden, welche von ihm betroffen ist oder ihn wahrnimmt. Das Wichtige daran ist, daß wir versuchen, einem seltsamen Vorfall einen Sinn abzugewinnen.

Gute Ökologie benutzt alles, auch Bananenschalen, Pepsidosen und Gefühle. Wir müssen alles wiederverwerten, was wir brauchen, und nichts übersehen oder wegschmeißen. Gewöhnliche Gefühle, die wir haben, wenn wir die Straße hinuntergehen, sind heilig. Was das Leben wertvoll macht, ist ein Gefühl für seinen Sinn, das aus der Fähigkeit kommt, allem einen Wert abzugewinnen, sogar den Dingen, die auf den ersten Blick destruktiv aussehen.

Um gute Ökologie zu praktizieren, müssen wir dem Vernachlässigten, dem Unvorhersehbaren, dem Numinosen und allem folgen, was unsere Aufmerksamkeit erregt. Dies bedeutet, über diesen Planeten so zu denken, wie wir über unsere eigenen Körper, unsere Träume, unsere Familien und unsere Gruppen denken. Es bedeutet, Meinungen von Minderheiten zu unterstützen und für das Unhörbare und Ehrfurchterregende einzustehen. Es bedeutet, tapfer in ein mühsames Feld einzutauchen, es in Stücke auseinanderzuziehen und von seiner eigenen Weisheit aufzeigen zu lassen, wie man es wieder zusammensetzt. Es heißt, nicht weise zu sein, sondern die Weisheit der Gruppe aufsteigen zu lassen, es heißt, Facilitation zu machen und nicht einfach zu leiten.

Die Leitfiguren müssen sterben

Esalen litt an der Agonie eines jeden kleinen Planeten, der seine Ganzheit sucht. Viele seiner besten Führungspersönlichkeiten waren gestorben. Fritz Perls war tot. Virginia Satir war eben gestorben. Harry Sloan war gestorben, und Dick Price war gerade umgekommen. Welche Weisheit hätte das Tao dadurch vermitteln können, daß alle Leitfiguren starben? Nicht nur in Esalen, sondern überall auf der Welt fehlen uns die Führungspersönlichkeiten, gibt es zu wenig überzeugende Führerschaft. Wo sind die Anführerinnen der Welt?

Die Feldtheorie hilft uns, diese Frage zu verstehen. Wir projizieren unsere Ganzheit auf einzelne Frauen oder Männer, welche in Wirklichkeit unseren Projektionen nicht gewachsen sind. Die Menschen in leitenden Stellungen sind nicht schlecht oder minderwertig, aber Führerschaft ist eine Rolle, ein Zeitgeist, der nur von uns allen ausgefüllt werden kann. Die beste Führerin ist im besten Fall nur eine Facilitatorin für die Weisheit, die schon in einer Gruppe vorhanden ist.

Ein einzelner Regenmacher ist zu wenig. Die Idee, daß es einen besten Anführer gibt, muß sterben, weil sie die Verantwortung und Bewußtheit für das wegnimmt, was von jedem Individuum getan werden muß. Die Idee von einem großen Anführer ist verkrüppelnd, weil die wirkliche Führerin überall und jederzeit irgendeine beliebige Person ist, welche die Art des Prozesses erkennt, der geschehen will und Raum dafür schafft, daß er geschehen kann. Leiter und Führerinnen sind jene, welche ihre Bewußtheit einsetzen, um das Tao zu erspüren.

Dienst an der Erde

Gute Ökologie beschäftigt sich nicht nur mit sauberer Luft, Wasser und Erde. Sie beinhaltet auch unsere Bewußtheit darüber, welche Prozesse gerade ablaufen wollen, und den Mut, diese zu unterstützen. Gute Ökologie wird zu dem, was ich Dienst an der Erde nenne. Dienst an der Erde heißt, einzelnen Menschen und Gruppen dabei zu helfen, ihr einzigartiges und ganzes Selbst zu werden.

Wenn es gelingt, Gruppen für die Bedeutsamkeit und Kraft zu wecken, welche in ihren Symptomen und Problemen steckt, und ihre Einstellung diesen Problemen gegenüber umzukehren, kann dies auch die offensichtlich negativen Folgen dieser Probleme umkehren.

Voller Liebe zu sein, positive Gedanken zu denken und andere und das Land zu ehren, ist wichtig, aber nicht genügend. Wenn Dienst an der Erde zur einseitigen und simplen Predigt wird, wird es nicht viele ZuhörerInnen geben. Wer will andere ehren, wenn sie grausam sind? Ich werde nichts ehren, nicht einmal Mutter Erde, wenn sie uns auf die gleiche Art tötet, wie wir die Umwelt zerstören.

Dienst an der Erde kann deshalb eine viel komplexere Sache sein, als zu lieben und zu dienen. Er ist eine Frage der Bewußtheit aller Teile. Dienst an der Erde wird immer eine individuelle Sache sein. Eine bestimmte Person oder Gruppe wird dem Tao folgen, indem sie Altäre aufstellt und betet, während andere ihre Füße und Schaufeln in den Boden stampfen müssen. Alle unsere Reaktionen und Gefühle und die Interaktionen zwischen ihnen sind das Tao.

Der Erde zu dienen wird bedeuten, die Geschichte umzukehren, die unglaubliche Menge von Unbewußtheit, Leid und sinnloser Spannung umzukehren, die immer zu den großen Weltprozessen gehörte. Wir müssen die Geschichte miterschaffen, indem wir merken, was geschehen will und uns in den Dienst des Prozesses stellen, bevor er anfängt, sich zu wiederholen und uns zu überwältigen.

Portlands Obdachlose

Um diese Ansichten über die Wichtigkeit von Minderheiten zu testen, entschied ich mich, in Portland im Rahmen eines Seminars die Obdachlosen zu interviewen und mit ihnen zu arbeiten. Mit Hilfe des dortigen Prozeßarbeitteams arbeitete ich mit allen Obdachlosen, welche gerade während der Klasse an unserem Seminarhaus vorbeikamen. Meine Erfahrungen bestätigten die allgemein anerkannten Statistiken, daß ein Drittel der Obdachlosen seelisch krank ist, ein Drittel drogen- oder alkoholsüchtig und ein Drittel Betroffene der wechselnden Wirtschafts- und Sozialpolitik der Regierung. Die schmerzhafte Geschichte der Armut wird vom Rest des Landes, das auch den Überlebenskampf seiner Millionen Obdachlosen verdrängt, kaum wahrgenommen.

Aber noch unbekannter sind die inneren Erfahrungen unserer Bettler. Viele sind so voller Drogen oder in veränderten Bewußtseinszuständen, daß von ihrem Gesichtspunkt aus schon nur der Glaube, Normalität bedeute sein Leben zu verdienen, verrückt erscheint! Unter solchen Umständen, wenn eine von der Gesellschaft ausgegrenzte Gruppe von Menschen das Gefühl hat, sie sei gesund, und der Rest der Welt spinne, versuche ich, vom Schatten der Stadt zu lernen.

Zum Beispiel machte sich ein chronisch Betrunkener über meine Klasse lustig. Er bestand darauf, daß nur er wirklich frei sei. Tatsächlich reiste er mit dem Güterwagen im Sommer in den Norden und im Winter in den Süden. Sein Heim, sagte er uns, sei der Moment. Ein anderer stimmte ihm zu, sein Heim sei dort, wo ihn Gott nachts fallen lasse. Ein weiterer war die ganze Zeit dabei, alle zu segnen. Ein offensichtlich schizophrener Mann sagte uns, daß auch er frei sei, er sei schließlich ein Amerikaner und könne kommen und gehen, wie er es brauche. Ein wilder Obdachloser, den einer von unseren Prozeßarbeitern auf der Straße interviewte, schrie, während er auf seinem Rücken eine Tasche trug, der Krieg sei jetzt hier, jetzt hier, jetzt hier! Der Krieg, versuchte er zu erklären, war auf das Wegwerfen von Essen zurückzuführen. Nachdem ich darüber nachgedacht hatte, verstand ich, daß alle diese Obdachlosen in den Straßen für uns eine Nahrung und ein Futter wären, das wir wegschmeißen. Wir alle würden gewisse Aspekte ihrer Lebensführung brauchen.

Während ich im Laufe einer unserer Fernsehsendungen in Portland mit einem Obdachlosen Prozeßarbeit machte, sagte ein Mann namens Tennessee in einem betrunkenen Stupor, daß Gott auf seiner Seite sei und nicht auf der Seite der Polizei, welche die Obdachlosen von den Läden zu vertreiben versuchte, um Platz für die Einkaufenden zu machen. Er erklärte sein Trinken dadurch, daß Jesus Wasser in Wein verwandelt habe, darum sei er als religiöser Mann ohne Schuld.

Obdachlose brauchen unsere Hilfe und unsere Liebe, aber wir sollten sie nicht einfach begönnern. Gute Ökologie und tiefe Demokratie bedeuten, daß wir die spirituelle Nahrung, welche diese Straßenlehrer für uns haben, nicht wegschmeißen.

Es scheint nur so, als ob wir in einer Welt leben würden, in der es keine spirituellen Lehrer mehr gibt. Bei näherem Hinsehen merken wir, daß viele unserer neuen transpersonalen Lehrerinnen und Lehrer in veränderten Bewußtseinszuständen mitten auf den Straßen unserer Städte leben. Das Leben selbst scheint sie gelehrt zu haben, daß der Moment unser wahres Heim ist und daß der beste Platz, um nach dem wahren Selbst zu suchen, die Mülltonne ungenutzter Erfahrungen ist.

Übungen

1. Übung

1. Wenn Sie das nächste Mal in der Stadt sind, setzen Sie sich neben eine obdachlose Person, und stellen Sie sich vor, sie sei Ihre Lehrerin.

2. Geben Sie ihr etwas Geld.

3. Fragen Sie sie über ihre Erfahrungen auf der Straße, die guten und die schlechten.

4. Lernen Sie von diesen Menschen und denjenigen Teilen der Erde, die Sie nicht sofort verändern können.

2. Übung

1. Wählen Sie einen Teil aus Ihrer Umgebung, welcher Ihnen nicht besonders gefällt. Vielleicht ist es ein Stück schmutziger Plastik oder ein faulendes Holz. Konzentrieren Sie sich darauf, und experimentieren Sie mit der Phantasie, dieses Stück Holz zu werden.

2. „Räumen Sie es auf", indem Sie sich fragen, wie Sie bereits zu sehr wie dieser Teil der Umgebung sind, aber auch, wie Sie möglicherweise diesen Teil von sich selber besser wiederverwerten und benützen könnten.

Teil IV

Das mögliche Universum

13. Kapitel

Die Umkehr der geistigen Energie und das Heilen

In den letzten Kapiteln habe ich gezeigt, daß wir die Möglichkeit haben, das tägliche Leben intensiver zu erfahren, als wir es üblicherweise tun. Konflikte, Geschlechtsunterschiede, Minderheitenprobleme und Umweltverschmutzung können aus schmerzhaften Überforderungen zu mächtigen Herausforderungen werden. Die Fähigkeit, unser tägliches Leben bewußt und engagiert zu leben, ist eines der Ziele der tiefen Demokratie.

Wir wissen aus der Feldtheorie, daß die Art, wie wir unsere starken Erfahrungen leben und prozessieren, die Zukunft der Welt beeinflußt, ob es sich nun um Symptome, Träume, Beziehungsangelegenheiten, die Dynamik von Gruppen oder politische, ökologische und historische Ereignisse um uns herum handelt.

Die letzten Kapitel dieses Buches diskutieren den Einfluß von Bewußtheit und Bewußtsein auf das Heilen, die Magie und die Zukunft der Welt.

In der Zeit rückwärts gehen

Wie oft haben Sie an jemanden gedacht und sind ihm dann „zufällig" begegnet oder haben einen Anruf oder Brief von dieser Person bekommen? C.G.Jung hat diese Art Erlebnis eine Synchronizität genannt, ein sinnvolles Zusammentreffen von sonst nicht verbundenen Ereignissen. Ob Sie an Synchronizitäten, Zufälle oder Glück glauben oder nicht, innere Erfahrungen und Vorfälle scheinen oft äußeren Ereignissen zu entsprechen.

In seinem Buch „Der Ring der Kraft" erzählt Carlos Castaneda eine Geschichte über sich selbst und seinen schamanistischen

Mentor Don Juan. Carlos und Don Juan gingen einmal durch die belebten Straßen von Mexico City, als Carlos einen Bekannten sah, dem er hatte ausweichen wollen, und darüber geriet er in Panik. Don Juan bemerkte die mißliche Lage seines Lehrlings und gab ihm einen Stoß, indem er ihm einen kräftigen Schlag auf den Rücken gab. Der Schlag stieß Carlos nicht nur räumlich weg von der Durchgangsstraße, sondern auch rückwärts in der Zeit.

Carlos spazierte nämlich plötzlich durch den Markt auf einem Platz derselben Stadt, aber einige Tage früher. Als Carlos von diesem Erlebnis „zurückkam", ging er zum Marktplatz zurück und konnte überprüfen, daß der Markt und alle diese Menschen wirklich dort gewesen waren, wo sie in seiner Vision waren, aber an einem anderen Wochentag, denn Carlos hatte am Mittwoch auf dem Markt Stände gesehen, die nur am Sonntag aufgestellt wurden.

Das Feynmansche Modell der Elektronen im Feld

Wenn Sie diese Geschichte lesen, können Sie sie als Parabel auffassen, als Beschreibung eines parapsychologischen Ereignisses oder einfach als Erfindung. Mich fasziniert es, daß sich in der modernen Physik in Richard Feynmans Theorie der Antimaterie ein Modell für ein solches parapsychologisches Ereignis finden läßt[1)]. In den 60er Jahren postulierte Feynman, der kürzlich für sein Werk den Nobelpreis gewonnen hat, eine Theorie, welche voraussagte, daß die Materie auf der subatomaren Ebene in der Zeit rückwärts gehen könnte. Nach Feynmans Theorie, welche entwickelt wurde, um das Verhalten von Elementarteilchen in einem magnetischen Feld zu erklären, kann sich ein Elektron, welches in der Zeit vorwärtsgeht, umkehren.

Feynmans Theorie betrifft Elektronen, mikroskopische Partikel in der Materie, welche negative elektrische Ladungen tragen, und Positronen, die den Elektronen entsprechen, aber positive elektrische Ladungen tragen. Physiker nennen Positronen „Antimaterie", weil sie wie Elektronen sind, aber seltener vorkommen und nur eine sehr kurze Lebensdauer haben. Psychologisch ausgedrückt könnten wir die Elektronen als „wirklich“ und die Positronen als „traumartig“ bezeichnen.

Feynmans Theorie erklärt das Verhalten der Materie, wenn sie in ein magnetisches Feld gerät. Die damals übliche Erklärung besagte, daß ein Elektron sich in der Zeit vorwärts bewegt, bis es auf ein starkes magnetisches Feld stößt. Das magnetische Feld beeinflußt das Elektron, welches zwei weitere entwickelt, ein neues Elektron und ein Positron oder ein „Doppel“. Es gibt jetzt drei Partikel, das ursprüngliche Elektron und das Elektron-Positron-Paar, welches durch die Interaktion im Feld geschaffen wurde.

Nach der klassischen Erklärung geht das Positron, das als Teil des Paares erschaffen wurde, als das ursprüngliche Elektron in das magnetische Feld eintrat, mit dem ursprünglichen Elektron in der Zeit weiter und vernichtet schließlich beide, sich selbst und das Elektron. Am Ende geht das neue Elektron, das zusammen mit dem Positron geschaffen wurde, allein weiter, als ob es die Reinkarnation des ursprünglichen Elektrons in einer anderen Form wäre.

Feynman dachte darüber nach und sagte voraus, daß auch eine völlig andere Erklärung möglich wäre. Er sagte, wenn das Elektron in das magnetische Feld eintrete, müsse es nicht notwendigerweise ein neues Elektron-Positron-Paar schaffen und am Schluß vernichtet werden, sondern es könnte auch intakt bleiben, ohne ein zweites Elektron zu erschaffen und ohne vernichtet zu werden.

Feynmans zweite Erklärung bestand darin, sich vorzustellen, daß das ursprüngliche Elektron sich selbst in der Zeit umkehre, während es durch das Magnetische Feld reise. Es würde in der Zeit rückwärts laufen, sich schließlich erneut umkehren, in der Zeit wieder vorwärts laufen und endlich wieder aus dem magnetischen Feld auftauchen.

Ein Doppel entwickeln

Es gibt also in der Physik mögliche Interpretationen, mit denen das Verhalten eines Elementarteilchens erklärt wird, wenn es in ein magnetisches Feld eintritt. Eine Interpretationsmöglichkeit geht davon aus, daß es ein traumartiges Doppel entwickelt, und die andere, daß es sich selber bleibt und sich in der Zeit umkehrt. Wenn wir die Physik als Analogie zum menschlichen Verhalten gebrauchen, können wir das ursprüngliche Elektron mit einer Person vergleichen, welche in ein Spannungsfeld eintritt, welches auf dieses Individuum eine Wirkung hat.

Wie das Elektron haben wir zwei Möglichkeiten, wenn wir in eine schwierige Situation geraten. Wir können gespaltene Persönlichkeiten werden, inkongruent werden und ein traumartiges Doppel entwickeln, wenn wir versuchen, normal zu bleiben. Oder wir können sozusagen „aus der Zeit heraustreten", uns den Wirkungen des Feldes überlassen und darin „navigieren" und so wir selbst bleiben.

Was könnte es heißen, ein Doppel zu entwickeln? Wenn wir in eine gespannte Situation geraten wie Carlos Castaneda, welcher jemanden antraf, dem er ausweichen wollte, fangen wir an, Doppelsignale auszusenden, das heißt, wir sind dann in zwei Teile gespalten. Ein Teil will unsere gewohnte Identität aufrechterhalten. Wir versuchen, weiter unseren Plänen zu folgen und normal zu sein. Aber andere Teile, Impulse und Emotionen steigen auf, und wir werden inkongruent. Wir senden einander widersprechende Botschaften und Signale aus. Wie Carlos sind wir nicht flüssig, und wir spalten unsere Gefühle und die Teile, die nicht mit unseren Absichten übereinstimmen, ab. So entwickeln wir Komplexe, Körpersymptome, Träume, Phantasien und alles, was ich den Ausdruck sekundärer Prozesse nenne.

Unsere Körper fangen an zu spinnen, sie kreieren verschiedenste Botschaften und verwirren jedermann. Wir entwickeln ein Doppel. Ein Teil ist das gewöhnliche Ich-Selbst, der andere Teil ist ein traumartiges Selbst, welches eine widersprüchliche Botschaft in sich trägt und uns damit Probleme verursacht. Wie das Positron stört es uns, macht uns wütend und kann unsere gewohnte Identität sogar vernichten und unsere Absichten durchkreuzen.

Mit anderen Worten bringen traumartige Phänomene unsere rigide Identität zu Fall und erzeugen veränderte Bewußtseinszustände, Störungen, Symptome, Halluzinationen, Träume und

Gedanken, die uns nicht passen. Sie können sogar unsere Gesundheit gefährden, indem sie Unfälle verursachen. Unbewußtes Verhalten wird ohne Bewußtsein selbstzerstörerisch.

Umkehr von Zeit und Bewußtsein

Statt von sekundären Prozessen vernichtet zu werden, können eine flüssige Kriegerin oder ein flüssiger Krieger ihre Bewußtheit einsetzen und sich erlauben, ihre Identität zu wandeln. Sie können sich bewußt dafür entscheiden, daß es nicht der einzig mögliche Weg ist, ihren Absichten zu folgen und sich statt dessen von dem leiten lassen, was geschieht. Je bewußter und je flüssiger sie sind, desto mehr können sie sich den Energien des Feldes und seinen Kraftlinien in ihrer Stadt und in ihrer Zeit überlassen.

Wann immer sie in besonders schwierige Situationen geraten, können sie die Zeitgeister erkennen. Anstatt diesen zu erlauben, Träume, Körpersymptome oder Beziehungsschwierigkeiten zu schaffen, welche ihre Identität bedrohen, gehen sie mit ihnen, wandeln sich und machen einen Schritt aus der Zeit in das zeitlose Tao.

In der Zeit zurückzugehen heißt dann, primäre Prozesse hinter sich zu lassen. Es heißt, die normale Tagesordnung loszulassen, unsere Pläne, unsere Absichten und bewußten Zielsetzungen. Wenn Störungen einbrechen oder wenn eine Situation Ihre Aufmerksamkeit weckt, können Sie den sekundären Prozessen folgen und mit den jeweils gegenwärtigen Zeitgeistern gehen, anstatt sich einfach vorwärts tragen zu lassen.

In der Zeit zurückzugehen bedeutet, das Sterben zu üben, sich darin zu üben, Ziele, Absichten und die gewohnte Identität aufzugeben und dem Weg der träumenden Prozesse zu folgen. Wenn wir dies tun, sterben wir im übertragenen Sinne, geben auf, wer wir sind, und identifizieren uns mit den größeren Veränderungen. Meine Erfahrungen mit vielen Sterbenden haben mir gezeigt, daß die Lehre manches physischen Todes darin zu bestehen scheint, loszulassen und mit dem Tao eins zu werden[2)]. Wenn wir uns alles bisher Gesagte überlegen, müssen wir nicht bis zum Tod warten, um in der Zeit rückwärts zu gehen und aus unserer gewohnten Identität herauszutreten.

Deshalb kehrt eine neue Führerin ebenso wie ein spiritueller Krieger Körpersymptome und Probleme um und tritt aus der linearen Zeit heraus, vielleicht sogar zurück in frühere Zeiten, um dort Teile ihrer selbst oder der Gemeinschaft zu finden, welche jetzt aufsteigen wollen. Wenn sie flüssig genug ist, kann sie sich in ihre Identität hinein und wieder herausbewegen, sie kann in der Zeit rückwärts und vorwärts gehen, indem sie den Körpergefühlen und den Phantasien und Intuitionen folgt, welche sie hat.

Innere Erfahrungen und äußere Ereignisse

Amy und ich waren einmal in den Bergen beim Skifahren und bewegten uns an den steilen Flanken eines abgelegenen Tales. Wir waren allein, denn nur wenige andere Skifahrer halten sich je in diesem besonderen Teil der Berge auf. Bei der Abfahrt merkte ich, daß ich mitten in einem inneren Dialog war und über ein Kind nachdachte, mit dem ich in dieser Woche gearbeitet hatte. Ich war sozusagen in einem „magnetischen" Feld gefangen.

Während der letzten Sitzung war ich mit dem kleinen Mädchen streng gewesen, indem ich es freundlich mit der Notwendigkeit konfrontierte, älter zu werden. Bis zu dieser Stunde hatte ich es ausgesprochen gehätschelt und genährt, und nun fühlte sich ein Teil von mir unsicher mit dem, was ich getan hatte. Ich fühlte mich schuldig, weil ich streng mit ihm gewesen war.

Ich merkte, wie engagiert ich in dieser inneren Diskussion war und begann zu vermuten, daß ich in einer Art Feld war, am Kreuzungspunkt von zwei Zeitgeistern. Deshalb hielt ich dort an, wo ich gerade war, und bat Amy, mir zu helfen. Ich prozessierte den Konflikt innerlich und gab den Gefühlen des kleinen Mädchens eine Stimme. Es wollte, daß sein Vater liebevoller sei! Der Vater aber kehrte die Gefühle des kleinen Mädchens um, indem er ihm zeigte, daß Liebe auch heißen kann, daß man manchmal streng sein muß.

Ich fühlte mich erleichtert und war mit dieser Einsicht zufrieden. Als wir wieder abzufahren begannen, tauchten am Horizont zwei andere Skifahrer auf. Das war ein bißchen seltsam in dieser abgelegenen Gegend. Als sie näherkamen, stellten wir zu unserer Überraschung fest, daß es ein Vater und ein kleines Mädchen waren. Der Vater machte dem Mädchen auf liebevolle Weise Mut und gab ihm Tips, wie es Skifahren sollte.

Plötzlich hatte ich das Gefühl, daß meine innere Arbeit und die äußere Umgebung kollidierten. Ich hatte nicht nur ein inneres Dilemma, sondern ich war mitten in einem Feld, in dem sich zwei Zeitgeister über die Erziehung von Kindern stritten. Wie können wir dies erklären? Eine Möglichkeit wäre es zu sagen, daß dies eine Synchronizität war. Ein phantasievoller Physiker könnte vielleicht sagen, daß ich in ein schwieriges Feld eingetreten war und ein Doppel an einem anderen Punkt im Raum entwickelt hatte. Oder wir könnten sagen, ich hätte über einen Vater und ein Kind geträumt und diese in der äußeren Welt aufgeträumt. Oder hätte ich vielleicht weitergehen, „aus der Zeit treten" und selbst zum Kind werden sollen?

Jedenfalls müssen wir die Möglichkeit in Betracht ziehen, daß innere Arbeit globale Arbeit ist. Sie ist mit dem Feld verbunden, in dem wir leben. Wenn jemand an den Zeitgeistern eines globalen Feldes arbeitet, gibt es keine innere und äußere Arbeit mehr, keine lokalen oder globalen Ereignisse. Weltarbeit zu machen bedeutet, daß wir ökologisch sind mit allem, was wir denken, wahrnehmen, erinnern, fühlen und phantasieren. Was wir für unser eigenes psychologisches Material halten, ist ein Zeitgeist in der heutigen Welt.

Die globale Bedeutung zusammenhängender Ereignisse

Welche Rolle spielt das monokausale Denken im Beispiel mit dem kleinen Mädchen, das ich gerade beschrieb? Sogar ohne die Gesetze der Physik beizuziehen, wissen wir, daß es eine grundlegende Symmetrie in unserem Universum gibt, auch wenn wir nicht wissen können, wer oder was für das, was sich ereignet, verantwortlich ist.

Habe ich „bewirkt", daß Vater und Kind im selben Moment auftauchten, als ich innerlich an diesem Thema arbeitete? Wird ein Beziehungskonflikt dadurch verursacht, daß ich mich von jemandem innerlich entfernt habe, oder dadurch, daß diese Person sich von mir distanziert hat? Habe ich jemanden angegriffen, oder habe ich nachts geträumt, daß ich von jemandem angegriffen wurde? Haben meine Träume meine Körperprobleme geschaffen, oder bringen meine Symptome meine Träume hervor? Haben die Ereignisse zwischen Irak und Kuwait den Gruppenprozeß in Kalifornien beeinflußt, oder hat das, was in Kalifornien geschah, Wirkungen im mittleren Osten gehabt?

Obschon es Momente geben mag, in denen es sinnvoll und sogar notwendig ist, die Ursachen und die Wirkungen von Ereignissen so gut wie möglich zu klären, leben wir doch in einem Universum, in dem alle Ereignisse miteinander in einer symmetrischen Weise zusammenhängen.

Deshalb können wir nicht sagen, welche Ereignisse einander verursachen, sondern nur, daß uns zusammenhängende Prozesse zustoßen.

Diese Art zu denken unterscheidet sich von der Art, wie Leben normalerweise verstanden wird, aber sie führt zu einem erweiterten Konzept des Selbst. Üblicherweise identifizieren wir uns nur mit einem Teil unserer Erfahrungen. Die anderen Erfahrungen, welche wir als „nicht wir" betrachten, werden dann sekundär. Sie werden zu Zeitgeistern und zur geheimnisvollen Welt. Wenn wir aber zu flüssigen Beteiligten im Naturgeschehen werden, so sind wir nicht mehr nur Opfer der geheimnisvollen Welt und ihrer Kräfte. Wir sind auch diese geheimnisvollen Kräfte und Zeitgeister selbst. Wenn wir unsere gewohnte Art zu denken umkehren, wird uns klar, daß wir entweder Teile eines Universum im Konflikt sind, das auf sich selbst einwirkt, oder ein unglaubliches Wesen mit vielen Gesichtern und Zeiten. Wir sind eine ständige Einladung und Herausforderung für andere, sich zu verändern.

Wir können auf die herkömmliche Weise fortfahren, indem wir versuchen, unsere persönlichen Schwierigkeiten und die Probleme der Welt zu lösen. Oder wir können die Störungen, Verschmutzungen und Konflikte benutzen und versuchen, die Energie und die Zeitgeister um uns herum zu „reiten" und den globalen Workshop dazu benutzen, zu unserem ganzen Selbst zu gelangen. Wenn wir so weitermachen wie bis jetzt, werden wir schließlich von der Welt, welche wir geschaffen haben, zerstört sein, genauso wie ein Elektron durch sein Doppel zerstört wird. Wenn wir uns aber über die bevorstehende Vernichtung klar sind, können wir den Trend umkehren und unsere eigenen Identitäten vernichten, um irgend etwas und alles zu werden, so wie es der Moment gerade braucht! Dies ist es vielleicht, was das Leben von uns will, von Einzelnen und von Gemeinschaften. Das Leben fordert uns heraus, die Energie und den Geist von Menschen und Problemen zu nutzen, von denen wir fühlen, daß sie gegen uns sind. Alles, was wir tun müssen ist, unsere Vorstellungen darüber, wer wir sind, zu verändern und umzukehren.

Übung zur Umkehrbarkeit der Zeit

1. Gebrauchen Sie all Ihre Sinne, und warten Sie geduldig, bis die nächste intensive Feldsituation eintritt.

2. Stellen Sie nun Ihre Körpergefühle fest. Beobachten Sie Ihre Stimmung, Ihre Träume und Beziehungen und die Welt um Sie herum.

3. Sobald das Feld anfängt, Sie zu stören oder Ihnen das Gefühl gibt, Sie seien in zwei Teile gespalten, nehmen Sie die Tatsache ernst, daß dies eine Chance ist, die Zeit umzukehren und auf den Drachenlinien des Schicksals zu surfen.

4. Erhalten Sie Ihr altes Selbst aufrecht, versuchen Sie, das, was sich zuträgt, zu vermeiden oder zu kontrollieren.

5. Wenn Ihnen das nicht mehr gelingt, fassen Sie sich ein Herz, und erlauben Sie Ihrer alten Identität und Ihrem alten Verhalten, sich zu verändern, indem Sie sich erlauben, selbst zu der Situation oder zu dem Gefühl zu werden, das Sie stört. Beachten Sie die neuen Teile Ihrer selbst, welche jetzt aufsteigen.

6. Fangen Sie jetzt an, sich auf andere Weise zu bewegen, auszudrücken und zu fühlen.

7. Schauen Sie sich um. Stellen Sie fest, wie die Welt reagiert. Stellen Sie fest, wie sich Ihre Körpergefühle und Ihre Beziehungen verändern. Beobachten Sie die Welt um sich herum, und achten Sie auf synchronistische Ereignisse.

8. Auf welche Art sind Sie gestorben und haben sich entwickelt, statt vernichtet zu werden?

14. Kapitel

Bewußtheit und Entropie

Eine brauchbare Theorie darf nicht nur beschreiben, was schon beobachtet wurde, sondern sollte auch imstande sein, zukünftige Ereignisse vorauszusagen. In diesen letzten beiden Kapiteln will ich bestimmte zukünftige Aspekte der Weltarbeit, wie die Zeitumkehr und die Erschaffung von Ordnung aus Chaos oder von Negentropie, voraussagen.

Die im ersten Teil dieses Buches vorgelegten Konzepte und Theorien führen zu Einstellungen und Methoden für die Arbeit mit Situationen in der Welt, welche von nichtlokalen Wirkungen ausgehen. Weltarbeit bietet sogar manchmal Möglichkeiten, scheinbar chaotische oder störende Ereignisse zu genießen. Feldideen machen es möglich, die Zeit umzukehren.

Wie steht es mit zukünftigen Ereignissen? Das Wort „Zukunft" ist kompliziert. Wenn wir es prozeßorientiert verstehen, bedeutet es nichts anderes als die verborgene Gegenwart, die abgewerteten und sekundären Prozesse, die sich gerade jetzt abspielen. Was als nächstes geschehen wird, kann durch das vorausgesagt werden, was im Moment zu geschehen versucht. Wenn wir also die Zukunft finden wollen, müssen wir unsere Gefühle, Symptome, Träume und Doppelsignale in Beziehungen anschauen. Um auf der globalen Ebene etwas über die Zukunft herauszufinden, müssen wir unsere kollektiven Träume, Mythen und Synchronizitäten untersuchen.

Die bestehenden Mythen über unseren Planeten geben uns Grund zu Pessimismus. Einige der bekanntesten Mythen über die Erde sagen das Ende der Welt voraus. Zum Beispiel geht die chinesische Erdfigur Pan Ku in Stücke, nachdem sie sich selbst als die Welt erschaffen hat. Und der germanische Mythos von der

Götterdämmerung ist eine schreckliche Vision von Tod und Zerstörung ohne Wiedergeburt[1].

Selbstbalance und Selbstzerstörung

Sagen diese Mythen unsere Zukunft voraus, oder weisen sie auf die selbstbalancierende Tendenz der Natur hin, von welcher ich in früheren Kapiteln gesprochen habe? Wenn Zeitgeister sich selbst überlassen werden, können sie einander töten, genauso wie Materie mit Antimaterie zusammenstößt, Realität mit Träumen. Teile eines Systems werden sich automatisch balancieren und gegenseitig kompensieren, was für das Ganze entweder in Elend und Selbstmord oder in Weisheit und Ganzheit enden kann, je nach der Rolle, welche die Bewußtheit spielt.

Zum Beispiel litt ein Klient, den ich einmal sah, an Halluzinationen und war in einer psychiatrischen Klinik. Er hörte Stimmen, und eine Stimme, welche sich Gottes Stimme nannte, befahl ihm, ein Kind zu töten. Als er in den Spiegel sah, erblickte er ein Kind, das ihn anlächelte. Indem er schrie, er habe das Kind gefunden, setzte er ein Gewehr an und erschoß das Kind und damit sich selbst.

Dies war ein mißglückter und selbstdestruktiver Versuch von Selbstbalance. Ich kannte diesen Mann und wußte, daß er sich dagegen wehrte, erwachsen zu werden. Er war tatsächlich kindlich geblieben. Wie viele von uns wollte er nicht aufwachsen und das Elternhaus verlassen, welches in seinem Fall die psychiatrische Klinik war. Die Stimme, die ihm sagte, daß er das Kind töten solle, war ein Versuch, einen Ausgleich zu erreichen. Er hatte nur einseitig die Kindseite genährt und weigerte sich, seine erwachsenen Tendenzen zu unterstützen. Sein Selbstmord war ein Akt von Selbst-Balance, welcher nicht zu Weisheit, sondern zu Chaos führte.

Auf der globalen Ebene sind wir ebenfalls daran gewöhnt, Versuche zur Selbstbalance zu sehen, welche eher zu Zerstörung als zu Weisheit führen. Gruppen haben die Tendenz, einseitig zu sein, und stehen damit unvermeidlich im Gegensatz zu anderen, gleichermaßen einseitigen Gruppen. Parteien und Individuen treffen sich, bedrohen einander und versuchen oft, sich gegenseitig umzubringen. Wenn keine Bewußtheit vorhanden ist, führt die Tendenz des Feldes, Einseitigkeit zu kompensieren, öfter zu Krieg und Zerstörung als zu etwas anderem. Wie wir aber in den letzten Kapiteln gesehen haben, könnte das, was auf den ersten Blick wie ein innerer Konflikt oder ein Gruppenkonflikt aussieht, auch eine Chance zur Selbstentdeckung sein, eine Chance, die Zeit umzukippen und die raum- und zeitlose Natur des Lebens zu entdecken.

Entropische Zerstörung in der Physik

In der Physik spiegelt das zweite thermodynamische Gesetz die Mythen von der Zerstörung und sagt vorher, daß die Welt zu einem Ende gelangen wird. Das erste Gesetz der Thermodynamik besagt, daß die Energie des Universums nicht zerstört oder erschaffen, sondern nur gewandelt werden kann. Das zweite Gesetz der Thermodynamik sagt, daß Energie in andere Formen und wieder zurück verwandelt werden kann, daß aber jedesmal eine gewisse Menge von verfügbarer Energie verlorengeht, wenn eine derartige Transaktion durchgeführt wird. Die totale Summe der Energie bleibt die gleiche, aber ihre Verfügbarkeit zur Umsetzung nimmt in geschlossenen Systemen ab.

Nach dieser Theorie, welche mit dem Namen von James Maxwell verbunden wird, geht das ganze Universum, sofern es ein geschlossenes System ist, auf den „Hitzetod" zu, nämlich komplette Entropie oder Dissipation der verfügbaren Energie. Die Energie in einem geschlossenen System wird immer weniger in Arbeit umsetzbar; deshalb zerstören sich geschlossene Systeme selbst. Es bleibt allerdings zu diskutieren, ob das Universum und die Erde geschlossene Systeme sind. Aber die Aussage des zweiten thermodynamischen Gesetzes bleibt bestehen und ist für uns auf jeden Fall wichtig.

Mythologie und Physik scheinen beide vorauszusagen, daß sich unsere Erde und geschlossene Systeme im allgemeinen auf ihre Zerstörung hin bewegen. Ich habe Hunderten von Menschen überall auf der Welt die zwei folgenden Fragen gestellt: 1. Denken Sie, daß es unser planetarisches Schicksal ist, uns selbst zu zerstören? 2. Welches ist die Rolle der Menschen, der Regierungen oder Gottes der Entropie oder dem planetarischen Tod gegenüber?

Ich habe zu diesen großen Fragen verschiedene Antworten bekommen. Viele sagen „Ja, die Welt wird sterben". Einige sagen „Nein, Gott wird eingreifen". Wieder andere sagen, „Die Menschen werden das Problem lösen".

Maxwell's Dämon

Meine eigene Antwort auf die erste Frage ist ja und nein. Ja, die Welt bewegt sich offensichtlich auf ihre Selbstzerstörung zu, solange ihre Neigung zur Selbstbalance nicht von Bewußtheit begleitet ist, und nein, die Welt muß sich nicht selbst zerstören, was die Quintessenz dieses Buches ist. Menschen könnten fähig sein, den entropischen Prozeß durch Bewußtheit umzukehren.

Auch James Maxwell stellte eine Theorie darüber auf, wie destruktive entropische Prozesse umgekehrt werden könnten. Dies ist nicht überraschend, denn das zweite Gesetz der Thermodynamik ergibt so eine bedrückende Weltschau, daß Maxwell selbst seine Hypothese auszubalancieren versuchte, indem er postulierte, daß das Gesetz umgekehrt werden könnte, wenn ein kleines menschenartiges Wesen, ein Dämon, in dem geschlossenen System leben würde und fähig wäre, im richtigen Sinne einzugreifen. Dieser Dämon wird Maxwells Dämon genannt.

Nach Maxwell könnte dieser Dämon in einem geschlossenen System den Fluß der Moleküle kontrollieren, wenn sie zwischen den beiden Teilen des Systems hin- und hergehen. In einem geschlossenen System ohne einen solchen Dämon mischen sich heiße und kalte Moleküle unkontrollierbar und werden schließlich zu einem System von gleichförmiger Temperatur, zu einer Mischung, die nicht mehr für Arbeit einzusetzen wäre. Der Dämon könnte dies aber umkehren. Er könnte „Negentropie“ schaffen, was bedeutet, daß er den Fluß der Moleküle dazu benützen könnte, nützliche Arbeit zu erzeugen.

Lassen Sie mich dafür ein Beispiel geben: Würden in einem System wie unserem Planeten chemische Reaktionen ablaufen, welche die allgemeine Temperatur erhöhen, könnte der Dämon diese erhöhte Hitze für Arbeit einsetzen und damit den Planeten abkühlen, ohne irgend etwas von dessen Energiepotential zu verlieren. Mit anderen Worten könnte ein Maxwellscher Dämon im System der Erde (falls es ein geschlossenes System ist) den Treibhauseffekt rückgängig machen, falls – und nur in diesem Falle – die Bewußtheit des Dämons eingesetzt würde.

Bewußtheit und Energie

Die genannten Mythen über das Schicksal der Erde sagen, wie das zweite Gesetz der Thermodynamik, die Zerstörung der Erde voraus, weil solche Bewußtheits-“Dämonen“ fehlen. Die meisten Anthroposmythen beschäftigen sich mit den Göttern, nicht mit den Menschen. Das Entropiegesetz hat auch keinen Platz für das menschliche Bewußtsein und wird deshalb nicht beeinflußt durch subtile Veränderungen in unserer Bewußtheit. Unsere Mythen und die Naturwissenschaften sind sich einig darin, daß das Universum sich ohne menschliche Bewußtheit selbst zerstören wird.

Wissenschaftler weisen darauf hin, daß das Universum oder die Erde nicht wirklich ein geschlossenes System sind. Die Erde wird aber mehr zu einem psychologisch geschlossenen System, als wir bis jetzt begriffen haben. Diese Mythen und physikalischen Gesetze beschreiben einen wirklichen und gefährlichen Prozeß, der sich alle Tage abspielt und den wir alle kennen: den Prozeß, in geschlossenen Systemen, in Situationen ohne Bewußtheit, eingeschlossen zu sein. Naturwissenschaft und Mythologie beschreiben die Alltagsrealität als geschlossenes System. Sie sagen nichts darüber aus, was geschehen würde, wenn jemand losgelöst genug wäre, um mit Polarisationen zu arbeiten!

Ein System ohne den Dämon der Bewußtheit ist eine Welt voller Individuen in veränderten Bewußtseinszuständen, in mächtigen Emotionen wie Ekstase und Depression, Kriegsdurst und Wut ohne Zugang zu Bewußtheit und Weisheit. Wie oft leben wir alle in solchen geschlossenen Systemzuständen, wenn wir zum Beispiel Wut und Depression ohne Bewußtheit fühlen?

Alle solchen Bewußtseinszustände, die ohne Bewußtheit ablaufen, sind geschlossene und potentiell gefährliche Systeme.

Große Entdeckungen, wie zum Beispiel die Atomenergie, scheinen wunderbar zu sein, aber ohne Bewußtheit in bezug auf das mörderische Potential der Atomenergie hat die Welt bereits angefangen, einen Teil ihrer selbst zu zerstören.

Diejenigen von uns, welche im Westen leben, waren sehr erleichtert, als sie von den demokratischen Revolutionen in den Ostblockländern hörten. Aber auch hier müssen wir Bewußtheit wahren und zum Beispiel an den Geist von Tyrannei und Macht denken, der so lange dort geherrscht hat. Wenn wir nur die Freiheit umarmen und den Zeitgeist der Tyrannei vergessen, werden solche Länder einfach auf die Seite der Freiheit flippen und zu einer anderen Zeit eine gewaltsame und entropische Reaktion haben. Dann kann die unprozessierte Tyrannei, Macht und Wut die demokratische Entwicklung sabotieren.

Geschichte, Veränderung und Bewußtheit

Die Geschichte besteht aus einer langen Reihe von Revolutionen, ein gewaltsamer Flip im Feld von Unterdrückung und Herrschaft folgte auf den anderen. Echte Veränderung bedeutet jedoch nicht, von einem Zustand ohne Bewußtheit in den anderen zu flippen. Denn Flippen heißt ja nichts anderes, als einen Zeitgeist durch einen anderen zu ersetzen, Demokratie durch Totalitarismus, Haß durch Liebe. Wir brauchen eine neue historische Entwicklung, eine neue Welt, in welcher Systeme nicht einfach flippen, sondern mit Bewußtheit so begleitet werden, daß alle Teile gehört werden und nicht länger einfach einer den anderen überwältigt.

Bewußtheit bedeutet nicht, neue Teile von uns selbst zu entdecken und aufzubringen, die Krieg machen, das heißt durchbrechen und alte Teile überwältigen. Dies ist noch keine Bewußtheit. Eine Psychologie oder Weltarbeit, welche das Individuum nur bei der Entdeckung von neuen Teilen und Verhaltensweisen unterstützt, lädt uns zwar für den Moment neu auf, indem sie uns Zugang gibt zu Bildern und Verhaltensweisen, die abgespalten waren. Aber ich meine hier etwas Subtileres. Ich interessiere mich nicht nur für neues Wachstum, sondern für den Bewußtseinsprozeß, Das bedeutet, daß ich am ganzen System interessiert bin, an den neuen Teilen, an den älteren, welche sie zu ersetzen versuchen, und an der Interaktion zwischen alt und neu. Ich bin nicht daran interessiert, den alten Tyrannen am Ende durch einen neuen zu ersetzen.

Bewußtheit bedeutet, daß es dort einen Maxwellschen Dämon gibt, einen Facilitator oder eine Facilitatorin, der im sonst geschlossenen System steht und es möglich macht, daß Demokratie und Tyrannei einander kennenlernen, einander brauchen und nicht einfach von einer Seite auf die andere flippen. Bewußtheit heißt, Macht nicht zu unterdrücken, sondern bewußt zu gebrauchen. Wenn wir nur von Tyrannei zu Demokratie flippen, wird die Macht unbewußt und macht sich sehr verletzend wieder bemerkbar! Wenn wir nicht Bewußtheit dafür einsetzen, die Beziehung zwischen den Zeitgeistern vermittelnd zu begleiten, werden wir uns selbst durch unbewußte Balance- und Seitenwechsel-Prozesse zerstören. ***Deshalb ist es nicht die Veränderung, welche entscheidend ist, sondern die Bewußtheit in der Veränderung, die Bewußtheit, was mit den alten Teilen während der Veränderung geschieht.***

Wenn wir Glück haben, werden wir einen Maxwellschen Dämon in der Form einer Familientherapeutin, eines Vermittlers, einer guten Freundin oder eines Beraters finden, der sich zu uns in unsere geschlossenen Systeme begibt, um uns zu helfen, die Dinge auf nützliche Weise zu prozessieren. Aber wenn wir allein sind, fehlt üblicherweise dieser tief demokratische Dämon-Therapeut.

Wer von uns ist bereit, Bewußtheit zu benutzen, die eigene Seite mit Leidenschaft und Bewußtheit zu vertreten, die Seite des Partners mit Anteilnahme zu übernehmen und den Konflikt klar und neutral von außen zu betrachten, um so beiden Seiten die Möglichkeit zu geben, sich mit Herz und Kopf zu begegnen?

Bewußtheit bedeutet zu verstehen, daß das, was uns entgegensteht, ein Teil von uns selbst ist, den wir brauchen. Bewußtheit bedeutet oft, daß wir unsere Vorstellungen umkehren müssen, zurückgehen und aus dem Pfad heraustreten müssen, auf dem wir uns befinden, um mit Gefühlen und Zeitgeistern zu gehen, so wie sie in uns aufsteigen. Bewußtheit hat damit zu tun, daß wir unsere eigene autoritäre Position erkennen. Vielleicht können wir nur lernen, der Natur zu folgen, wenn wir zuerst versuchen, sie nach unseren Vorstellungen zu formen, und damit scheitern. Sogar die wohlmeinendsten neuen Ansätze sind ohne eine neue und tief demokratische Einstellung, welche Bewußtheit in geschlossene Systeme bringt, dem Untergang geweiht.

Krieg ist das allerintensivste unter den geschlossenen Systemen. Zwei oder mehr Seiten stehen im Konflikt, jede will die andere besiegen, und kein Teil verfügt über Bewußtheit. Wegen unserer Tendenz, uns selbst in geschlossene Systeme ohne Bewußtheit einzusperren, fühlen wir uns oft auf einem Planeten ohne Führung festgefahren. Zu wenige von uns sind bereit, alles umzukehren, den Tod, den wir selbst erschaffen haben, metaphorisch zu erdulden und unsere Identitäten vorübergehend loszulassen, um uns von der Bewußtheit leiten zu lassen.

Unsere größte Gefahr liegt in unserer Tendenz, ein geschlossenes, unerleuchtetes System zu schaffen, welches sich selbst zu Tode balancieren wird. Bis jetzt hat sich die menschliche Geschichte im Kreis gedreht, weil neue Führungspersönlichkeiten, Ideen oder Gruppen nur ältere abgelöst haben, ohne daß darauf geachtet wurde, wie dieser Wechsel vor sich ging. Als Gruppe haben wir den gleichen Werdegang wie das Individuum: wir wachsen auf, rebellieren, werden erwachsen und unterdrücken andere! Gleichermaßen nehmen die meisten von uns entweder Partei, leiden lautlos oder lesen passiv die Zeitungen, wenn neue globale Bewegungen entstehen und ältere Parteien vernichten. In Zukunft werden wir unsere eigene Autonomie nur aufrechterhalten können, wenn wir Bewußtseinsdämonen werden, reagieren, und sicherstellen, daß Veränderungen so human wie möglich vor sich gehen und alle Teile und alle Menschen berücksichtigt werden.

Die Geschichte dreht und wendet sich in ihrem offenbar unvermeidlichen Kampf zwischen Schöpfung und Vernichtung, während sich die Mehrheit von uns zurücklehnt und denkt:“ Dies ist der natürliche Lauf der Geschichte. Sie ist zu alt und zu riesig, um sich damit abzugeben.“ Was meinen Sie?

15. Kapitel

Tiefe Demokratie

An der Jahrtausendwende beginnen wir einzusehen, daß Konflikte und Kriege die Geschichte zum Teil geprägt haben, weil wir uns so stur an unsere Identitäten als Individuen und Gruppen klammern. Das zweite Gesetz der Thermodynamik spiegelt die alten Mythen über unser Verhalten und macht uns noch einmal klar, daß Welten ohne Bewußtsein erbarmungslos dem Tode entgegentreiben. In unseren dunkeln und geschlossenen emotionalen Systemen sind wir entweder auf dieser Seite oder auf jener. Naturwissenschaft, Mythen und der gesunde Menschenverstand warnen uns vor Selbstzerstörung. Wie das im letzten Kapitel besprochene Elektron, das in einem elektromagnetischen Feld vernichtet wird, oder die Welt, welche in ihrem eigenen Treibhaus stirbt, tun wir so, als ob wir von unserem Gegnerinnen und Gegnern verschieden wären, und benehmen uns wie machtlose Geschöpfe, welche von der Gnade unbeständiger Götter abhängen.

Aber Naturwissenschaft und Mythologie sagen auch eine Möglichkeit der Transformation voraus, in welcher die Welt, wie eine sich selbst heilende Schamanin, aus der Linearität der Zeit heraustritt und ihre verschiedenen Rollen prozessiert. Diese Vision muß sich schließlich durchsetzen, denn Selbstbewußtsein, Gruppenbewußtsein und das Prozessieren von Konflikten sind spannender als Krieg und viel kreativer als Frieden.

Bis jetzt war diese Vision nur ein hoffnungsvoller Traum. Bald wird es jedoch eine wache Notwendigkeit sein. Aber wie? Das Wissen über Felder und die interkulturelle Arbeit mit Gruppen, sogar das Einsetzen von Weltarbeits-Werkzeugen, wie sie in diesem Buch beschrieben sind, ist hilfreich und nötig, aber nicht genügend. Weder die Werkzeuge noch die Theorie allein werden die Dinge besser funktionieren lassen als andere organisatorische Ideen, wenn kein Gefühl für tiefe Demokratie beteiligt ist.

Krankheit und Konflikt

Denken Sie zurück an die Situation des kleinen Jungen mit einem Hirntumor über den ich im vierten Kapitel gesprochen habe.

Erinnern Sie sich, wie in der Arbeit mit ihm Disziplin auftauchte? Er war schon zweimal operiert worden, als ihn seine Eltern zu mir brachten. Sie kamen zu mir und dachten, sie hätten nichts mehr zu verlieren. Ich fragte den kleinen Jungen, wie er seinen Tumor erfahre, und er sagte, er tue ihm weh.

„Wie tut es weh?" fragte ich.

Er sagte: „Es tut weh wie ein Hammer". Als er das Wort „Hammer" sagte, haute er auf sein Knie. Ich sagte ihm, er solle noch einmal auf sein Knie hauen und zur gleichen Zeit „Hammer" sagen. Er begann nach meiner Ermunterung auf sein Knie zu hämmern, und wir hämmerten spielerisch zusammen, bis wir die Botschaft des Hammers verstanden. Nach einigen Minuten schaute er mich etwas schüchtern an und sagte mir, der „Hammer" meine, er solle etwas arbeiten, weniger fernsehen und seine Hausaufgaben machen.

Ich half ihm, dies weiter zu prozessieren, indem ich die andere Seite übernahm. Ich benahm mich wie der widerspenstige Teil von ihm und beklagte mich, daß ich gerne Fernsehen schauen wolle und nicht gerne Hausaufgaben mache. Dies brachte den Bub dazu, noch mehr in die Rolle des Hammers zu gehen. Er bestand darauf, daß „ich" mich disziplinieren müsse. Schließlich schlossen wir einen Friedensvertrag. Zuerst machte der Junge ein wenig Hausaufgaben, dann konnte er ein bißchen fernsehen, und dann ging er wieder zurück zur Arbeit.

Der Junge war glücklich mit seinem Entschluß. Er gab ihm inneren Frieden und mehr Vergnügen im Leben durch die Erfahrung, ein Hammer zu sein. Aber seine Mutter war nicht zufrieden.

Sie war überzeugt, daß er zu viele Schmerzen habe, um zu lernen. Der Junge und ich „hämmerten“ auf sie los und riefen, daß er mehr Disziplin wolle! Wir lachten alle, und sie unterstützte das Kind dabei, seine Hausaufgaben zu machen.

Die Gesundheit des Jungen verbesserte sich radikal. Schließlich fühlte er sich viel besser. Später sagte mir sein Arzt, das Röntgenbild zeige, daß der Tumor verschwunden sei. Sogar noch wichtiger war die Freude des Kindes an seiner neuen Hartnäckigkeit. Aber was hatte den Zerstörungsprozeß umgekehrt? Glück?

Ich denke, Maxwells Dämon begann im Knaben zu wirken. Bis zu dem Moment, als der Konflikt bewußt wurde, hatte er in einem psychologisch geschlossenen System gelebt, das sich selbst zu balancieren versuchte. Auf der einen Seite des Systems war ein normales faules Kind, auf der anderen eine sehr fleißige, disziplinierte Person, die etwas lernen wollte. Die beiden brachten einander um, und es war niemand „daheim“, um in dem Konflikt zu vermitteln.

Selbstbalance und Bewußtheit

Die selbstbalancierende Natur des Kindes allein hätte es getötet. Dies ist es, was die Mythen und physikalischen Gesetze voraussagen. Aber ein Vermittler in diesem geschlossenen System, welcher den Disziplin- und den Fernsehprozeß erkennen und miteinander kombinieren konnte, machte es möglich, den Konflikt so zu entwickeln, daß beide, Hausaufgaben und Fernsehen, zu ihrem Recht kamen. Und das beste dabei: Das Kind konnte am Leben bleiben.

Wir wollen diesen Vermittlungsprozeß im Detail betrachten. Bevor er begann, waren zwei Zeitgeister im Konflikt, der Hammer und der faule Fernsehgucker. Der Hammer war dabei, sowohl sich selbst als auch den Fernsehgucker durch einen Hirntumor zu töten. Als Bewußtheit in die Szene gebracht wurde, erkannte der Junge die Nachricht des Hammers, wurde von der Energie hinter der Disziplin angezogen und konnte den Fernsehgucker dennoch schätzen! Schließlich waren keine Seiten mehr im Konflikt, und alles war aufregend und interessant.

In einem menschlichen System gewinnt nie eine Seite allein. Es gibt keine unterstützenswerten Lösungen, bei denen eine Person oder ein Geist einen anderen unterdrückt. Außerdem sind immerwährende Konfliktlösungen ebensowenig möglich wie die Beseitigung allen Kopfwehs mit einem Aspirin. Deshalb muß eine praktizierbare Weltarbeit als Minimum die Existenz und den Wert aller Seiten aufzeigen und uns durch Erfahrung motivieren, alle Seiten so zu schätzen und zu leben, wie sie in den Vordergrund treten, eine nach der anderen.

Das Gefühl, welches diese Erfahrung nährt, ist deshalb mehr als die Hoffnung auf Frieden und Konfliktlösung. Es ist eine tiefere Demokratie, die nicht nur jeden Teil respektiert, sondern auch dessen Fähigkeit, uns ganz zu machen. Wenn Menschen diese Einstellung haben, können sogar offensichtlich gefährliche Prozesse wie derjenige des erwähnten Kindes ebenso aufregend und nützlich werden, wie sie gefährlich sind.

Diesem Kind ging es nicht nur besser, es erlebte sein Leben auch als reicher und lustiger. Tiefe Demokratie inspiriert uns, Aspekte unserer selbst wiederzuverwerten, welche wir sonst wegwerfen würden. Ich habe viele Male in diesem Buch darauf hingewiesen, wie das Wiederverwerten destruktiver Konflikte oder giftiger Verachtung nicht nur das Lösen von Problemen, sondern auch persönliche Ganzheit und mehr Gemeinschaft und Lebendigkeit für alle bedeuten kann.

Neue Mythen und Bewußtheit

Der Weg zu einer besseren Gesundheit ist derselbe wie der Weg zu einer vertretbareren Politik. Gute Gesundheit verlangt eine Maxwell'sche Bewußtheit und die Flüssigkeit einer spirituellen Kriegerin mitten im persönlichen Durcheinander. Indem wir die Zeitgeister eines Feldes erfühlen und voneinander trennen, organisieren wir die Art neu, auf die sich diese Zeitgeister begegnen, vermeiden ihre Vernichtung, lösen ihre Energien und greifen sie auf. Weltarbeit ist ein neuer Mythos, in dem menschliche Wesen dort intervenieren, wo früher nur Götter existierten.

Bewußtheit, das immerwährende Anliegen vieler Traditionen wie Zen, Vipassana im Mahayana-Buddhismus, Taoismus und fernöstlicher Kampfsportarten, wird in der Welt der Zukunft eine entscheidende Rolle spielen. Bewußtheit wird ein noch wichtigeres und herausfordernderes Anliegen werden, wenn wir unser Potential, die Geschichte mitzugestalten, entdecken und ernst nehmen. In der Vergangenheit bedeutete Bewußtheit für viele Menschen eine relativ neutrale oder passive Bewußtseinsverfassung. In Zukunft wird damit die objektive Wachheit gemeint sein, welche innere Erfahrungen und äußere Geschehnisse gleichermaßen wahrnimmt und Unvoreingenommenheit und freies, kreatives Handeln ermöglicht. Dies bedeutet Offenheit für uns selbst und andere und auch die Fähigkeit, vorübergehend in jeden der Ströme des Lebens einzutauchen. Es bedeutet, mitten im Chaos unser ganzes Selbst zur Verfügung zu haben und auf die Stimmen derer die wir lieben, ebenso zu hören wie damit zu experimentieren, daß sie zu unseren scheinbar unmöglichen Gegenspielern werden.

Vor allem wird Bewußtheit nicht nur eine Eigenschaft von Einzelnen sein, sondern auch die seelische Verfassung von Gruppen charakterisieren. Wir brauchen hochentwickelte Menschen und ganz wache Organisationen, in welchen alle verschiedenen Teile und Stimmen ihren Platz haben und welche sich der unwiderstehlichen Kraft des Feldes entziehen können. Diese neue Bewußtheit gibt uns viele Möglichkeiten. Wir können sie dazu einsetzen, Dinge passiv zu beobachten, wir können versuchen, die Ereignisse zu kontrollieren, wir können uns auch in ihren Dienst stellen und sie dazu gebrauchen, unsere eigene tiefe Natur zu entdecken.

Solche Veränderungen in unserem Konzept von Bewußtheit werden nicht ohne Einfluß auf die globalen Ereignisse oder die Gesetze der Physik bleiben. Wenn wir lernen, Konflikte auszutragen und uns um die Geister in unserer verschmutzten Umwelt zu kümmern, wird es Negentropie-Effekte geben. Dies könnte bedeuten, daß wir eine Periode von Wundern erleben. Gesetze der Physik, welche, wie das zweite Gesetz der Thermodynamik, davon ausgehen, daß es in einem geschlossenen System kein Bewußtsein gibt, müßten relativiert werden und könnten nicht mehr dogmatisch als richtig gelten. Sogar die „moderne“ Quantenphysik könnte sich als altmodisches Märchen über die schlafende menschliche Gattung herausstellen, welche plötzlich zu ihrem Potential erwachte, die Geschichte mitzugestalten. Die Naturwissenschaft wird dann nicht mehr vom Studium des Bewußtseins trennbar sein.

Und was ist mit der Physiologie? Bis jetzt hat sich das Geschehen in unseren Körpern und Seelen so angefühlt wie die Schlachten, über die wir in den Zeitungen lesen. Persönliche innere Arbeit und der sorgfältige Umgang mit Zuständen wie etwa Hast und Schläfrigkeit werden bestimmt dazu beitragen, eine sinnvollere Existenz zu führen und vielleicht sogar die Dauer des Lebens zu verlängern. Physiologisch gesehen könnte bewußtes Prozessieren von bösartigen Spannungen unsere Körper und die Erde davon befreien, als Bühne für die Kämpfe zwischen globalen Zeitgeistern zu dienen. Die Anatomie unserer inneren Organe, welche jetzt dafür dazusein scheinen, mit so vielen Spannungen fertigzuwerden, könnte sich verändern. Wenn wir das Beben der Erde, Überschwemmungen und Dürre und die Stimmen der Tiere und Pflanzen als Kanäle ernst nehmen, könnten unsere Körper sensibler und offener für neue Erfahrungen werden, welche wir uns jetzt noch gar nicht vorstellen können.

Die Bedrohung durch unlösbare ökologische Probleme und die Möglichkeit der Auslöschung allen Lebens auf der Erde können auch ein Grund zur Dankbarkeit sein, weil sie uns dazu herausfordern, unser totales Potential zu wecken. Alle Menschen, mit denen ich in Situationen nahe am Tod gearbeitet habe, haben ungeachtet ihrer Glaubenssysteme durch die Herausforderung der Sterblichkeit ihre größten Möglichkeiten entwickelt, sich geöffnet und gelernt, dem Fluß der Dinge zu folgen. Es scheint, als würden

Menschen in der Nähe des Todes zu Taoisten und Taoistinnen. Unsere neuen Mythen müssen davon erzählen, wie wir fast erstickten, während wir uns zwischen den Jahrhunderten bewegten. Und wie wir doch aus unserem planetarischen System erwachten und vor der drohenden Auslöschung gerettet wurden, indem wir lernten, die Entropie umzukehren und Konflikte und Spannungen für unsere Kreativität zu nutzen.

Planetarische Negentropie kann mit der Zeitumkehr verbunden werden und fällt vielleicht zusammen mit erhöhten psychischen und telepathischen Fähigkeiten. Während gewisse Eingeborenenstämme der Dritten Welt dem ökonomischen Druck und der Verlockung der modernen Technologie unterliegen, werden der Schamane, die weise Person und die Heilerin in der erhöhten Sensibilität aller und im Wissen über das Feld wiedergeboren werden. Wir brauchen nicht unbedingt viele solcher weisen schamanistischen Figuren, aber wir brauchen ganz bestimmt mehr Menschen, welche zwischen Menschen und Geistern in unserem erneuerten globalen Stamm vermitteln können.

Die Theorie sagt also voraus, daß Veränderungen im Bewußtsein das Entropiegesetz und die Zerstörung der Erde umkehren könnten oder daß es wenigstens möglich wäre, einige der verlorenen Naturressourcen aus der Energie, welche in unserem erstickenden Treibhaus eingeschlossen ist, wieder zu erschaffen.

Ich hoffe, daß die momentanen Durchbrüche und Umkehrungen von Zeit und Denksystemen, welche die Weltarbeit mit sich bringt, viele Menschen ermutigen. Aber ich erwarte auch, daß diese Möglichkeiten jene wenigen, welche sich dem Himmel schon nahe fühlen, in Gottesrauschzustände versetzen, auch wenn solche New Age-Verklärungen eigentlich kompensierende Träume sind zu den Weltuntergangsnachrichten in den Medien. Wenn der euphorische Schein der Hoffnung dann nachläßt, wenn wir uns mit den Alltagsproblemen abgeben müssen, werden wir unsere Träume von einer neuen Zeit und von Befreiung von Hunger und Leid als Potentiale erkennen, welche uns nur etwas nützen, wenn wir bereit sind, die Energie hinter der Brutalität zu akzeptieren und die Lust am Kampf zu prozessieren.

In einer Welt, welche vom Hitzetod bedroht ist, werden „gut" und „böse" weniger wichtig als die Beziehung zwischen ihnen. Unsere bewußte Erfahrung mit beiden Teilen entscheidet, ob wir gewinnen oder verlieren werden. Der nächste Schritt auf der globalen Ebene kann nicht einfach eine neu umgeformte Religion sein, die gutes Betragen anstrebt. Der Funke von Maxwells Dämon verspricht ein Leben, das ganzheitlicher ist als ein Himmel ohne Hölle.

Weltarbeit fängt überall dort an, wo es eine Einstellung zum Leben gibt, welche auf das sich wandelnde Ganze ausgerichtet ist und ökologisch denkt. Sie beginnt jedesmal, wenn wir anfangen zu kämpfen, um zu gewinnen, und schließlich unser Chaos akzeptieren und prozessieren. Es gibt so viele Menschen, welche an einer neuen Art auf der Erde zu leben interessiert sind, daß Weltarbeit nicht nur eine nationale, sondern auch eine übernationale politische Partei ist, zu der alle gehören, welche mehr als das Gesetz der Mehrheit wollen. Weltarbeit-Facilitatorinnen und -Facilitatoren streben mehr Beziehung zwischen ihren eigenen Teilen und zwischen allen Teilen in ihren Gruppen an.

Heute sind die Vereinten Nationen vielleicht das wichtigste Forum, das wir in der Krise haben. Die UNO hat dreißig Organe, um über unsere globale Gesundheit, den Frieden, Erziehung, Ernährung und Industrie zu wachen. Aber die UNO, unser einziges globales Facilitationsinstrument, ist weniger als fünfzig Jahre alt. Vor 1948 wußte niemand, wieviele Menschen auf der Erde lebten, weil wir keine Statistiken hatten! Heute können wir uns zum ersten Mal in der Geschichte der Menschheit mit den Problemen der Weltbevölkerung beschäftigen.

Die UNO sollte jedoch nicht das einzige Organ der Welt sein, das für globales Denken zuständig ist und die Weltprobleme unabhängig betrachten kann. Jede und jeder von uns und alle unsere Organisationen sind für das globale Feld verantwortlich. Das bedeutet, daß wir uns jeden Tag mit Fragen auseinandersetzen, denen wir früher oft erst am Lebensende begegneten, wie zum

Beispiel mit der Frage, was der Sinn unserer persönlichen Existenz ist. Wir sollten über globale, existentielle und tiefe Fragen nachdenken. Was ist gerade jetzt unsere Rolle auf der Erde? Was verlangt das Schicksal für Taten von unserer Gruppe?

Individuelle Psychologie und Bewußtheit in Organisationen sind Weltarbeit. Was wir in diesem Moment tun, wirkt sich auf die Welt aus. Unsere Gefühle sind Gefühle eines Teils der Welt, der mit anderen Teilen zurechtzukommen versucht. Die Art, wie wir mit uns selber zurechtkommen, organisiert die Entwicklung der Welt. Weil innere Arbeit Weltarbeit ist, schaffen wir eine psychologisch fundierte politische Sichtweise, welche die Beziehung zwischen den Teilen und Geistern der Umwelt schätzt und prozessiert.

Demokratie ist ein guter Name für den Anfang, aber wir brauchen mehr als öffentliche Wahlen und Experimente mit Gruppen ohne Leitung. Wir brauchen neue Formen, welche unser Selbstverständnis und die Arbeit mit einander entgegengesetzten Parteien unterstützen. Wir brauchen eine neue Form von Anarchie und eine erneuerte Demokratie, um eine Partei zu schaffen, einen offenen Kreis, einen Zeitgeist, der für alle jederzeit offen ist und den man auch wieder verlassen kann, wenn es nicht mehr stimmt. Wir brauchen eine Partei und eine Politik, welche eine tiefere Demokratie einbringen.

Tiefe Demokratie berührt alle Ebenen unseres Lebens. Im persönlichen Leben bedeutet sie Offenheit allen inneren Stimmen, Gefühlen und Bewegungen gegenüber, nicht nur denjenigen, welche wir kennen und unterstützen, sondern auch jenen, welche wir fürchten und nicht gut kennen. In Beziehungen bedeutet tiefe Demokratie, eine ständige Bewußtheit unserer höchsten Ideale und unserer schlimmsten Launen zu haben. Im Gruppenleben bedeutet es die Bereitschaft, jedem Teil zuzuhören, der sich meldet, und damit zu experimentieren. In der globalen Arbeit setzt sich die tiefe Demokratie für alle vorhandenen Standpunkte und den Geist der Natur ein.

Tiefe Demokratie selbst ist eine alte Idee, welche in allen von uns kommt und geht, wann immer eine Sensibilität für Felder und Gruppen vorhanden ist. Im Zusammenhang mit dieser Sensibilität möchte ich besonders auf die Stichworte Bewußtheit, Dienst an der Erde und Repräsentation zu sprechen kommen.

Bewußtheit

Interesse an uns selbst, an anderen und an äußeren Ereignissen trägt zur Weisheit des globalen Feldes bei. Es kann keine tiefe Demokratie geben ohne Bewußtheit und ohne das Annehmen aller unserer inneren und äußeren Teile.

Dienst an der Erde

Tiefe Demokratie unterstützt die Erfahrungen der Naturvölker, welche die Erde behandeln, als wäre sie ein menschliches Wesen mit Macht und Magie. Es ist uns dann bewußt, daß alles, was wir tun, die Natur eines gewissen Ortes miteinbezieht, und daß wir dieses Stück Erde respektieren und ernst nehmen müssen, sei es dadurch, daß wir direkt in der Umwelt intervenieren, sei es dadurch, daß wir den Geist der Erde in Gruppenprozessen von Menschen vertreten lassen, welche ihn lieben. Wir müssen Abfall auflesen, aber auch den Konflikt zwischen dem, der ihn hat fallenlassen, und der Erde, welche davon betroffen ist, ausspielen.

Tiefe Demokratie ist auch Bewußtheit darüber, daß wir die Erde nur zum Teil verstehen können. Ihre unerklärliche Natur bringt uns dazu, mit den geheimnisvollen Kräften des Feldes, in dem wir leben, in Kontakt zu kommen.

Repräsentation

Tiefe Demokratie beruht auf der Einsicht, daß wir alle gebraucht werden, um die Wirklichkeit zu repräsentieren. Weil tiefe Demokratie eine Idee ist, kann sie überall und jederzeit in einer Gruppe als Gefühl oder Überzeugung erscheinen. Wir gehören der „Tiefen-Demokratie-Partei“ an, wenn wir von ihrem Zeitgeist berührt sind. Im Prinzip könnte sich diese Partei der größten Mitgliederzahl aller Parteien rühmen, weil jedermann zu einer gewissen Zeit dazugehört. Dennoch gibt es keine festgelegte Mitgliedschaft, denn niemand kann dauernd in einem solchen Zustand von liebender Einfühlung sein.

Traurigerweise ist der Geist der tiefen Demokratie, obschon er ein so großartiges Potential hätte, einer der am wenigsten bevölkerten Teile unserer Welt. Wir haben alle eine Tendenz, undemokratisch zu sein und Vorurteile zu haben. Wir unterstützen nur die normalen Polaritäten von guter und schlechter Politik und akzeptieren nur bekannte oder „ gute" Teile von uns selbst. Dann flippen wir und werden von neu aufsteigenden Kräften besessen. Oder wir benehmen uns statisch neutral und halten uns zurück.

Tiefe Demokratie ist etwas anderes. Sie steht für sich selbst und alle anderen Parteien gleichzeitig ein. Sie vergißt die Zeiten vor den Revolutionen nicht und versucht, im Alten und im Neuen Wertvolles zu finden, ohne sich mit einer Seite zu identifizieren. Tiefe Demokratie weiß, daß die Vergangenheit automatisch in der Gegenwart zu einem einflußreichen Geist wird und versucht deshalb, die Energie offensichtlich überholter, unterdrückter oder tyrannischer Geister nutzbringend zu verkörpern.

Älteste in der Stadt

Es gibt mehr als genug solche Geister, an welche man sich erinnern sollte. Denken Sie an die Verbrechen in der Stadt. Wir verbringen zu viel Zeit damit, die Leute zu überwachen, und nicht genügend Zeit damit, vertretbare Lösungen zu finden. Um mit der Gewalt in der Stadt arbeiten zu können, müssen wir die Situation der Armen verbessern, aber auch die begabten jungen Menschen erkennen, welche von Natur aus ein Vorbild für tiefe Demokratie sein können. Sie könnten diese Art Weltarbeit leisten, welche die Energien der Gewalt in Lebendigkeit und Gemeinschaft transformiert.

Denken Sie daran, wie es um die Bürgerrechte steht. Die Art, wie überall in der Welt mit Minderheiten umgegangen wird, ist demütigend und unmenschlich. Wir brauchen neue Gesetze, um die Rechte aller Bürgerinnen und Bürger zu stärken, aber auch ein neues Konzept davon, was es heißt, menschlich zu sein, denn Gesetze allein werden dort nicht befolgt, wo Vorurteile herrschen.

Wir brauchen mehr als nur gesetzlichen Schutz, Rechtsanwälte, Politikerinnen und militärische Führer: wir brauchen Stammesälteste. Wo sind unsere weisen Frauen und Männer, wo ist die Weisheit der jungen Menschen, welche einander unterstützen können und uns Mut geben, unsere Angst und unsere Liebe für andere zuzugeben und zu prozessieren?

Unsere frühesten Stammesführer vereinigten spirituelle und weltliche Fähigkeiten. Jetzt, da das Stammesleben am Aussterben ist, wird eine neue Ältestenrolle entstehen, an welcher wir alle teilhaben. Wir müssen in uns selbst und in der Außenwelt nach diesen Ältesten suchen und alle unterstützen, die uns dafür ein Modell geben können. Ein Teil der globalen Arbeit besteht darin, diesen weisen Teil zu finden und zu lieben. Unsere zukünftigen Anführer und Anführerinnen werden nicht nur die charismatischen Wenigen sein, welche mutig genug sind, öffentlich aufzustehen, sondern auch diejenigen, welche im stillen die Ältestenrolle leben.

Diese Ältesten sind ebenso wichtig wie demokratische Regierungen, wir brauchen ihre Fürsorge und Unterstützung, um uns selbst zu werden und mit anderen Menschen verschiedener Religionen, Rassen, Geschlechter und ökonomischer Privilegien zusammenzuleben.

Wir müssen mehr Stellen für die Armen haben, den Wohnungsmarkt verbessern und die Obdachlosen unterstützen, aber wir müssen auch dafür sorgen, daß die Reichen und die Armen miteinander in Beziehung treten. Die Art, wie Demokratie und Kapitalismus heute praktiziert werden, ist nicht hilfreich, weil die gegenwärtigen Regierenden Depression, Selbstmord und die Sinnleere, die so viele Menschen empfinden, nicht verstehen.

Und was ist mit den Drogen? Älteste, welche ihre eigenen veränderten Bewußtseinszustände erfahren haben, wissen, daß Gesetze und Polizei Sucht nicht heilen können. Wir müssen tiefer in verbotene Trancezustände eindringen und die wichtigen Geheimnisse finden, welche wir dort verloren haben. Wir sind selbst süchtig nach Aspekten des Lebens, die in der gegenwärtigen Welt nicht zugelassen werden. Deshalb brauchen wir Regierungen, die einen Sinn für tiefe Demokratie haben und uns helfen können, die

Energie und Lebendigkeit zu finden, die wir in den veränderten Bewußtseinszuständen suchen, welche die Drogen uns vermitteln.

Und was ist mit dem Betrug am Staat? Älteste wissen aus eigener Erfahrung, daß weder höhere Prosperität noch moralische Vorschriften je Stehlen und Lügen stoppen werden. Jedermann will geschätzt werden und stiehlt im geheimen, zumindest insofern, als wir insgeheim zu Liebe und Unterstützung zu kommen versuchen. Wenn Regierungen nicht alle Bürgerinnen und Bürger auf allen Ebenen ermutigen, sich voll einzubringen, wird das Stehlen vom Staat zu einem Hauptthema in den Medien, wie es heute in vielen modernen Ländern der Fall ist.

Die Ältesten, welche die tiefe Demokratie verkörpern, bringen auch den Zeitgeist des kriminellen Außenseiters ein. Sie unterstützen ihn, um ihm zu seinen tiefsten Bedürfnissen zu verhelfen: Kreativität und Ermächtigung.

Wir können uns nicht länger vormachen, daß die Welt von Politikerinnen und Anführern regiert werden kann, welche keine Ältesten sind. Die einzigen unterstützenswerten Problemlösungen sind solche, welche mindestens so sehr von Liebe und menschlichem Interesse getragen sind wie vom Streben nach Gesetz und Ordnung.

Die Umwelt kann nicht durch Gesetze allein gerettet werden. Sobald sich ein Konflikt zwischen zwei Ländern entwickelt, wird das Schwächere die Umwelt zerstören, um das Stärkere zu terrorisieren. Wir brauchen nationale Führerfiguren, welche etwas von Kampfkunst und von Ökologie verstehen. Älteste, welche tiefe Demokratie leben, werden Störer in ihrem Kreis erwarten und sogar einladen, bevor sie Terroristen werden. Sie akzeptieren die Wildheit, so daß Terrorismus veraltet, weil die Ältesten soziale Spannungen auf die Tagesordnung setzen und auch unpopuläre Ideen ernst nehmen.

Eine vertretbare, lebensfähige Führerschaft braucht sowohl Älteste, welche politisch weise sind, als auch psychologisch orientierte Menschen, welche an persönlichem Wachstum interessiert sind. Wir werden immer charismatische, inspirierende Führerfiguren brauchen. Noch mehr jedoch brauchen wir mitfühlende

Menschen, welche Gefühle haben, die über richtig und falsch und die Grenzen ihrer eigenen Person und Nation hinausgehen und die dazu fähig sind, andere zu verstehen und ihnen zu helfen.

Die Probleme der Ältesten

Während wir in die Rolle von Ältesten hineinwachsen, brauchen wir Ermutigung bei unseren manchmal ungeschickten Versuchen. Tiefe Demokratie vorzuleben kann ebenso schwierig wie eindrücklich sein. Echte Ältestenschaft kann nicht vorgetäuscht werden, denn es reicht nicht, sich andern gegenüber offen zu benehmen. Wenn wir nicht wenigstens uns selbst gegenüber unsere Vorurteile zugeben, werden die anderen sie dennoch spüren. Es gibt in einem Post-Einsteinschen Universum, in welchem mentale Telepathie so wichtig ist wie Telefax, keine Geheimnisse mehr. Jedermann weiß alles.

Unbewußte unprozessierte Vorurteile schaffen heimtückische, unsichtbare Konflikte. Wenn wir aber unsere Vorurteile erkennen, können wir uns bewußt auf einen Konflikt mit äußeren Ereignissen einlassen. Nur wenn wir unsere Vorstellungen kennen, können wir sie für einen Moment loslassen und den anderen zuhören.

Ein solches Bewußtsein aufrechtzuerhalten kann aber schwierig sein, besonders inmitten von turbulenten Machtkämpfen. Heute, da so viele Länder Freiheit und Unabhängigkeit erlangen wollen, kämpfen viele überall auf der Welt damit, eine neue Weltordnung zu schaffen. Weil die alten Formen von Führerschaft gescheitert sind, sind Gruppen und Nationen mit der Herausforderung und der oft schmerzlichen Aufgabe beschäftigt, tiefere Formen von Demokratie zu entwickeln, als wir sie in der Vergangenheit gehabt haben.

Während dieser Übergangszeiten regiert das Chaos, denn jeder scheint jeden zu bekämpfen. Vielerlei Führerfiguren kämpfen um die Macht, und es scheint keine Ältesten zu geben. Wo ist heute ein Ältester zu finden, welche zuerst eine Seite unterstützt und dann alle anderen? Es ist derjenige Mensch, der in der Menge so verrückt wie alle anderen aussieht, sich aber auch vom Durcheinander rivalisierender Kräfte lösen kann, um ruhig und anteilnehmend allen zuzuhören und ihnen allen – auch sich selbst – die Beachtung zu geben, welche sie verdienen.

Wenn er oder sie sich selbst gut kennen, erinnern sie sich daran, daß sogar ihre Liebe für Frieden und Harmonie Konflikte schaffen kann. Wenn sie wach sind, stehen sie klar für ihre Ideale ein und lösen sich dann davon und konzentrieren sich auf die Realität des Augenblicks und die Entwicklung aller Beteiligten. Sogar wenn sie für eine Weile ihre Bewußtheit verlieren, ist ihre grundsätzliche Absicht wichtiger: ebenso an diejenigen unter uns zu denken, welche noch nicht geboren sind, wie an sich selbst.

Ghandis wunderbare Geschichte, wie er Indiens Unabhängigkeit vom britischen Commonwealth erreichte, hat uns viel zu lehren. Seine inspirierende Gewaltlosigkeit rettete den Moment, unterdrückte aber auch den Zeitgeist der Brutalität, welcher ihn später umbrachte, und von dem Indien nachher eine Weile besessen war. Für unsere Ältesten im 21. Jahrhundert ist es wichtig, gleichzeitig gewalttätig, gewaltlos und keines von beidem zu sein.

Gemeinschaften, in denen alle gleichgestellt waren, wie man sie in den sechziger Jahren erträumte, scheiterten nicht nur an der Macht des kapitalistischen Systems, sondern auch daran, daß die starken Persönlichkeiten in leiterlosen Gruppen nicht miteinander zurechtkamen. Deshalb haben alternative Gruppen heute so wenig Macht: Sie können keinen Konsens erreichen. Demokratie kann nur mit Bewußtheit funktionieren, wenn alle Beteiligten ihre eigenen Standpunkte kennen, Konflikte mit anderen zulassen und Zugang zum Ältestengeist haben, der über allen momentanen Meinungen steht.

Wenn eine Älteste erkennt, daß sie gegen den chaotischen Sturm von um die Macht wetteifernden Führerpersönlichkeiten nicht ankommt, kann sie immer noch die Magie der tiefen Demokratie einbringen, und das Unmögliche scheint doch immer möglich zu werden. Offenbar können wir die Werkzeuge der Weltarbeit erst einsetzen, wenn wir erschöpft sind vom Versuch, die Kontrollierer zu kontrollieren. Dann entspannen sich alle, und die

Welt kommt auf mysteriöse Weise wieder in eine Ordnung, wenn auch vielleicht nur für einen Moment.

Deshalb werden Revolutionen, welche alte Systeme überwältigen, um neuere und bessere zu erschaffen, ohne Erkenntnis und Übung in tiefer Demokratie nur die Vergangenheit wiederholen. Regierungsstrukturen allein können keine tiefe Demokratie schaffen. Nur individuelle Bewußtheit kann dies erreichen, denn es gibt kein System ohne zumindest subtile Hierarchien. Wir müssen den Mut haben, Macht sichtbar zu machen und dafür einzustehen. Dann können andere diese Macht akzeptieren oder bekämpfen, und – am allerbesten – Bewußtheit wird uns helfen, unsere Position zu verlassen, wenn sich andere zeigen, die besser sind.

Im Gegensatz zu gewissen anderen Philosophien und Glaubenssystemen beginnt tiefe Demokratie damit zuzugeben, daß diese Haltung niemanden und nichts retten kann. Sie mag Konflikte und Probleme lösen, aber nur dann, wenn die Zeit dafür gekommen ist, daß alle Beteiligten in einer Beziehung oder Organisation ihre Energie persönlich einsetzen. Die Kraft und Wirksamkeit der tiefen Demokratie hängt ausschließlich von der Bewußtheit über den Prozeß ab, der im Moment abläuft. Deshalb unterstützt der Geist der tiefen Demokratie weder den Gebrauch von Macht in der Politik noch das Predigen von Frieden, sondern ermutigt Bewußtheit über beides, sobald es in der jeweiligen Situation auftaucht. Dieser Geist weiß nicht, was getan werden sollte. Obschon er Lösungen versucht, traut er keiner, denn wie wir ja alle wissen, wird sich alles immer wieder verändern.

Da niemand die Ältestenrolle perfekt ausfüllen kann, wird es Zeiten geben, in denen der Facilitator oder die Facilitatorin die Gegenspieler in einem Konflikt nicht werden schätzen können. In diesen schrecklichen Momenten werden vielleicht beide Parteien zusammen die Facilitierenden angreifen, sie seien nicht imstande, eine sichere Welt zu schaffen, und würden mit ihren Bemühungen sogar noch den Raum für zusätzliche Schwierigkeiten öffnen. Es gibt in solchen Momenten keine andere Wahl, als zuzustimmen und sich für fehlende Bewußtheit zu entschuldigen. Denn es fühlt sich niemand gefährdet, wenn Ältestenbewußtheit vorhanden ist. Aggressive Teile der Gruppe sollten dann wütend sein dürfen, aber auch Unterstützung dabei erhalten, ihre eigene Angst, Trauer und Stille zu bemerken. Und die ruhigen Teile werden glücklich sein, wenn sie für ihre Zurückgezogenheit und meditative Haltung geschätzt werden und vielleicht sogar ebenfalls aufstehen und imstande sein, eigene Signale aufzugreifen, welche nicht ruhig sind, sondern kritisch.

Die einzige wirklich nicht sichere Gruppe ist eine geschlossene Gruppe, in welcher es keine Bewußtheit über die Notwendigkeit der ständigen Veränderung gibt. Wir, die wir versuchen, Älteste zu sein, überleben in solchen Gruppen Angriffe und Mißverständnisse, indem wir versuchen, uns zu entwickeln, und beten, daß uns bald andere helfen, diese Position zu besetzen. Noch bevor wir von den Autoritäten angeklagt werden, Anwälte der Unterdrückten zu sein, können wir dann feststellen, daß diese Gegner nicht dem absoluten Bösen entsprechen, das wir alle erwartet hatten, sondern unsichere Menschen sind, die vielleicht sogar die Sensibilität haben zu merken, daß sie andere verletzen. Wie jedermann sonst in angespannten Situationen brauchen sie Hilfe, wenn es Zeit wird, ihre Positionen zu verlassen, oder wenn sie mit Angriffen fertigwerden müssen.

Wenn die Ältesten schnell reagieren können, wird es ihnen möglich sein, der Minderheit zu vermitteln, daß ihre momentane und offensichtliche Unterstützung der Gegenseite nur ein Schritt im Prozeß war. Es wird ihnen gelingen, die Samen der einzigen vertretbaren Lösung zu suchen und zu nähren: der tiefen Demokratie und der Bewußtheit. Zweifel und Rückfragen von der Minderheitenseite könnten sie allerdings darauf hinweisen, daß sie vergessen haben, von wo sie vor langer Zeit aufgebrochen sind, und daß auch sie einen Teil haben, welcher die Gefühle von Machtlosigkeit, Schmerz und Wut kennt. Eigentlich sind Älteste sowieso nie nur objektive Beobachter und Beobachterinnen. Sie erinnern sich, daß das, was heute geschieht, Wurzeln hat in einer alten Vision von einer besseren Welt, daß es um ein Feuer geht, das lange vor ihrer Zeit entzündet wurde und auch noch lange nach ihrem Weggang weiter brennen wird.

Wenn deshalb die Minderheit fragt: „Wie steht es mit unmittelbaren, konkreten Veränderungen, mit mehr Zeit, mehr Geld, mehr

Anerkennung? „ werden sie antworten: „Ja, wir wollen dafür einstehen und für viel, viel mehr!"

Große Systeme sind wie einzelne Menschen: Beide brauchen strukturelle Veränderungen, Geduld und Heilung. Es gibt heute für nichts schnelle oder dauerhafte „Reparaturen". Dennoch müssen wir nicht warten, bis unser gigantisches System oder unsere Persönlichkeit als Ganzes aus der Erstarrung zum Leben erwachen. Geduld muß nicht unsere Fähigkeit zu provozieren zudecken, sondern sollte uns die Zentriertheit geben, aus der heraus wir die Welt um uns herum stören können, damit sie sich ändert. Wir haben nicht einmal Zeit, darauf zu warten, bis unsere eigene Ältestenqualität entwickelt ist, sondern müssen jetzt mit der Arbeit mit Netzwerken und Individuen experimentieren. Unsere gute Absicht und Bemühung wird die schlummernde Weisheit von anderen wecken.

Jeden Tag konfrontieren die Nachrichten uns alle mit planetarischen Gegnerschaften, Zeitgeistern, welche im Kampf steckengeblieben sind. Unsere gegenwärtigen internationalen gesetzlichen und politischen Systeme werden durch Prozesse überwältigt, welche jenseits von Kategorien wie wahr oder unwahr, richtig oder falsch stehen. Unser Ältestenteil weiß, daß es in rohen, feindseligen Konflikten keine Gerechtigkeit gibt. Ein Sinn für Gerechtigkeit entsteht erst im Zusammenhang mit einer Gemeinschaft, mit innerem Seelenfrieden, Pflege und Kontinuität von Beziehungen und einer Weltarbeit, welche Spannungen zwischen Gruppen prozessiert.

Es gibt im Zusammenhang mit tiefer Demokratie kein Gelingen oder Scheitern. Tiefe Demokratie kennt weder Gewinnen noch Verlieren, weder innen noch außen, weder Yin noch Yang, sondern sie ist tiefer und grundlegender. Sie ist auf das Wirbeln und Kreisen der Kräfte ausgerichtet, welche das Ganze erschaffen, das wir die Welt nennen. Einige hoffen, daß diese Einstellung neue Älteste hervorbringen wird, welche in unserem globalen Stamm so gefehlt haben. Andere werden sie als ihre eigene Liebesfähigkeit erfahren, welche alle Teile des Wandels schätzen und als Facilitatorin oder Facilitator begleiten kann.

Glossar

Anthropos: Die mythologische Personifikation des Universums, der Welt durch einen riesigen Urmenschen.

Aufträumen: Ein psychologisches Phänomen, welches sowohl im Bezug auf Individuen als auch im Bezug auf Gruppen auftritt und die Wirkungen aufzeigt, welche von den nicht repräsentierten Teilen des Feldes ausgeht.

Bewußtheit (awareness): Wachheit/Wahrnehmung für den Informationsfluß in den verschiedenen Kanälen, welcher durch die Grenze in einen primären und einen sekundären Teil getrennt wird.

Bewußtsein (consciousness): Der Vorgang der Wahrnehmung der Wahrnehmung von einem Metastandpunkt aus.

Doppelsignal: Ausdruck einer Information oder eines Teiles einer Information, welche nicht den Absichten des primären Prozesses entspricht.

Entropie: Ein Maß dafür, wieviel Energie in einem geschlossenen System für Arbeit verfügbar ist (auch „Maß für Unordnung" in einem geschlossenen System). Nach dem Entropiegesetz nimmt die Entropie in geschlossenen Systemen zu, d.h., die Energie geht vom geordneten (und damit für Arbeit verfügbaren) zunehmend in den ungeordneten Zustand über, auch wenn die Summe aller Energie nach dem Energieerhaltungsgesetz konstant bleibt.

Facilitator/-in: Als Facilitator/-in sind Sie nicht vorrangig daran interessiert, eine schnelle Lösung für die Probleme der Gruppe zu finden, mit der Sie arbeiten, sondern daran, die Prozesse im Feld, welches Sie vorfinden, zur Entfaltung zu bringen und die Wahrnehmung darüber zu wecken. Dazu sind sowohl die innere als auch die äußere Feldwahrnehmung wichtig.

Feedback (deutsch Rückkopplung): Dieser Ausdruck wird in der Prozeßarbeit zur Bezeichnung der Reaktion auf einen Impuls oder Stimulus verwendet. Negatives Feedback bezeichnet in diesem Zusammenhang eine Reaktion, welche diesen Stimulus nicht aufgreift; als positives Feedback wird eine Reaktion bezeichnet, welche den Stimulus aufgreift und somit zu Änderungen im System führt. Der Fluß der prozeßorientierten Arbeit orientiert sich am Feedback.

Feld: Die Prozeßarbeit definiert das Feld durch Analogien mit der Physik und durch seine Wirkungen. Felder werden in Anlehnung an die Physik als innerlich verbunden und von nichtkausalen Kräften organisiert verstanden. Innerhalb eines Feldes wirken alle Teile auf alle anderen Teile ein. Es ist ein wichtiges Ziel der Prozeßarbeit mit Gruppen, die Wahrnehmung und Entfaltung von Strukturen und Dynamik von Feldern zu studieren und zu fördern.

Geisterrolle: Ein nicht direkt angesprochener oder verkörperter Teil des Feldes, mit dem sich niemand identifizieren kann, auf den das Feld aber reagiert bzw. der für das Feld eine bestimmende Wichtigkeit hat.

Globales Bewußtsein: Globales Bewußtsein geht immer davon aus, daß einzelne Prozesse mit dem ganzen Feld verbunden sind, sei es in der Arbeit mit Einzelpersonen, Gruppen oder Großgruppen.

Grenze: Die Grenze trennt den primären Prozeß (die primäre Identität) von den sekundären Prozessen. Die Grenze wird erfahren als die Grenze dessen, was wir als zu uns gehörig betrachten, und als Grenze dessen, was wir uns zutrauen.

Gruppengrenze: Die Grenze der Identität einer Gruppe. Sie trennt das, was in dieser Gruppe erlaubt und üblich ist, vom Rest möglicher Verhaltens- und Kommunikationsweisen.

Informationswolke: (information float) Die Summe der Informationen (z.B. Ideen, Gefühle, Meinungen), welche nicht bewußt aufgegriffen werden und nicht Teile der primären Kommunikation sind.

Kanal: Die Prozeßarbeit benutzt zum Erfassen und Beschreiben der Signale eines Prozesses ein Kanalsystem. Es besteht aus einfachen (Sinnes-)Kanälen: Sehen/Hören/(Körper)Fühlen/Bewegen und aus den zusammengesetzten Kanälen: Beziehung und Welt. Dieses Kanalsystem wird nicht als abgeschlossen betrachtet. Insbesondere kann es zur Erfassung und Beschreibung von Prozessen von Gruppen sinnvoll und kreativ sein, andere Kanäle zu benutzen und zu erforschen.

Ki (Chi): Mindell verwendet diesen Ausdruck aus den Kampfkünsten, um die Energie einer Gruppe und ihren Fluß zu bezeichnen. Als „verborgenes Ki" wird eine wichtige Information (Doppelsignal) im Feld oder bei Einzelnen bezeichnet, die vom Facilitator aufgegriffen werden kann, um der Energie des Feldes zu folgen.

Konsensus: Die Prozeßarbeit unterscheidet zwischen Konsensus als Phase in einem Prozeß (Einigung der Gruppe z.B. über das Thema oder das momentane Vorgehen in einem Gruppenprozeß) und Konsensus als Ziel oder Vorstellung eines idealen Zustandes für eine Gruppe. Es ist unverzichtbar, mit einer Gruppe immer wieder den Konsensus zu suchen –, ihn als Zustand anzustreben ist gefährlich.

Maxwells Dämon: Der Physiker James Maxwell (1831-1879) hat im Zusammenhang mit seinen Forschungen zur Thermodynamik postuliert, daß das Gesetz der Zunahme von Entropie in geschlossenen Systemen umkehrbar wäre, wenn ein kleiner Dämon innerhalb des Systems leben und durch bewußte Interventionen die Beziehung der Teile regeln würde. Arnold Mindell benutzt dieses Bild aus der Physik, um die Wirkkraft von Bewußtheit in geschlossenen Systemen zu verdeutlichen.

Metaskill: Die Haltung/Einstellung, aus der heraus jemand arbeitet.

Metakommunikation: Metakommunikation ist die Fähigkeit, über die Gesamtheit des Informationsflusses (primärer und sekundärer Prozeß) und seine Dynamik zu kommunizieren. Ein Mensch, welcher über Metakommunikation verfügt, nimmt seine eigene momentane Art zu kommunizieren wahr, kann sich darüber äußern und kann darauf angesprochen werden. Das gleiche gilt für Gruppen.

Offener Zugang (blank access): eine Haltung und Interventionsweise, bei welcher Stimmungen und Inhalte angesprochen und in ihrer Entwicklung unterstützt werden, ohne daß der/die FacilitatorIn schon genau wissen, um was es sich dabei handelt.

Ortsgeist: Eine Kraft, welche in einem Feld wirkt und mit dem Ort zu tun hat, an dem sich die Ereignisse abspielen.

Rolle: Die Kräfte eines Feldes zeigen und polarisieren sich in Teilen oder Rollen, welche untereinander eine Dynamik entwickeln. Rollen sind immer größer als einzelne Menschen, und ein einzelner Mensch ist immer größer als die Rolle, welche er gerade besetzt.

Prozeß: Der Fluß von Signalen und Informationen. Der Prozeß wird von denjenigen beschrieben, welche ihn wahrnehmen,

Primärer Prozeß: Die Signale, das Verhalten und die Weltanschauung, mit denen sich ein Einzelner oder eine Gruppe identifizieren.

Sekundäre Prozesse: Prozesse, welche sich in Signalen äußern, mit welchen sich ein Individuum oder eine Gruppe nicht identifizieren.

Skills: Werkzeuge, Techniken, Interventionsmöglichkeiten.

Tao: *„Das Wesen, das begriffen werden kann*
Ist nicht das Wesen des Unbegreiflichen
Der Name, der gesagt werden kann
Ist nicht der Name des Namenlosen“

Tao te King

Das chinesische Konzept eines Feldes, welches unsere Umgebung organisiert und mit dem wir uns in Einklang bringen müssen, um dem Sinn entsprechend zu leben.

Tiefe Demokratie: Die Einstellung der tiefen Demokratie nimmt alle Teile eines Feldes gleich wichtig und weiß, daß auf keinen verzichtet werden kann. Die Praxis der tiefen Demokratie sorgt dafür, daß alle Standpunkte repräsentiert und eingebracht werden, und achtet besonders auf die Minderheiten.

Traumkörper: Mit dem Begriff Traumkörper beschreibt die Prozeßarbeit die Gesamtheit des Feldes, insbesondere aber auch jenen Teil des Feldes, welcher sich zeigt, wenn sekundäre Erfahrungen und Signale amplifiziert werden.
Einerseits wird das von uns wahrnehmbare und erforschbare ganze Feld (die Summe aller Signale) Traumkörper genannt, andererseits auch die organisierende Kraft oder Ganzheit, welche wir als Sender hinter diesen Signalen erleben.

Weltarbeit: Eine neu zu entwickelnde Arbeitsweise, die in ihrer Praxis Elemente aus verschiedenen Wissenschaften und Disziplinen (wie Psychologie, Soziologie, Physik, Politik, Psychotherapie und Schamanismus) vereinigt. Ohne Einschränkung auf herkömmliche Disziplinen geht Weltarbeit von der Wirklichkeit so aus, wie sie ist, und arbeitet mit dem ganzen Feld.

Wetterbericht: Eine Technik, der Gruppe während eines Gruppenprozesses über die ablaufenden Ereignisse zu berichten, so wie sie ein Außenstehender wahrnimmt (aus der Metaposition).

Zeitgeist: Eine Kraft, welche in einem Feld wirkt, und mit der Zeit zu tun hat, in welcher sich die Ereignisse abspielen.

Anmerkungen

1. Kapitel Das Auge des Taifuns

1) Aus Gründen der Vereinheitlichung mit Mindells Buch „Mitten im Feuer“ wird der amerikanische Ausdruck „facilitator“ auch in diesem Buch im Deutschen übernommen.

2. Kapitel Feldtheorie

1) Der amerikanische Ausdruck „workshop“ wurde stehen gelassen, er könnte auch mit „Werkstatt“ übersetzt werden.
2) Das Bild vom Eisberg stammt von Kerry Beale (1989).
3) „Informationswolke“ ist die deutsche Übersetzung für amerikanisch „information float“.
4) vgl. Mindell, „Das Jahr 1“
5) mit James Lovelocks „Gaia“-Hypothese taucht die Idee der Intelligenz dieses Wesens wieder auf (1979).
6) vgl. Mindell, „The Dreambody“, 1985

3. Kapitel Zeitgeister

1) vgl. Mindell, Das Jahr 1 (S.116 ff)
2) vgl. Carlos Castaneda, Die Lehren des Don Juan (4. Kapitel u.a.)

4. Kapitel Feldinterventionen

Mehr Informationen über Kanäle und Kanaltheorie in der Prozeßarbeit finden Sie in Mindell, „Traumkörper-Arbeit“, S.21f.
Mehr Informationen über Kanäle in der Arbeit mit Gruppenprozessen finden Sie in Mindell, „Das Jahr 1“, S. 138f., S.142f. u.a.

5. Kapitel Führen als Kampfkunst

1) Kisshomaru Ueshiba, The Spirit of Aikido, S.21
2) a.a.O. S. 23
3) Heiho Kaden Sho, S.23
4) a.a.O. S. 23
5) a.a.O. S. 23
6) Als „Graswurzel-Effekt“ wird eine Wirkung bezeichnet, welche das ganze Feld erfaßt, so wie die Graswurzeln unter einer Wiese in der Erde alle miteinander verflochten sind.

7. Kapitel   Der Taoist in der Turbulenz

1) vgl. John Briggs und F. David Peat, „Die Entdeckung des Chaos", Hanser Verlag 1989
2) vgl. Mindell, „Die Schatten der Stadt"

8. Kapitel   Die Praxis der Konfliktlösung

1) vgl. Mindell, „Traumkörper und Meditation"

9. Kapitel   Minoritätenbewußtheit

1) Benyaman Yanoov, „The Pursuit of Peace", S. 30
2) Ich danke Dr. John Johnson, Washington, für den Hinweis, wie unangebracht der Ausdruck „Minderheit" eigentlich ist. Anstatt zu meinen, „Minderheiten" seien auch „minderwertig", können wir von einem bewußteren Standpunkt aus davon ausgehen, daß genau in dieser Rolle und in den Erfahrungen der Angehörigen der „Minderheit" der größte Wert für die Zukunft der Gruppe und zukünftige Führerschaft verborgen sind.

10. Kapitel   Rassismus und Kastenwesen

1) vgl. Mindell, „Die Schatten der Stadt"
2) vgl. dazu Mindell, „Das Jahr 1"

12. Kapitel   Ökologie in den Straßen der Stadt

1) Diese Geschichte wird genauer erzählt in Mindell, „Das Pferd rückwärts reiten".
2) vgl. C.G. Jung, „Mysterium Conjunctionis", GW Bd. 14

13. Kapitel   Die Umkehr der geistigen Energie und das Heilen

1) vgl. Feynman, „Lectures in Physics", 1963-65
2) vgl. Mindell, „Koma, Schlüssel zum Erwachen"

14. Kapitel   Bewußtheit und Entropie

1) für mehr Einzelheiten zu den planetarischen Mythen s. Mindell, „Das Jahr 1"

Bibliographie

Ackerman, Linda. „Managing Flow State.“ *Newsletter of Association for Human Psychology,* 1986.

Allen, R. F., and C. Kraft. *The Organizational Unconscious.* Englewood Cliffs, NJ: Prentice-Hall, 1982.

Belfore-Wilson, Maria. „Archetype in a Group Experience.“ *Pratt Institute of Creative Arts Therapy Review 3* (1982): 41-48.

Bertalanffy, Ludwig von. *General Systems Theory.* New York: Braziller, 1968.

Bohm, David. *Unfolding Meaning.* London and New York: Ark Paperbacks, 1985.

Bradford, David L., and Allen Cohen. *Managing for Excellence.* New York: Wiley, 1984.

Briggs, John, and F. David Peat. *Turbulent Mirror: An Illustrated Guide to Chaos Theory and the Science of Wholeness.* New York: Harper & Row, 1989.

Campbell, Joseph. *The Power of Myth.* New York: Doubleday, 1988.

Capra, Fritjof. *Uncommon Wisdom: Conversations with Remarkable People.* New York: Simon & Schuster, 1988.

Castaneda, Carlos. *Reise nach Xtlan.* Frankfurt: S. Fischer, 1975

Clancy, John J. *Invisible Powers.* Lexington, MA: Lexington, 1989.

Davis, S. M. „Transforming Organiations: The Key to Strategy Is Context.“ *Organizational Dynamics* (Winter 1982): 64-68.

Devos, George Hsu, L. K. Francis, and Anthony J. Marsella, eds. *Culture and Self: Asian and Western Perspectives.* New York: Tavistock, 1985.

Dunningan, James F., and Austin Bay. *A Quick and Dirty Guide to War: Briefings on Present and Potential Wars.* New York: William Morrow, 1985.

Dworkin, Jan. „Group Process Work: A Stage for Personal and Global Development.“ Unpublished dissertation, Union Institute, Cincinnati, OH, 1989.

Dyer, William G. *Team Building.* Reading MA: Addison-Wesley, 1989.

Faber, M. D. *Culture and Consciousness: The Social Meaning of Altered Awareness.* New York: Human Science Press, 1981.

Feynman, Richard. „The Theory of Positrons.“ *Physical Review 76,* no. 6 (1949).

Vorlesungen über Physik (3 Bände), München, Wien: Oldenbourg, 1971 ff.

Goodbread, Joseph. *The Dreambody Toolkit.* New York: Viking-Penguin, 1987.

Goodman, Howard. „Give War a Chance.“ *Philadelphia Inquirer,* June 19, 1987.

Grof, Stanislav. „Perinatal Roots of Wars, Totalitarianism, and Revolutions: Observations from LSD Research.“ *Revision 8,* no. 1 (1985).

Hamman, Jamil. „A Moderate Solution.“ *Newsweek,* Aug. 16, 1982.
Hanh, Thich Naht. *Being Peace.* Berkeley, CA: Parallax Press, 1988.
Harman, Willis. *Global Mind Change: The Promise of the Last Years of the Twentieth Century.* Indianapolis: Knowledge Systems, 1988.
Hawking, Stephen W. *Eine kurze Geschichte der Zeit.* Reinbek: (Rowohlt 1988), bearbeitet von G. Stone, Rowohlt 1992
Jung, Carl Gustav. *Mysterium Coniunctionis Gesammelte Werke Band 14.* vollständige revidierte Auflage 1984, Olten, Freiburg/Brg.: Walter
Kanter, Rosabeth M. *The Change Masters.* New York: Simon & Schuster, 1983.
Lamb, David. *The Africans.* New York: Vintage, 1987.
McGregor, Douglas. *The Human Side of Enterprise.* New York: McGrawHill, 1960.
Maslow, Abraham H. *The Farther Reaches of Human Nature.* New York: Viking Press, 1971.
Mindell, Amy. „Moon in the Water. Meta-Skills of Process Oriented Psychology.“ Unpublished doctoral dissertation, Union Institute, Cincinnati, OH, 1991
Mindell, Amy, und Arnold Mindell. *Das Pferd rückwärts reiten: Prozeßarbeit in Theorie und Praxis.* Petersberg: Via Nova, 1997
Mindell, Arnold. *Das Jahr Eins: Ansätze zur Heilung unseres Planeten.* Freiburg, Olten: Walter, 1991
Der Leib und die Träume: Prozeßorientierte Psychologie in der Praxis. Paderborn: Junfermann, 1987
Der Schatten der Stadt: Prozeßorientierte Therapie in Aktion“ Paderborn: Junfermann, 1989
Schlüssel zum Erwachen: Sterbeerlebnisse und Beistand im Koma. Olten, Freiburg/Brg.: Walter, 1989
The dreambody: Krankheit und Individuation; über die Beziehung zwischen Traum- und Körperprozessen. Fellbach-Oeffingen: Bonz, 1985
Traumkörper und Meditation: Arbeit an sich selbst. Freiburg, Olten: Walter, 1992
Traumkörperarbeit oder: Der Lauf des Flusses“ Paderborn: Junfermann, 1993
Traumkörper in Beziehungen: Prozeßorientierte Psychologie in Praxis und Theorie. Basel: Sphinx, 1994
Mirvis, Philip. „Work in the Twentieth Century.“ *Revision 7,* no. 2 (1984).
Netanyahu, Benjamin, ed. *Terrorism: How the West Can Win.* New York: Avon Books, 1986.
Nevis, Edwin. *Organisationsberatung: Ein gestalttherapeutischer Ansatz.* Köln: Moll und Eckhardt, 1988
Nunez, Antonio. *Organizational Transformation: The Emergence of a New Paradigm.* California Institute of Integral Studies, 1988.
Porras, Jerry J. Gayton E. Germane, ed. *Organizational Development. The Executive Course. What Every Manuger Needs to Know about the Essentials of Business.* Reading, MA: Addison-Wesley, 1989.

Rogers, Carl. *On Encounter Groups.* New York: Harper & Row, 1970.
On Personal Power. New York: Delacorte, 1977.

Sheldrake, Rupert. „Extended Mind, Power and Prayer." *Psychological Perspectives 19,* no. I (1988).

Spurr, John. „Co-Dependence: A Process Oriented Developmental Approach." Unpublished dissertation, Institute of Transpersonal Psychology, Menlo Park, CA, 1989.

Stevens, Anthony. *The Roots of War: A Jungian Perspective.* New York: Paragon House, 1989.

Swan, James A. *Sacred Places.* Santa Fe, NM: Bear, 1989.

Thompson, William Irwin. *Pacific Shift.* San Francisco: Sierra Club Books, 1985.

Ueshiba, Kisshomaru. *The Spirit of Aikido.* Translated by Taitetsu Unno. Tokyo and New York: Kodansha International, 1988.

Yanoov, Benyaman. *The Pursuit of Peace: A Curriculum Manual for Junior and Senior High School Teachers.* Partnership, P.O. Box 95777, Haifa, Israel, 31095, 1985.

Video-Cassetten

Mindell, Arnold: *„Conflict Resolution."* Process Work Center of Portland, 733 NW Everett, Box 11, Suite 3c, Portland, 97209 OR, USA.
„Working with the Dying." Thinking Allowed Productions, National TV Broadcast, 2560, 9th St., Suite 123, Berkeley, CA 94710, USA.
„Process-Oriented Psychology." Thinking Allowed, National Public TV Broadcast, 2560, 9th St., Suite 123, Berkeley, CA 94710, USA.

Mindell, Amy und Arnold: *„Process Work."* Fernsehbeitrag für das Abendprogramm in vier Teilen, Process Work Center of Portland, 733 NW Everett, Box 11, Suite 3c, Portland, 97209 OR, USA.
„Chronic Symptoms." Fernsehbeitrag für das Abendprogramm in vier Teilen, Process Work Center of Portland, 733 NW Everett, Box 11, Suite 3c, Portland, 97209 OR, USA.

Informationen über Seminare mit Arnold und Amy Mindell:

Forschungsgesellschaft für Prozeßorientierte Psychologie,
Binzstraße 9, CH-8045 Zürich

Weitere Bücher aus dem Verlag Via Nova:

Den Pfad des Herzens gehen

Traumkörperarbeit – Schamanische Praktiken und moderne Psychologie

Arnold Mindell

256 Seiten, gebunden – ISBN 3-928632-24-8

Jahrzehntelange Erfahrungen in der Prozeßorientierten Psychologie und intensive Begegnungen mit Schamanen, eingeborenen Heilern und Weisen, in allen Erdteilen bilden die Grundlagen dieses Buches, das sowohl moderne Psychologie als auch schamanische Praktiken und Heilmethoden zu einer fruchtbaren Synthese verbindet, die Sie im Alltag nutzen können.
Sie werden in dem Buch mit mächtigen, unbekannten und heilenden Kräften konfrontiert, die den Weg des „Jägers" und des „Kriegers" begleiten. Um dem „Größeren", das der Verfasser Geist nennt, dem „Verbündeten" und dem „Doppelgänger" zu begegnen, werden die Erfahrungen, die aus Körperempfindungen oder Traumbildern auftauchen, bewußt gemacht und eine „zweite Aufmerksamkeit" entwickelt.
Jedes Kapitel schließt mit Übungen ab, die jeweils die persönliche Erfahrung des vorher beschriebenen Inhalts ermöglicht. Es werden praktische Methoden angeboten, wie Sie mit Ihrem Traumkörper in Verbindung kommen, ganz werden und zu sich selbst finden.

Das Pferd rückwärts reiten

Prozeßarbeit in Theorie und Praxis

Arnold und Amy Mindell

240 Seiten, gebunden, 50 Zeichnungen – ISBN 3-928632-25-6

Dieses Buch richtet sich an Menschen, die an ihrer persönlichen Entwicklung interessiert sind, und an all diejenigen, die es sich zur Aufgabe machen, anderen im Prozeß ihres persönlichen Wachstums behilflich zu sein. Es wird auch all denen nützlich sein, die sich für Tanz, Kunst, Gruppenarbeit und Transpersonale Psychologie interessieren. Es berichtet vom Entstehen der Philosophie, den Methoden und den Anwendungen der Prozeßorientierten Psychologie anhand von wortgetreuen Aufzeichnungen und Berichten über Prozeßarbeit „in Aktion". Sie schließt das Einfühlungsvermögen des Schamanismus und der darstellenden Künste mit ein und steht in Verbindung mit Heilen, Meditation und Achtsamkeitstechniken, mit Beziehungsarbeit, Bewegung, Traum- und Körperarbeit. Beim Lesen dieses Buches nehmen Sie teil an einer Reise nach innen ins Unbekannte und lernen Methoden der Prozeßorientierten Psychologie kennen, Grenzen zu überschreiten, um sich selbst zu finden. Prozeßarbeit greift Teile auf in einem riesigen Feld, in dem wir alle leben. Mit diesem neuen Paradigma können alle gewinnen.

Transpersonale Psychologie und Psychotherapie

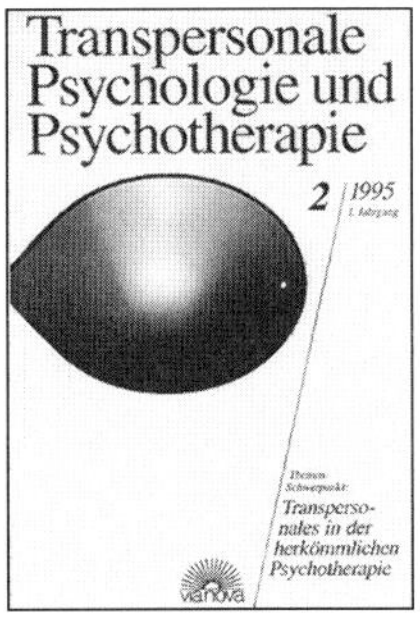

Zeitschrift, 112 Seiten, zwei Ausgaben: Frühjahr und Herbst

Transpersonale Psychologie und Psychotherapie ist eine unabhängige Zeitschrift, schulen-, kultur- und religionsübergreifend, verbindet das Wissen spiritueller Wege und der Philosophia perennis mit moderner Psychologie und Psychotherapie, leistet Beiträge zur wissenschaftlichen Fundierung des Transpersonalen.
Transpersonale Psychologie und Psychotherapie ist eine Zeitschrift, die sich an Fachleute und Laien wendet mit einem Interesse an transpersonalen Themen. Aus einem schulen-, kultur- und religionsübergreifenden Verständnis heraus bietet sie ein Forum der Verbindung von Psychologie und Psychotherapie und deren theoretischen Grundlagen mit spirituellen und transpersonalen Phänomenen, Erfahrungen und Wegen, Welt- und Menschenbildern. Sie dient dem Dialog der verschiedenen Richtungen, fördert integrative Bemühungen und leistet Beiträge zur Forschung und Theoriebildung. Sie bietet Überblick, Orientierung und ein Diskussionsforum auf wissenschaftlichem Niveau.

Wir sind alle eins

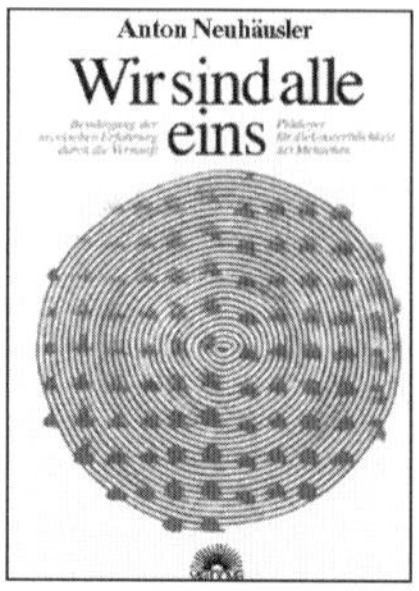

Die Bestätigung der mystischen Erfahrung durch die Vernunft

Anton Neuhäusler

160 Seiten, gebunden – ISBN 3-928632-27-2

Wie kann man als naturwissenschaftlich geprägter, aufgeklärter, moderner Mensch über Dinge reden, die unser Erkennen übersteigen? Letzte Sinnfragen kann die Wissenschaft nicht beantworten. Doch als nachdenkende Wesen können wir sie nicht verdrängen, wollen und müssen wir darüber reden: Woher kommen wir? Wohin gehen wir? Was kommt nach dem Tod? Was ist der Mensch? Was ist der Kosmos? Das Buch stellt sich diesen Fragen auf einer philosophisch, naturwissenschaftlich und argumentativ anspruchsvollen Ebene. Es sollen die Gesetze der Logik und Vernunft gelten, und das Hinhören auf die eigene Erfahrung. Der Autor und sein Werk zeigen eine Weltanschauung, die gekennzeichnet ist von kritischem Geist und dennoch offen ist für letzte Fragen und Einsichten: Das „Ursein" ist philosophisch begründbar. Es gibt eine kosmische Religiosität ohne Grenzen und Begrenzung. Die Regeln des strengen Denkens bestätigen die von den Mystikern erlebte Wahrheit des Einsseins: „Wir sind alle eins". Es gibt eine Mystik der Vernunft, die re-ligio/Spiritualität/Seinsgeborgenheit des freien, kritischen, liebenden, lust- und lebensvollen Menschen.

Selbsterkenntnis und Heilung

Die Auflösung der emotionalen Energieblockaden

Jordan P. Weiss

240 Seiten, gebunden, 21 Zeichnungen – ISBN 3-928632-28-0

Die in diesem Buch dargestellte Methode „Psychoenergetics" wurde von Dr. Jordan P. Weiss entwickelt, einem Spezialisten auf den Gebieten Streßbewältigung, Verhaltensmedizin, Personaler Transformation und chronischer Erkrankungen. Diese Methode schafft Zugang zu dem unbewußten Selbst und läßt Sie verborgene, falsche Denk- und Verhaltensmuster entdecken und auflösen, die Sie daran hindern, alle positiven Möglichkeiten des Lebens auszuschöpfen und ein glückliches Dasein zu führen.
Mit den Methoden der „Psychoenergetics" können Sie folgendes erlernen:
Ärger, Angst und Unsicherheit freizusetzen; Blockaden zu entdecken, die Sie am Erreichen Ihrer Ziele hindern; Selbstsabotage zu eliminieren; sich von Schmerzen zu befreien; Schmerzen bei Menschen zu lindern, die Sie lieben; Liebe und Glück zu empfangen und negative Energien aufzulösen. Sie können Ihr Leben dauerhaft verändern.

Über Freiheit und Meditation

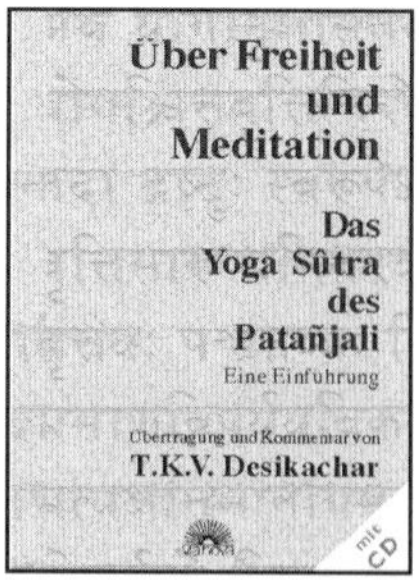

Das Yoga Sûtra des Patañjali

T.K.V. Desikachar

192 Seiten, gebunden, beiliegende CD – ISBN 3-928632-30-2

Wie funktioniert unser Geist? Warum geraten wir immer wieder in Schwierigkeiten? Wie können wir lernen, freier zu sein? Was ist Meditation? Diese und mehr Fragen beantwortet das Yoga Sûtra von Patañjali. Sein Text ist das grundlegendste, umfassendste und wichtigste Werk über Yoga und hat viele Weisheitslehren der Welt inspiriert.
Fast zweitausend Jahre alt ist dieser Text. In der großen Kraft seiner Gedanken, in der einfachen Klarheit und in der tiefen Spiritualität fasziniert er durch seine unerwartet moderne, für unsere Zeit in jeder Hinsicht brauchbare und praktische Weise, in der er der Frage nachgeht, wie die in jedem von uns vorhandenen Ressourcen positiv genutzt werden können.
Die dem Buch beiliegende CD präsentiert die traditionelle Art der Rezitation des gesamten Yoga Sûtra und kann uns so ein Gefühl für die zeitlose Schönheit und Kraft von Patañjalis Versen über Yoga geben.

Suche nach dem Sinn des Lebens

Willigis Jäger

272 Seiten, gebunden, **4. Auflage** – ISBN 3-928632-03-5
Preisträger amerikanischer Verleger

Alle wichtigen Themen des spirituellen Lebens werden von dem Zenmeister (Roshi) Pater Willigis Jäger in diesem Buch grundlegend behandelt und in Bezug gesetzt zur christlichen Mystik, aber auch zu den großen Traditionen der esoterischen Wege anderer Religionen, zu den Ergebnissen moderner Naturwissenschaft und zu den Erkenntnissen der transpersonalen Psychologie. Die psychologischen Aspekte des inneren Weges, seine Tiefenstrukturen und Stadien, der Umgang mit den Gefühlen und die Verwandlung des Schattens werden eingehend beschrieben. In diesem Buch geht es um den inneren Weg der christlichen Religion, um einen Bewußtseinswandel in der Gleichgestaltung mit Christus, um eine neue – von innen geprägte – Ethik, die Verantwortung für die Mitwelt übernimmt. Das Buch befreit zu einem sinnerfüllten Leben; motiviert, den inneren Weg zu gehen, provoziert zu einem neuen Denken und Handeln und tröstet in dunklen Stunden.

Die Vision des göttlichen Menschen

Barbara Schenkbier

432 Seiten, gebunden, Einband Kunstleder mit Goldaufdruck,
21 ganzseitige Bilder, Zweifarbendruck – ISBN 3-928632-18-3

Das Buch ist ein umfassendes Standardwerk, das den Durchbruch einer neuen Evolutionsstufe im menschlichen Bewußtsein des Menschen vorbereiten hilft. Aufbauend auf wissenschaftlichen Erkenntnissen und der mystischen Tradition aller Religionen führt es zu einem tieferen Wissen über das menschliche Bewußtsein, um dann den Weg zum göttlichen Menschen zu beleuchten. Alle wichtigen Schritte werden beschrieben, wesentliche Übungen aus einer neuen Sicht heraus dargestellt und die Transformationsstufe zu einem neuen Bewußtsein geschildert.
Beim Lesen und Anwenden der beschriebenen Wahrheiten eröffnet sich dem Leser eine neue Sicht über den Sinn des Lebens. Alle, die den geistigen Weg beschreiten, werden ihn besser verstehen, ihn bewußter, mutiger und konsequenter weitergehen.
Das Buch ist aus der eigenen, spirituellen Erfahrung der Autorin heraus gschrieben und eröffnet den Blick in eine Zukunft, die die evolutionäre Schöpferkraft selbst schaffen wird.

Theorie und Praxis des Hatha-Yoga

Ein Leitfaden zur Erfahrung der Energie

Boris Tatzky, Anna Trökes, Jutta Pinter-Neise

Großformat, gebunden, 336 Seiten, 270 Fotos
und 60 Zeichnungen – ISBN 3-928632-15-9

„Theorie und Praxis des Hatha-Yoga" entstand aus dem Bedürfnis nach einem Yogabuch, das fundiert und leicht verständlich die Hintergründe des Übungsweges erläutert, der im Westen von so vielen Menschen geübt wird.

- Inhaltlich bietet es einen Übungsteil, der über die reinen Körperhaltungen des Hatha-Yoga hinausgeht,
- Energielenkungen zur Vertiefung der Wirkungen,
- eine detaillierte, stufenweise Beschreibung der wichtigsten Yogahaltungen (āsana) mit der entsprechenden Atemlenkung (prāṇāyāma),
- Konzentrationstechniken, die typisch für den Hatha-Yoga sind.

In klarer und verständlicher Sprache werden die Konzepte unterschiedlicher Qualitäten der Energie (guṇas), der Körperhüllen (kośas) und der Energiezentren des Körpers (cakras) erläutert. Die Verfasser zeigen, wie die Lebensenergie durch bewußten Einsatz im Alltag und auf der Yogamatte geleitet und verstärkt werden, kann.

Wenn es verletzt, ist es keine Liebe

Chuck Spezzano

384 Seiten, gebunden – ISBN 3-928632-20-5

Dieses Buch verändert Ihr Leben. Ein Wissender zeigt den Weg, wie Sie ein Leben führen können, das erfüllt ist von Liebe und Verstehen, von Freude und Glück. Sie erfahren in 366 Kapiteln wichtige Lebensgrundsätze, die Ihre zwischenmenschlichen Beziehungen auf eine höhere Ebene heben.
Die Weisheit der Liebe, die der Verfasser in jahrzehntelanger Forschungsarbeit als Psychotherapeut, als weltweit bekannter Seminarleiter, als visionärer Lebenslehrer entdeckt und in klare Weisungen umgesetzt hat, verwandelt Sie und berührt Ihr wahres Wesen, das Liebe ist.
Durch die angebotenen Übungen, die das theoretisch Erkannte auch in den praktischen Alltag umsetzen, wird das Buch zu einem Wegbegleiter und Ratgeber in bedrängenden Beziehungsnöten. Wenn Sie Schritt für Schritt in die wichtigsten Grundprinzipien der Liebe eingeführt werden, reifen Sie in Ihrer Selbsterkenntnis, können Ihre Beziehungen in Partnerschaft und Freundschaft neu ordnen, vertiefen und intensivieren. Sie können die Ursachen für Ihre Schwierigkeiten in der Liebe erkennen, Blockaden auflösen und seelische Wunden heilen lassen.

Karten der Erkenntnis

auf dem Weg nach innen

Das Buch der Erkenntnis

Chuck Spezzano

48 künstlerisch gestaltete Karten, Buch: 144 Seiten – ISBN 3-928632-32-9

Wollen Sie mehr Selbsterkenntnis gewinnen, persönliche Ziele und verborgene Wünsche erkennen, die Beziehungen im Privat- und Berufsleben verbessern, Ursachen für Probleme herausfinden und auflösen, Hindernisse auf dem Weg nach innen beseitigen? Dann sind die Karten der Erkenntnis und deren Erklärung eine große Hilfe. Sie sind einfach zu benutzen, hilfreich und inspirirend. Ganz gleich, ob Sie „sofortige Antworten" auf alltägliche Fragen oder langfristige Lösungen für die großen Herausforderungen des Lebens suchen, es wird Ihnen und Ihren Freunden helfen, positive Entscheidungen zu fällen und Veränderungen für eine bessere Zukunft herbeizuführen. Im beiliegenden Buch der Erkenntnis findet der Leser den Schlüssel zum Verständnis und zur Verwendung der Erkenntnis-Karten. Chuck Spezzano erläutert im einzelnen die Bedeutung aller 48 Karten und erklärt eine Vielzahl von Möglichkeiten, mit ihnen zu arbeiten und sie zu deuten. Außerdem werden über zehn verschiedene Legesysteme beschrieben.

Leben aus göttlicher Fülle

Joseph Zapf

gebunden, 240 Seiten, acht farbige, ganzseitige Bilder von Rosina Zipperle, ISBN 3-928632-13-2

Der Titel des Buches klingt anspruchsvoll. Aber wer es liest, der wird mitgetragen von der Kraft der Sehnsucht. Diese Sehnsucht spricht vom ahnungsvollen Erwarten unseres Herzens, wenn es Gott berührt... Nicht bloße Theorie, sondern inneres Erleben zieht uns hier mit, um zu einer Gesamtschau zu kommen, die vom Herzen inspiriert ist. Das erklärt die große Offenheit des Buches gegenüber den Zeichen der Zeit und gegenüber den drängenden Fragen nach den spirituellen Erfahrungen in anderen Religionen.
Wer das Buch ganz in sich aufnimmt, der wird seiner bleibenden Lebensfülle einen großen Schritt näherkommen. Der Leser wird angerührt und inspiriert von dem Geist, der sich durch die Worte mitteilen will. Die meditativen Texte von Joseph Zapf und die Bilder der Künstlerin Rosina Zipperle wecken die Sehnsucht nach der göttlichen Lebensfülle.